吴德刚中国教育问题研究系列

中国全民教育研究
——兼论教育机会平等问题

Study on China's Education for All

吴德刚 ◎ 著

教育科学出版社
·北 京·

本书曾获

中国教育学会科研成果一等奖

内容提要

本书以历史唯物论为指导，对当今世界教育改革共同关心的重大课题——全民教育和教育机会平等问题进行了较为系统的研究，概括地论述了世界上主要发达国家普及义务教育的经验和教训；简要介绍了马克思、列宁、毛泽东、邓小平等人的相关重要论述；对中国全民教育和促进教育机会平等方面所取得的成就进行了客观的论述，有力地驳斥了少数西方国家在人权问题上对中国产生的偏见，同时对当前实施九年义务教育过程中存在的困难以及改革的原则进行了严肃而认真的思考。

本书还对我国在普及义务教育的同时如何保证提高教育质量的问题进行了探讨，同时还采用实证调查的方法分别对近 2000 名大学生、1000 多名中学生的家庭背景与教育机会及学业成绩的关系进行了统计分析，是目前我国教育学领域中关于全民教育问题特别是教育机会平等问题比较系统的研究成果之一，具有很高的现实参考价值。

Abstract

Guided by the historical materialism, the book makes systematic research on the issues of education for all and education opportunity equity commonly concerned on the world education reform. It summarily discusses the experiences of the implementation of compulsory education in developed countries, briefly introduces the main discussions of Marx, Lenin, Mao Zedong, and Deng Xiaoping, subjectively commons on the achievements of China's education for all and promotion in education opportunities, strongly opposes the bias of several western countries on the issue of China's human rights, and at the meantime seriously reflects on the existing problems and reform principles in the process of contemporary compulsory education.

The research also makes further discussion on the issue of improvement of education quality of China's compulsory education popularization. Based on empirical investigations, it makes data analysis on the correlations among family backgrounds, education opportunities and study achievements of 2000 college students and more than 1000 middle school students, which is one of the most systematic studies with realistic values on the issue of education for all, especially the education opportunity equity in the field of China's pedagogy field.

丛书前言

20世纪70年代末，伴随着改革开放的脚步，我开始了教育理论的学习、研究和实践，迄今已经整整32年了。

三十多年来，我先后完成了教育学专业本科、硕士七年脱产学习以及博士研究生的四年在职学习；经历了在新疆师范大学、西藏教育厅先后八年的教学工作和教育管理实践；经历了在教育部民族教育司、农村教育综合改革办公室、政策法规司、人事司等多个部门岗位的锻炼。这些经历使自己从一个缺乏系统文化知识学习的插队知青，逐步成长为具有一定理论和实践经验的教育行政工作者。

三十多年来，我常常用陶行知先生“捧着一颗心来，不带半根草去”的精神激励自己。无论是在大学里读书学习，还是在大学里教书育人，也无论是在西藏教育厅管理农牧区基础教育，还是在教育部从事教育宏观政策研究或干部人事管理工作，我自始至终对教育事业抱着神圣而庄重的情怀，并不懈地付出自己的努力，力求使自己成为教育工作的行家里手。

三十多年来，我始终以“把工作当学问做”的科学精神鞭策着自己。尤其是在教育部工作期间，伴随着不同岗位的交流，使得我对民族教育工作的特殊性、农村教育综合改革的艰巨性、政策研究与法制建设迫切性以及人事工作的敏感性与重要性都有了许多切身的感受，对政策和策略是党的生命这一科学论断有了越来越深刻的认识。也因此，每当组织安排新的岗位之后，我总会花较多的时间，对所从事的工作从科学研究层面上进行刻苦的学习、理性的思考和深入的钻研。粗算一下，过去在教育部工作的20年间，我至少把自己一半以上的休息日和节假日用在了学习和理论研究上。我坚信，干部的理论素养主要是在八小时外形成的。

这里，奉献给大家的几本书，就是我在20世纪八九十年代攻读研究生学位期间以及我在教育部工作期间完成的专题研究成果。这些成果既有潜心研究的学术专著，也有凝聚工作研究成果的编著，出版后，有的获得全国教育科学奖，有的获得吴玉章奖，有的还成为海峡两岸高等学校研究生参考书或培训教材。在此我要感谢教育科学出版社的大力支持，使这些成果能够有机会修订再版。

由于本人的水平有限，再加上著作完成的时间都比较早，这些成果仍然有很大的局限性，书中的不足也在所难免。希望广大读者给予批评。

最后，借此机会，衷心感谢所有曾经关心和支持过我的人。我深知，如果没有国家助学金的支持、没有党和人民的培养、没有无数老师们的精心教育和指导，没有中央国家机关良好的工作条件，没有领导和同事们的关心支持，自己无论如何努力也不会取得今天的进步。

吴德刚

2010年12月于北京西单大木仓胡同35号

目 录

contents

前言

Preface

让每个人都得到受教育的机会，是人类共同追求的理想和目标之一。长期以来，人类为之进行了不懈的努力。中外历史上，无数正直、善良的教育家、政治家、思想家为之探索，为之奔波，为之奋斗，付出了巨大的艰辛，贡献了毕生的精力和热忱。

尽管长期以来，人们的努力奋斗已取得了伟大的成就。但是，人类社会还远远没有实现“人人都有受教育机会”这样一个崇高的目标。联合国有关机构1990年公布：“全世界四分之一的成年人（近10亿人口）是文盲，1990年，全世界有1亿以上的儿童得不到基本教育，其中2/3是女孩；同时，每一天有115000名儿童从小学辍学……。”联合国教科文组织认为，“在教育世界里，不公平的现象依然以各种不同的方式存在”。①今天，无论是发达国家，还是发展中国家和极不发达国家，也无论是社会主义国家还是资本主义国家，不同阶级和阶层之间、不同性别之间、不同民族与种族乃至不同宗教和历史文化影响下的不同地区之间，教育的发展都极不平衡，受教育机会仍然存在十分明显的差别。特别是在国际风云变幻、第三世界国家债务危机不断加深的情况下，人类社会追求“人人都有受教育机会”这一崇高目标的历史使命更加艰巨。正因为如此，近年来，有关国际组织和一些国家，对于人类实现教育机会的人人平等给予了极大的关注。1989年以来，联合国先后通过了《儿童生存、保护和发展世界宣言》、《儿童权利公约》、《执行九十年代儿童生存、保护和发展世界宣言行动计划》以及《世界全民教育宣言》等一系列文件，反复强调“让人人都享受教育机会”。1993年12月联合国教科文组织、联合国儿童基金会和联合国人口基金会又

① 儿童生存、保护和发展世界宣言［C］. 世界儿童问题首脑会议，1990-09-30.

共同发起，在印度新德里召开了九国全民教育首脑会议，再一次呼吁世界各国，进一步推动全民教育的进程，努力实现让人人都能受教育的崇高目标。今天，实现全民教育目标和教育机会平等已经引起了所有爱好和平与发展的人们的普遍关注。

旧中国长期处于帝国主义、封建主义和官僚资本主义的压迫之下，广大劳动人民群众没有受教育的机会和权利。劳动人民创造的文化知识为封建地主阶级所垄断，而劳动人民自己却始终处于愚昧、落后的社会生活状态下。正如毛泽东早在 20 世纪 20 年代在《湖南农民运动考察报告》中所指出："中国历来只是地主有文化，农民没有文化。"①自从中国共产党成立以来，特别是新中国成立后，中国共产党和人民政府为实现社会主义现代化建设，积极发展教育事业，也为实现教育机会的平等，实施义务教育进行了大量的工作，取得了举世瞩目的成就。劳动人民不仅翻身当家做了主人，也获得了广泛的受教育机会和平等权利。1986 年 4 月中国颁布了《中华人民共和国义务教育法》。1990 年 8 月 29 日和 1991 年 3 月 18 日，中国政府又先后正式签署了《儿童权利公约》、《儿童生存、保护和发展世界宣言》以及《执行九十年代儿童生存、保护和发展世界宣言行动计划》；与此同时，在 1990 年 3 月召开的世界全民教育大会上，中国代表团表示完全赞同和支持大会所提出的《世界全民教育宣言》。1992 年 3 月 8 日，中华人民共和国国务院颁布了《九十年代中国儿童发展规划纲要》。1993 年 3 月，在北京召开的中国全民教育国家级大会上，与会代表又一致通过了《中国全民教育行动纲领》。1993 年 2 月，中共中央、国务院印发的《中国教育改革和发展纲要》也明确将基本普及义务教育和基本扫除文盲作为 90 年代中国教育改革和发展的重要目标。1995 年 3 月第八届全国人民代表大会第三次会议通过并颁发了《中华人民共和国教育法》，规定"国家实行九年义务教育制度。各级人民政府采取各种措施保障适龄儿童、少年就学"。并规定"教育是社会主义现代化建设的基础，国家保障教育事业优先发展"。此外，90 年代以来，中国政府还相继颁布过《中华人民共和国残疾人保障法》、《中华人民共和国未成年人保护法》、《中华人民共和国妇女权益保障法》和《禁止使用童工的规定》等一系列法规。这一切充分表明，中国共产党和中国政府为实现全民教育和教育机会平等所进行的努力是巨大的，也是长期

① 毛泽东选集（合订本）[M]. 北京：人民教育出版社，1968：39.

一贯的。今天，中国共产党、中国政府和广大人民正在为自己作出的庄严承诺，进行着更加积极的努力。

正是在这样一个特殊的历史时代，全民教育乃至“教育机会平等”问题越来越多地引起人们的思考，也激发了作者对这一问题的浓厚兴趣。从1988年秋到1990年夏，作者曾以“试论教育机会民主化——兼论我国九年义务教育的实现程度”为题，完成了长达300多页的硕士学位论文。考虑到“关于民主，我们大陆讲社会主义民主和资产阶级民主的概念不同”,①现在经过多次增订、修改，以《中国全民教育研究——兼论教育机会平等问题》为书名，将她奉献给读者。

应该说明的是，作者在完成这部论著的过程中，通过翻阅大量资料了解到，有关全民教育和教育机会平等问题及其相关理论，在国外社会学及教育社会学中已经得到比较广泛和深入的研究，但国内这方面的研究仍然很薄弱。尽管我们与西方资本主义国家社会制度不同，在实现人人受教育这一目标上，虽然各自面临的问题和解决的办法有所不同，但有些问题是相同的，其解决的办法仍然可以相互借鉴。作者认为，在人类社会普遍关心教育机会人人平等以及我国人民努力实施九年制义务教育的当今时代，从教育的理论和实践上对全民教育以及教育机会平等的有关基本问题进行探讨，具有重要的现实意义。

在此还需要说明的是，本书在论述“教育机会平等”问题时，鉴于西方国家和我国台湾、香港学者的习惯用法，第三章与部分章节中仍然使用了“教育机会均等”的概念，至于两个概念之间的细微差别未作更深入的论述。

本书在整个构思与写作过程中，力求坚持以建设有中国特色社会主义的理论为指导，来分析当前我国实施全民教育和促进教育机会平等中的实际问题，将理论与实践密切统一起来。但由于水平有限，错误在所难免。不妥之处，敬请学术界的前辈和读者提出宝贵意见。如果本书能够引起更多的同志对全民教育和教育机会平等问题的关注和深入研究，将是作者衷心的期盼，那将对推进我国实现普及义务教育起到良好的作用。

---

① 邓小平文选（第3卷）[M]．北京：人民出版社，1993：220.

第一章

一个全球性的重大课题：实施全民教育、促进教育机会平等

第一节　全世界面临的重大课题

一、实施全民教育、促进教育机会平等是当今世界教育改革与发展的重大课题

“和平与发展是当代世界的主题。”① 这是中国共产党对当今世界纷纭复杂，瞬息万变的局势进行深入分析后作出的科学结论。1992 年 1 月，中国政府领导在世界经济论坛年会上再次重申这一观点。纵观世界，尽管众多新事物、新矛盾、新趋势纷至沓来，令人目不暇接，然而都莫大于发展与和平问题。1989 年 11 月在巴黎召开的第 25 次联合国教科文大会在教育发展规划中，也把和平与发展以及环境保护看作人类社会面临的三大主题。

发展是一个含义十分广泛的概念，因时代的殊异而含义不同。20 世纪 50 年代，发展主要指不同类型的国家和地区的经济增长和经济恢复。而 70 年代以来，发展已成为一个包括经济、科技、文化等各个领域在内的综合协调发展的过程。在发展领域，经济发展、科技发展、社会发展、文化发展、人的发展等众多发展问题一并构成了时代的发展主题。对发展中国家

---

① 中国共产党十三大报告：沿着有中国特色的社会主义道路前进（单行本）[R]. 北京：人民出版社，1987：59.

来说，求取生存和发展仍是当前首要任务。而教育的发展（人的发展）无疑在整个发展主题中占据着举足轻重的地位。无论是经济的发展，还是科技、社会、文化的发展都要优先发展教育，因为都要靠教育培养出人才，而且全民族思想道德、科学、文化素质的提高又是具有决定性意义的。通览当今世界各国教育的改革与发展，各国都把实施全民教育和促进教育机会平等作为改革的重要内容。特别值得注意的是，所有的教育改革，无论是在政策的设计上，还是在教育改革的具体实践中，都努力把实施全民教育、促进教育的机会平等作为重要的指导思想和奋斗目标。正如联合国教科文组织召开的第35届国际教育会议的总报告中所指出的那样："教育民主化是全世界所有国家和所有与教育有关的人最关心的问题。这是一个无数关于教育的言论和出版物中可以反复见到的主题。……在教育领域中很难找到一个不包含这样或那样'民主化'方面的问题。"①

当今世界对实施全民教育及教育机会平等的高度关注还充分表现在教育政策的制定过程中。近年来，国际性的教育机构，都把实施全民教育、推进教育机会平等作为教育政策优先达到的目标。1977年10月，联合国教科文组织召开部分成员国负责改革的高级官员会议，研讨全球教育改革问题。会议认为，"教育民主化"是20世纪80年代全球教育改革的三项基本要求之一。② 同年11月，联合国教科文组织召开的阿拉伯教育部部长和经济规划部部长会议强调，要努力实施全民教育，促进教育民主化进程。从教育民主化的历史实践看，最根本的内容是实施全民教育，推进教育机会的平等。因此，"教育民主化"问题尤其是关于教育机会平等问题成为当代教育政策研究无法回避的重大课题。1978年7月，联合国教科文组织的亚太地区教育部部长和经济规划部部长会议的重要议题之一就是"从民主化的观点看入学机会均等"。1985年，联合国教科文组织在巴黎召开了专门的"教育民主化国际讨论会"，再次探讨了实施全民教育，促进教育机会平等等一系列重大问题。1989年11月，教科文组织第25届大会强调了实施全民教育，促进教育机会平等的重要意义，并确定了"争取全民基础教育"

① 查尔斯·赫梅尔. 今日的教育为了明日的世界［M］. 王静，赵穗生，译. 北京：中国对外翻译出版公司，1983：68.

② 张人杰. 西方"教育民主化"初探［N］. 高等教育学报，1985（12）.

计划，要求最大限度地扫除文盲和普及初等教育。① 1989 年 12 月 20 日，联合国大会又通过了《儿童权利公约》，并向所有国家散发供签署。

1990 年 3 月，在世界银行、联合国开发计划署、联合国教科文组织和联合国儿童基金会共同发起的世界全民教育大会上，由来自 150 个国家和地区的 1500 名代表通过的《世界全民教育宣言》（简称《宣言》）中再次重申了全民教育的奋斗目标，即"每一个人（无论是儿童、青年还是成人）都应能获益于旨在满足基本学习需要的受教育机会"。《宣言》明确指出它是建立在"每个人都有受教育的权利"的基本原则之上。《宣言》还指出：国际社会有义务去消除妨碍一些国家实现全民教育的障碍，并采取措施来解除最穷国家的债务负担。为了加速人类社会实现教育民主化的进程，世界全民教育大会还制定了《满足基本学习需要的行动纲领》。② 1990 年 9 月，在联合国总部召开了关于儿童问题的各国首脑会议，通过了《儿童生存、保护和发展世界宣言》和《执行九十年代儿童生存、保护和发展世界宣言行动计划》。作为世界全民教育大会的后续活动，1993 年 12 月，联合国教科文组织，联合国儿童基金会以及联合国人口基金会联合发起，在印度新德里召开了"九个人口大国全民教育首脑会议"。会议通过的《德里宣言》声明，"决心以最大的努力，普及初等教育，扩大儿童青年和成年人的学习机会"。1994 年，联合国教科文组织与西班牙政府联合主办的"世界特殊需要教育大会"所通过的《萨拉曼卡宣言》再次强调："每一个儿童都有受教育的权利，必须给予机会使其达到并保持一个可接受的水平。"1994 年 9 月由联合国牵头在埃及开罗召开的"国际人口与发展大会"和同年召开的"第 44 届国际教育大会"、"世界特殊需要教育大会"，以及 1995 年 3 月在丹麦哥本哈根召开的"社会发展世界首脑会议"和同年在北京召开的"第四届世界妇女大会"，都强调了消除教育不平等的重要性。③ 1997 年 9 月，联合国教科文组织还委托中国教科文委员会在上海市召开了"市场经济与教育机会均等"国际研讨会。所有这一切都表明，国际社会对整个人类的生存与发展问题的关注达到了空前的高度。把人的发展，特别是每一个人的发展和受教育看成是整个人类社会发展不可动摇的基石，这一点充分显

① 联合国教科文组织. 我们的教育要面向 21 世纪［R］. 中国教育报，1989－11－30.

② 世界全民教育大会. 满足基本学习需要行为纲领［N］. 光明日报，1990－03－10.

③ 为了便于读者参考，本书最后附录了上述会议的主要文件。

示了人类智慧高度发展的一面。

与此同时，世界各主权国家也都把实施全民教育，推进教育机会平等作为教育改革的重要目标。英国于1967年宣布废除“11岁考试”，各阶层儿童直接由小学进入综合中学，使学生入学率有了较大增长。1977年，综合中学学生已达300万人，占中学生总数的80%。法国政府自1959年戴高乐政府起，就颁布了《教育改革法令》，宣布实施10年制义务教育，取消中学入学考试。1963年法国开始建立取代双轨制中学的市立中学。1983年，法国政府又开始进行了“为建立民主的初中而斗争的教育改革”。改革的中心目的在于实现初中阶段义务教育的民主性，以便消除初中阶段学生在学业成绩上的两极分化现象。① 苏联1973年在《全苏国民教育立法纲要》中明确提出：“全体苏联公民，不分种族和民族、性别、宗教、信仰、财产状况和社会地位，在受教育方面一律平等。”这一原则在苏联1976年6月向联合国教科文组织的有关报告中再次得到重申。伊拉克在法律中宣布：全体伊拉克人民，不分性别、社会等级、宗教信仰、种族和民族，均享有接受各级各类教育的平等机会。1976年初，哥伦比亚提出了以缩小城乡和贫富差别为重点的教育改革，以便使所有的人都有均等的机会参与教育事务。阿尔及利亚则在1974年开始了发展基础教育的十年改革计划，要求实行全体民众的九年制义务教育的普通工艺教育。有关这项改革的领导者还认为，改革是建立在一种持久的概念基础上的，因此，拟议中的任何途径绝不会阻滞或妨碍个人的发展。这一制度规定，不仅使学校学生，而且使社会的其他成员都有机会进行学习。② 菲律宾政府提出，教育改革的重点在于“通过向所有学龄儿童提供教育……实现教育机会民主化”。美国前总统克林顿上任后刚刚一个月，就提出了用于加强全国贫困儿童教育与青年职业培训的计划，投资22亿元，目的在于向200多万贫困学生进行补习教育与职业训练。③ 由上可见，实施全民教育、推进教育机会平等已成为世界范围内教育改革所努力的重要目标和内容。

实施全民教育、推进教育机会平等作为世界各国教育改革政策的重要

---

① 国家教育发展与政策研究中心．发达国家教育改革的动向和趋势［M］．北京：人民教育出版社，1986：222.

② 查尔斯·赫梅尔．今日的教育为了明日的世界［M］．王静，赵穗生，译．北京：中国对外翻译出版公司，1983：14.

③ 王英杰．亚洲发展中国家的义务教育［M］．北京：人民教育出版社，2006.

目标和内容，在当代教育改革的实践中具有重要的功能，对世界各国普及义务教育，特别是对于推动处境不利地区教育都产生了积极的作用。英国政府建立的“教育优先地区”（Educational Priority Area）制度,①美国政府的“提早开始计划”（Head Start Program）② 以及许多国家义务教育制度的广泛建立，均充分反映了教育机会平等的精神。

实施全民教育、促进教育机会平等作为当今世界教育改革的重要内容，还吸引并推动了西方大批教育学家、社会学家、心理学家对实施全民教育和教育机会平等本身的理论与实践过程的研究，产生了大量具有重要价值的理论成果。如美国的《科尔曼报告》（*Colman Report*）和詹克斯（C. Jenkens）关于《不平等——美国家庭学校教育效果的重估》研究；英国的《克劳瑟报告》（*Crowth Report*）与《卜劳顿报告》（*Plowdon Report*）及瑞典胡森（Hudson）关于学校改革与机会均等的研究等。此外，瑞士心理学家让·皮亚杰（J. Piaget）和美国心理学家布鲁姆（Blumer）的研究也十分出色。皮亚杰关于儿童早期关键期的研究，为实施学前补偿教育提供了心理学理论依据。布鲁姆关于学习的决策性变量的研究，则加深了人们对实现教育机会平等过程的理解。近年来，各国关于实施全民教育、促进教育机会平等的理论研究在实践中仍不断丰富和发展。

二、实施全民教育、促进教育机会平等是我国教育改革迫切需要的重大理论与实践课题

实施全民教育、促进教育机会平等是当今世界教育改革的重要课题，并且成为各国教育改革进程的重要趋势。我国教育改革的深化迫切需要加强对实施全民教育、促进教育机会平等理论与实践的深入研究。

第一，是丰富我国教育改革理论研究内容的需要。

早在1975年教科文组织召开的关于“教育目标和理论”会议上，与会代表曾一致认为，“在第三世界，教育危机，首先是目标危机”。从我国现

① “教育优先地区”（Educational Priority Area）制度是英国政府根据《卜劳顿报告》的建议制定的。英国教育科学部将一些经费困难、设备不足的学校或地区定为“教育优先地区”。由政府直接给予经费支持和补贴，并对师生比例、师资配备等采取特殊政策，以便促进这些地区教育的发展。参见德·朗特里．西方教育词典［M］．陈建平，等，译，上海：上海译文出版社，1988.

② 查尔斯·赫梅尔．今日的教育为了明日的世界［M］．王静，赵穗生，译．北京：中国对外翻译出版公司，1983：72.

实状况来看，虽然我国从建国以来，特别是改革开放以来，党和国家非常重视教育事业的发展，并把教育事业摆在优先发展的战略地位，全国各地都在有计划地实施九年制义务教育，而且取得了很大成绩。但是由于多方面的原因，各地区在实际工作中，仍有重视教育不够和教育投入不足等现象，对教育优先发展的战略地位并未完全落实，其中很大的一个原因是有些人对科教兴国战略的重要意义还认识不够，对普及九年制义务教育的必要性还认识不够。所以要加强这方面有关教育理论的研究和宣传工作。

第二，是我国教育改革实践的迫切需要。

任何社会实践活动，都需要一定的理论作指导。没有革命的理论，便无革命的实践。这是革命导师列宁早在20世纪初作出的经典性结论。纵观人类历史，无论社会革命还是教育的变革，都是在正确的理论指导下取得成功的。显然，在建立社会主义市场经济体制条件下的当今中国教育改革，要比以往任何时代的教育改革都更为复杂，任务更加艰巨，意义也更加重大。面对这样的改革实践，我们必须加强教育改革理论的研究。特别是应当看到，在我国社会主义经济建设由计划经济向市场经济转变的过程中，各地区、各民族经济发展的不平衡必然导致教育发展的不平衡，甚至不平衡还有可能加剧。各地多少都存在着教育投入不足，办学条件差的问题。另外，从个体受教育的条件来讲，出现了私立学校，收费生（高价生、议价生）等情况，这些都是与实施全民教育、促进教育机会平等理论有关的重大实际问题，具有重要研究价值。

第三，是我国普及九年制义务教育具体实践的迫切需要。

我国的《中华人民共和国义务教育法》于1986年颁行后还面临许多具体问题有待进一步解决。如何在一个经济还比较落后，各民族、各地区经济发展不平衡的条件下有计划地分阶段地保质保量地实现普及全民九年制义务教育，仍然有很多理论课题需要进一步研究。实施全民教育的有关理论探讨，对于我国普及九年制义务教育是有重要的理论意义和现实意义的。

第四，是我国社会主义教育现代化的迫切需要。

我国实施全民教育、促进教育机会平等以及整个教育事业的发展，与我国整个社会主义现代化建设密切相关，二者相互影响，相互促进。一方面，经济是基础，经济的发展会带动教育的发展；另一方面，教育事业的发展，也是促进社会主义物质文明和精神文明建设、提高全民素质的重要条件。实施全民教育、促进教育机会平等对社会主义现代化建设的重要作用具体表现在以下方面：（1）使广大公民享受广泛的教育机会和权利，有助于提高各民族的文化素质，提高公民为社会作贡献的机会和能力，增强公民运用民主权利的能力。（2）能够开发社会的劳动力资源，优化社会劳动力的科学文化素质，促进社会经济的发展。（3）能够促进人类文明的吸收和创新，继承和发展中华民族优秀文化。（4）实施全民教育有助于社会价值观念的升华，弘扬进步的时代价值观，有助于加速我国的改革开放和社会主义现代化建设事业，推进社会的进步。总而言之，通过实施全民教育提高全民族的素质，进而有力地推动社会主义政治、经济等多方面的建设进程，最终促进社会主义现代化建设的历史实践进程。

三、我国实施全民教育、促进教育机会平等是对马克思主义教育民主思想的实践和发展

争取无产阶级的受教育权，实现社会各阶层群众受教育的平等机会，是马克思主义的一贯主张，也是马克思主义教育民主思想的核心内容。早在100多年前，革命导师马克思和恩格斯就深刻指出，教育权利问题是无产阶级解放的重要条件和重要组成部分。马克思、恩格斯号召工人阶级不仅要在夺取政权以前积极开展争取教育权的斗争，而且在夺取政权以后，更应该广泛地普及人民大众的教育。其次马克思和恩格斯认为，只有在社会主义条件下，无产阶级才能享受真正平等的教育，同时教育机会的平等也才能成为现实。此外，马克思主义强烈反对资本主义社会根据学生的出身或智力水平把学生分到不同的学校学习，认为是违背科学的行为。

新中国的成立，实现了政治上的人人平等，为教育机会的平等奠定了重要基础。新中国成立后，在中国共产党的领导下，成功地开展了工农速成教育。改革开放以后，又全面实施了普及九年制义务教育和扫除青壮年文盲的教育。与此同时，政府还大力加强了对少数民族教育，贫困地区的教育，以及妇女教育的支持力度，探索了在一个不发达的农业大国，具体实现人人有平等教育机会的道路，积累了丰富的经验。特别是农村教育的成就引起了国际上的关注。我国社会主义教育事业60多年的建设成就已充分证实了马克思、恩格斯的科学论断。在新时期，我国社会主义全民教育的历史实践，必将进一步丰富和发展马克思主义的教育机会平等的思想。

因此，笔者坚信教育理论工作者对于全民教育的理论实践的探讨，必将成为改革时代富有探索意义的行动。

第二节　人类社会为争取生存和发展的永恒主题

从历史的角度透视，实施全民教育、促进教育机会平等不仅是当今世界教育改革的重要理论与实践内容，而且是整个人类争取生存与发展的永恒主题，是漫长、复杂的历史实践过程。

一、是人类社会争取生存发展的永恒课题

人类社会的历史，是生产斗争、阶级斗争和科学实验的历史，是追求人类平等、幸福、和平的历史。实施全民教育、促进教育机会平等的历史正是人类争取生存发展，追求平等历史的重要表现和重要组成部分。在数千年文明史上，人类从来没有停止和中断过关于实施全民教育、促进教育机会平等的思考和实践。不论是西方从柏拉图、亚里士多德、昆体良到霍布斯、洛克、夸美纽斯、卢梭，乃至马克思、恩格斯，还是中国从孔子到孙中山、陶行知乃至毛泽东，他们大量的著作中都留下了艰辛思考的痕迹。20 世纪 60 年代以来，人类关于实施全民教育、促进教育机会平等的思考更加深入广泛。随着人类社会的继续发展，关于实施全民教育、促进教育机会平等的思考将会永远持续下去。

人类关于实施全民教育、促进教育机会平等的历史实践自文艺复兴后成为一种较大规模的社会运动。从此，人类实施全民教育的社会运动便以势不可当的历史趋势，伴随社会发展而不断地持续发展。正如柏拉图所说：教育的车轮一旦转动起来，它就将永远加快自己的速度。几百年来实施全民教育、推进教育机会平等的历史实践已经取得了巨大的成就，这为人类社会共同的奋斗方向——为了争取生存和发展，实施全民教育、促进教育机会平等的历史实践展现了美好的前景。

实施全民教育、促进教育机会平等之所以成为人类社会发展的重大课题和人类争取生存发展的永恒主题，从历史发展的角度看，其根本的原因在于它充分反映了人类追求生存平等和公正的、一贯的、潜在的心理需要，

也是缘于人类谋求生存、发展的客观需要。正如联合国教科文组织执行局委员查尔斯·赫梅尔在第35届国际教育会议的总报告中所说："教育民主化是全世界所有国家和所有教育有关的人最关心的问题。""从更深刻的意义来理解，教育的机会平等反映了人类渴望一个更公正的世界，在那个公正的世界里，所有的人都将得到充分的人权保障。"①

这里，赫梅尔所说的除了是否"全世界最关心的问题"和"什么是人权保障"我们有不同理解外，他实际上揭示了一个教育民主发生学的根本问题。实施全民教育、普及义务教育、促进教育机会平等反映的不仅是人类对教育机会的渴望，更是对整个人类社会、政治、经济及各方面平等的追求。

二、实施全民教育、促进教育机会平等是曲折的复杂的历史过程

人类社会从实施全民教育、普及义务教育、推进教育机会平等思想的产生到被社会所共识并转化为教育实践的过程是漫长的。早在西方的古希腊与我国的春秋战国时代，就萌发了教育机会平等的朴素思想，但一直到了16世纪，西欧由于宗教改革的需要，路德才第一次提出了义务教育的问题，19世纪70年代以后，西方资本主义国家完成第一次产业革命，人类实施全民教育、促进教育机会平等的实践才逐步开展起来，其间经历了2000多年的时间，进程十分缓慢。

人类社会实施全民教育、促进教育机会平等的历史进程不仅是一个漫长的、渐进积累的发展过程，而且具有曲折性与多层次的特征。人类追求教育机会平等的最主要实践之一是普及义务教育制度的建立与发展。而普及义务教育制度的改革与演变道路非常曲折。这是由于教育的发展，特别是普及义务教育的实施，与各国的社会政治、经济关系密切，教育发展水平，归根结底受经济发展水平的制约。再加上各国封建残余势力的抵制等原因，普及义务教育的道路是曲折而漫长的。在时间上来看，从各国提出普及初等义务教育的主张，到各国初步在形式上完成，普遍经历了近100年的时间，其中德国经历了125年，法国是92年，即使是经济十分发达的美

① 查尔斯·赫梅尔．今日的教育为了明日的世界［M］．王静，赵穗生，译．北京：中国对外翻译出版公司，1983：68．

国，前后也用了将近70年时间才普及了初等义务教育。再从普及义务教育制度演变的实质来看，普及义务教育制度的变革也经历了“单轨制——双轨制——单轨制”的曲折过程。虽然，普及义务教育在16世纪就已开始，但是，其间有几百年一直保持着普及义务教育的“双轨制度”。双轨制对于封建社会统治阶级垄断教育的单轨制是一种历史的进步。但双轨制相对于教育机会平等的根本精神来说，显然是一种不彻底的变革，包含着不平等的成分。第一次世界大战之后，各国对消除双轨制的努力取得了很大成就，但实际上至今还没有完全消除。在英国等传统式的欧洲国家，仍然保留着变相的双轨制特征。由此足见教育民主化历史的曲折性。

对此，《世界教育危机》一书的作者菲利普·库姆斯曾指出：随着教育发展的全面进行，存在于曾激励世界范围教育发展的理想和事实之间的巨大鸿沟变得日益明显了。很清楚，在任何社会里，消灭或只是实际减少不平等——包括教育制度内部的严重不平等——比开始预料的要复杂和困难得多。

实施全民教育和促进教育机会平等的历史实践过程的渐进性和复杂性要求人类必须为之付出持之以恒的努力。教育历史上关于教育机会平等的盲目乐观主义者，企求不通过任何艰苦的努力就实现教育机会平等，是不切实际的幻想；而悲观主义者认为，教育机会平等是永远不可能实现的空想，从而不加任何努力的做法也是十分保守的。此外，激进主义者超越时代的历史条件，强求在某一时期实现教育机会平等，这显然也违背教育机会平等实现的正常轨迹，其结果只能造成狭隘的平均主义。

实施全民教育和促进教育机会平等历史实践过程的渐进性和复杂性，还要求我们正确地认识发达国家教育机会平等方面取得的客观成就，以及不发达国家面临的困难和任务的艰巨性。

三、实施全民教育、促进教育机会平等是具有阶级属性的历史实践过程

马克思主义基本原理认为：社会存在决定社会意识，在不同阶级占统治地位的不同社会中，该社会占统治地位的思想亦不同。作为带有浓厚上层建筑特征的教育思想与实践（包括教育机会平等的思想与实践）必然反映该社会统治阶级的影响，表现出阶级的特征。因此我们必须正确认识资

本主义实施全民教育、促进教育机会平等与社会主义实施全民教育、促进教育机会平等的不同特征。既要看到资本主义社会实施全民教育、促进教育机会平等所取得的客观成就及其历史进步性，又要看到资本主义社会实施全民教育、促进教育机会平等的历史局限性。目前发达资本主义国家已经普遍实施了10年以上的义务教育制度，正在向高中教育后阶段延伸。资本主义社会提倡教育机会平等的历史进步性，在于它彻底消除了封建社会教育为统治者垄断的单一性，从而使教育成为不同阶层的人普遍享受的权利。而资本主义社会教育机会平等的局限性主要表现在其理论与实践的不彻底性上。从根本上讲，表现在没有真正贯彻让所有的劳动人民享受平等教育这一本质上。因此，时至今日，资本主义社会教育机会不平等的事实大量存在。资本主义社会教育民主化的局限性还表现在理论与实践的分离上。从更深层次来分析，这种局限性来自于资本主义私有制的社会制度。对此就连西方非马克思主义学者也作过大量的揭露和批判。国际著名教育家胡森在对这一问题进行了长达25年的研究后指出：教育改革必须与社会和经济改造协调一致。的确，不在整个社会制度中首先或同时建立社会平等，要在教育制度方面实现更大的机会平等是不可能的。另一位美国社会学家特纳（Turner）也说："我们的教育制度从来没有，而且现在也没有向人们提供平等的做好个人发展和经济报酬的机会，因为它反映的是资本主义经济固有的不平等的结构。"据报道，美国州立大学1991～1992年学费在上一年上涨7%的基础上，又上涨了12%，从而使大批低收入家庭出身的青年失去了上学的机会。① 事实更能说明上述观点。

同时也必须指出，尽管社会主义国家在社会制度上要比资本主义社会有着无可比拟的进步特征，但在实现全民教育和教育机会平等过程中仍然存在着一定的困难。尤其在目前经济还不太发达的条件下，如何更好地使全民教育和教育机会平等理论与实践得到更大程度的统一，仍然是十分艰巨的任务。另外，充分认识社会主义全民教育和教育机会平等的历史特征，也是加速我国全民教育和教育健康发展的必要前提。在此问题上同时要纠正那种否认资本主义国家教育民主化已有成就的片面观点。事实上，在人类全民教育和教育民主化的历史实践中，虽然说发达的资本主义国家在普

① 王英杰. 亚洲发展中国家的义务教育［M］. 北京：人民教育出版社，2006.

及义务教育方面取得较大成就主要是反映了资产阶级为了采用新技术发展资本主义经济，获取更大利润的需要，但与此同时劳动人民也得到一定受教育的权利，这也是各国人民长时期以来艰苦斗争的结果。如果只坚持上述片面观点，其结果必然否定资本主义国家人民群众的长期斗争成果。

第二章

人类社会全民教育及教育机会平等的历史进程及其反思

恩格斯曾经指出："人们远在知道什么是辩证法之前，就已经辩证地思考了。"① 正如恩格斯所揭示的那样，人类关于全民教育的思考、追求乃至实践也早在全民教育以及教育机会平等的概念产生之前就已经经历了漫长的历程。在数千年人类文明史上，追求教育机会平等的道路始终充满艰难和曲折，无数善良、正直的伟大教育家、政治家、思想家为之付出了巨大的艰辛，甚至献出了毕生的精力和热忱。与此同时，留给了人类极其宝贵的历史遗产，昭示人类进行着坚持不懈的努力。

第一节　人类社会关于全民教育及教育机会平等的思想渊源

人类历史上关于全民教育及教育机会平等的思想源远流长，最早可以追溯到中国古代的春秋时期和西方的古希腊时代。孔子和柏拉图的思想中都主张扩大受教育者的范围，企图打破只有奴隶主阶级子女才能入学的局限，包含着一定的朴素的教育民主思想。资本主义萌芽时期的文艺复兴运动乃至宗教改革运动都反映了新兴资产阶级的一些愿望，反对封建专制和罗马天主教会的愚昧腐朽，使教育民主思想进一步发扬。空想社会主义者莫尔、著名的宗教改革领袖马丁·路德、捷克大教育家夸美纽斯等纷纷高

① 中共中央马克思恩格斯列宁斯大林著作编译局．马克思恩格斯选集（第3卷）［G］．北京：人民出版社，1972：182.

呼“人人都可受教育”的口号，大力宣扬不论贫富贵贱，所有男女、儿童都应进学校平等受教育的主张。在美国建国初期，著名的公共教育实践家贺拉斯·曼，明确提出教育机会应该人人均等。18 世纪法国的伟大思想家卢梭在深入探讨人类不平等起源过程时，也主张人类应当实行机会均等的教育。19 世纪中期，迅速发展的资本主义大工业生产以及随之而蓬勃高涨的工人革命运动，又将教育机会平等思想推到新的高度。马克思、恩格斯两位伟大的思想家在无产阶级革命斗争的历史实践中，对教育机会平等问题进行了深刻的论述。更为可贵的是人类第一个无产阶级政权巴黎公社，虽然只存在了 72 天，但仍然对争取教育机会平等进行了大胆的实践。19 世纪末至 20 世纪上半叶，整个世界发生了巨大变化，世界上主要资本主义国家都完成了产业革命，进入帝国主义阶段，生产力有了巨大发展。特别是第二次世界大战之后，新的科学技术和生产力更有了飞跃的发展，无产阶级社会主义革命和民族解放运动更是蓬勃发展，10 多个国家进行了社会主义建设，很多民族、国家获得了独立和解放，这就使教育机会的民主化更加引起世界各国的重视。众多的教育理论家、社会学家及各界关心人类进步的人士都耗费大量时间致力于教育机会平等的研究与实践。自 20 世纪六七十年代以来，教育机会平等已经成为世界各国政府及其人民所密切关注的重大课题。

一、古代朴素的教育机会平等思想

人类教育史上，最早提出教育机会平等思想的学者当首推孔子与柏拉图。

（一）孔子的教育民主思想

孔子（公元前 551 ~ 前 479 年）是中华民族历史上第一位伟大的教育家。同时也被认为是“全人类历史上的一位伟大教育家”。① 孔子一生 40 多年从事专门的教育工作，教育思想极为丰富，朴素的教育机会平等思想，是其中重要的组成部分。

孔子朴素的教育机会平等的思想，首先，集中反映在他“富而后教”

① 匡亚明. 孔子评传［M］. 南京：南京大学出版社，1990：273.

和“有教无类”的主张上。孔子是中国历史上较早的认识教育与政治、经济有密切关系的大教育家。据《论语·子路》记载：孔子在前往卫国的途中曾与弟子们讨论过治理国家的三大纲要问题，提出了“富而后教”的重要主张。“子适卫，冉有仆。子曰：‘庶矣哉!’冉有曰：‘既庶矣，又何加焉?’曰：‘富之’。曰：‘既富矣，又何加焉?’曰：‘教之’。”就是说，他认为要治理好一个国家，首先使国内安定、人口增长，有较多的劳动力；其次是发展经济，使人民有较富裕的生活条件；再次是发展教育，使人民受到道德教育，做到安分守己。关于“有教无类”，南北朝梁皇侃在其《论语义疏》中疏解说：“人乃有贵贱，宜同资教，不可以其种类庶鄙而不教之也，教之则善，本无类也。”孔子认为人人可以受教育，只要“自行束脩以上”，就要“来之不拒”，“诲人不倦”。他还强调“人洁己以进，与其洁也，不保其往”，“知礼以立”。其次，孔子朴素的教育机会平等思想也反映在他关于“因材施教”的主张上，认为必须了解学生的不同情况进行不同的教育，使学生达到适合其个人条件的发展水平。

孔子朴素的教育机会平等思想的理论基础来源于三个方面。第一，孔子“仁”的哲学思想，这是孔子教育民主思想的出发点。孔子“仁”的思想强调“爱众，而亲仁”，“克己复礼为仁”。孔子说：“道之以政，齐之以刑，民免而无耻；道之以德，齐之以礼，有耻且格。”他不大赞成单纯用政法刑罚的办法来对付人民的反抗，认为那样还不能使人民有廉耻之心，自觉地安分守己。所以他提倡普遍实施礼乐教化来恢复像西周时期一样崇尚礼教的社会秩序。因为孔子生在春秋末期，当时奴隶制度衰落，“礼崩乐坏”，社会秩序混乱。孔子想通过对人民进行礼乐教化来稳定社会秩序。孔子“仁”学的核心根本是孝悌。《论语·学而》中引用孔子弟子有若的话，对“仁”学和“孝悌”的本质含义有个很好的说明。“有子曰：其为人也孝悌，而好犯上者，鲜矣；不好犯上，而好作乱者，未之有也。君子务本、本立而道生。孝悌也者，其为仁之本与!”所谓“孝悌”，就是要教育人们孝顺父母，敬爱兄长，能做到这一点，也就可以做到不犯上作乱，使社会安定。这就是孔子仁爱思想的实质。“有教无类”正是孔子“仁”的思想在教育上的具体化。第二，孔子在人性论上主张“性相近、习相远”，重视人的可塑性。这种人性观是他“有教无类”思想产生的又一重要理论基础。第三，孔子朴素的教育机会平等思想的产生还深受春秋时代社会上民本思潮的影响。据史书记载：与西周相比，孔子所生活的春秋时代的末期，是一个奴隶主贵族日益没落，地主阶级日益发展强大，社会正在发生巨大变动的时代，庶民的地位大大提高。民不但成了“国之主”,①“神之主”,②甚至国君也要“忠于民”,③“利于民”。④

孔子一生崇拜西周的周公，周公的“敬德保民”思想以及春秋时代的这种重民思潮对孔子朴素的教育民主思想形成是有影响的。

孔子朴素的教育民主思想还充分体现在他的教育实践之中。首先，孔子创办了我国历史上规模宏大的私学。他广招门徒，扩大教育对象。打破了历史上“学在官府”只有奴隶主阶级、贵族子女才能受教育的局面，推动了“学移民间”，使更多的人受到教育，有了“成贤”和“从政”的机会。对此司马迁在《史记·孔子世家》中记载：孔子以《诗》、《书》、《礼》、《乐》施教，弟子盖三千焉，身通六艺者七十有二人。可见孔子当时办学规模之空前。其次，孔子在创办私学及教育实践过程中，努力实现其“有教无类”的主张。其表现之一是他招学生兼收并蓄，不论贫富贵贱。据史书记载，他的学生大多数出自贫寒之家。表现之二是孔子招收学生没有明确年龄限制，其弟子年龄差别很大，既有比孔子小 49 岁的子贱，又有比孔子小 9 岁的子路。表现之三是孔子招收学生不限地域，孔子的弟子来源远不只鲁国境内，而是几乎遍及当时中国的各个地区。在孔子晚年所教的学生中，除鲁国人外，还有来自吴、陈、齐、宋、楚、晋、秦等国的人，其中属于华夏族的鲁、卫、宋、陈、齐、晋等国的弟子占多数。此外，孔子弟子中还有来自远方的少数民族子弟，孔子对于投奔他门下的少数民族弟子给予同样教育，没有华夷之分。这对当时加强民族融合、传播华夏民族的先进文化都起了很大促进作用。正是由于孔子在实践中实施无类之教、兼容并收，因而扩大了教育对象，并使人们发出了“夫子之门何其杂”的感叹。⑤ 孔子在教学实践中还履行“因材施教”的原则，以期促进每个学生达到最大限度的发展（适合其个人特点的发展），这是富有平等意义的做法。总之，孔子不仅重视教育机会的广泛性，提出了“有教无类”的主张，同时还重视学生在教育发展过程中的平等发展机会，提出了“因材施教”

①②③ 杨伯峻．春秋左传注［M］．北京：中华书局，1990.

④ 赵歧．孟子［M］．北京：中华书局，1998.

⑤ 梁啓雄．荀子简释［M］．北京：中华书局，1983.

的思想。上述孔子从“仁”学思想出发的德政礼教的政治、教育思想，基本上是代表了开明的奴隶主贵族利益，即想恢复奴隶主统治的礼乐秩序，同时也反映了春秋末期新兴地主阶级和庶民希望有受教育权利的正当要求，是有一定进步意义的。所以孔子的教育思想能成为后世封建社会2000多年儒家思想渊源和受到后人的尊敬不是没有原因的。

但是必须进一步说明的是，孔子关于教育机会平等的思想仅仅还处于朴素的萌芽阶段，由于历史时代的局限性，平等精神并不彻底，特别因为孔子身兼教育家与奴隶社会卫道士的双重身份，教育机会平等的思想不可能成为他的一贯主张，更不可能成为他的终生教育理想和追求。在他一生中，一方面主张“有教无类”，“因材施教”，“学而不厌、诲人不倦”；另一方面又宣称“民可使由之，不可使知之”，[①]“中人之上可以语上也，中人之下不可以语上也”。[②]又说：“唯女子与小人为难养也”，[③]轻视劳动、轻视劳动人民和妇女，等等。总之，认为下等民众不必受教育，或不能受同等水平的教育；这又表现了他坚持等级教育的观念，充分说明了孔子朴素的教育机会平等思想的时代局限性和双重性。

（二）柏拉图、亚里士多德的教育机会平等的民主思想

柏拉图（公元前427~前347年）是古希腊著名的代表贵族奴隶主利益的哲学家和教育家。众所熟知，在政治理想上，柏拉图崇尚的理想社会是由“哲学家”、“军人”、“手工业者和农民”三个阶层所构成的塔形社会。柏拉图设想在这个塔形社会中，哲学家属于凭借其智慧统治整个社会的最高层；军人居于社会的中层，以其勇敢精神保卫国家；而手工业者和农民则属于社会的最底层，以其克制、节欲和勤奋的劳动来供养哲学家和军人两个阶层。奴隶被看成会说话的工具，不属于上述三个阶层中任何一个阶层。显然，柏拉图在政治上的理想的国家绝不是一个富有民主精神的社会，甚至可以认为是一个典型的奴隶主统治的等级社会。但是柏拉图在关于实现理想王国的职能、途径及其具体主张上，则存在一定的民主思想因素。这集中反映在他关于教育的主张上。他主张把入学受教育的机会扩大到除奴隶以外的所有奴隶主和自由民。柏拉图认为：教育是实现理想社会的最

---

①②③ 孔子．论语［M］．北京：外语教学与研究出版社，1998.

根本途径。教育的功能在于可以促使统治者获得真知，以洞察整个社会（王国），因此教育的社会意义要比对个人的意义重要得多。他指出：理想的教育基本上是个人与社会相互影响的过程，国家的性质依赖于社会各部分人的教育。所以他主张废除私有财产，教育要由奴隶主国家统一办理。如此明确强调教育在社会政治中的作用，在西方教育思想史上还是第一次。也正因为如此，柏拉图主张国家中的每一个奴隶主和自由民，无论其性别和出身如何，也无论其天性和能力如何，都应当受到最适合于他发挥作用和求得发展的教育，对于儿童来说更应该如此。他提出儿童不分男女，从6岁起都应入初等学校学习，认为女子应当受到与男子平等的教育。他主张，初等教育是对“一切儿童”都应该实施的“强迫教育”。他在《理想国》第八章中指出，要尽量对一切儿童施之以所谓的强迫教育，儿童们与其说属于他的父母，不如认为他们属于邦国。由上可见，柏拉图是把教育看作产生国家杰出的统治人才，实现理想王国的重要途径而加以重视的。在他看来，通过教育可以鉴别哲学家、军人、手工业者和农民三种阶层中每个人的天赋能力，进而进行不同的培养，从而达到人尽其才的效果。这样，学校实际上变成了选拔人才的工具，每个儿童都有参与选拔的机会和权利，但最终的选拔结果则取决于每个人的自身天赋和努力程度。很明显，柏拉图的有些主张是公正的。

柏拉图主张所有的儿童都应该接受机会均等的公共教育。柏拉图在西方第一个提出实施初等义务教育的主张。从动机上讲，柏拉图主要是出于培养“城邦”贵族奴隶主统治者的目的和需要，带有明显的功利色彩。但是可以肯定的一点是，柏拉图关于儿童教育入学机会均等思想对后来西方教育机会平等的民主思想的发展产生了重要影响。

亚里士多德（Aristotle，公元前384～前322年）是古希腊又一杰出思想家、教育家。他17岁时来到雅典，入柏拉图学园学习，师事柏拉图达20年之久。他曾做过马其顿亚历山大大帝的老师。后来在雅典设立学园，从事教学和科学研究工作。马克思称他为“古代最伟大的思想家”。① 亚里士多德同样十分重视儿童教育机会的均等，他认为每个儿童必须接受作公民所需要的同样的基础教育。特别是提出要通过法律的形式来保证所有的

① 马克思．资本论（第1卷）［M］//马克思恩格斯全集（第23卷）．北京：人民出版社，1959：447.

“自由民”在一定年龄阶段受教育的权利。亚里士多德在历史上是第一个主张教育要立法的思想家。亚里士多德反对私立教育，主张教育要由国家来办。①

二、中世纪——西欧反教育民主的黑暗时代

公元476年，西罗马帝国在奴隶及农奴不断起义和北方日耳曼部族入侵的打击下崩溃了。西欧进入了封建社会时期。随着罗马帝国的崩溃，日耳曼部族的铁蹄不仅粉碎了罗马文明，而且也粉碎了它的政治结构。人类社会由此进入了一个漫长的黑暗时期。其中，从5世纪末到15世纪，是封建社会形成和发展的时期，史称中世纪。恩格斯曾经指出：“中世纪是从粗野的原始形态发展而来的。它把古代文明、古代哲学、政治和法律一扫而光，以便一切都从头做起。它从没落了的古代世界承受下来的唯一事物就是基督教和一些残破不全而且失掉文明的城市。其结果正如一切原始发展阶段中的情形一样，僧侣们获得了知识教育的垄断地位，因而教育本身也渗透了神学的性质。”②

中世纪的欧洲封建社会，首先是在封建主阶级内部由于土地的占有程度不同，而形成了不同的等级，因而首先造就了反民主的教育等级特征。更由于中世纪封建社会，政治强制无处不在，等级关系无所不在，人身依附无时不有。因此，处于教会封建主和世俗封建主层层重压之下的广大人民，几乎没有受教育的权利和机会。

其次在中世纪，教会统治着社会的上层建筑和精神领域。教会成为西欧封建社会的精神支柱，并极力“给封建制度绕上一圈神圣的灵光”。③ 教会不仅鼓吹基督教神学，为封建统治的“神圣性”、“合理性”辩护，而且还在政治与国家问题上捏造了“君权神授”说；在对待人生问题上，基督教认为人是带着“原始的罪恶”来到世间的，因此必须实行禁欲主义，历尽苦难生活的磨难，不断赎罪，死后灵魂才能得救。显然这样的宗教说教，给人们又套上了宿命论的精神枷锁。在社会现实生活中起着掩盖阶级压迫

① 佛罗斯特. 西方教育的历史和哲学基础［M］. 吴元训，等，译. 北京：华夏出版社，1987：76.

② 恩格斯. 德国农民战争［M］//马克思恩格斯全集（第7卷）. 北京：人民出版社，1959：40.

③ 恩格斯. 社会主义从空想到科学的发展［M］//马克思恩格斯全集（第3卷）. 北京：人民出版社，1972：390.

和社会的不平等，麻醉人民的阶级意识和压制反抗精神的作用。

在西欧中世纪，教会仇视一切足以动摇宗教信仰的科学文化知识，实行蒙昧主义，竭力使人民处于愚昧无知的状态。尤其是教会认为一切真理都已经载于《圣经》，人的认识来源于“神的启示”，这些谬论，迫使科学与哲学成为“教会恭顺的婢女”、“神学的分支”。教会还严格垄断着教育，只有僧侣才能读书识字，世俗的封建主的教育也渗透着宗教神学的精神。这种封建宗教性成为中世纪教育的又一重要特征。西欧中世纪教育的这种状况，使教育在社会选拔和培养人才方面失去了特有的职能，成为教会的专利，民众没有机会受教育。

对于西欧中世纪社会政治、经济乃至社会文化教育状况的了解，有助于我们进一步把握后来西欧教育民主化实现的历史条件。

三、西欧文艺复兴时期的教育机会平等的民主思想

在15世纪和16世纪，在地中海沿岸的某些城市已经稀疏地出现了资本主义生产的最初萌芽。随着历史的变迁，腐朽的封建势力与宗教统治已成为生产力发展的严重障碍。新生的资产阶级为促进资本主义发展和农民一起与封建统治者进行着激烈的斗争。这一斗争在思想文化方面的集中表现就是欧洲文艺复兴运动。文艺复兴运动的斗士们向神道的封建传统公开宣战，要求解放人的个性，恢复人的价值，发挥人的智慧和能力，宣扬哥白尼的“日心说”等自然科学成就，反对天主教会的“上帝造世说”和宗教对人的禁锢。人文主义者还提出普及义务教育，广泛建立学校，让所有地位不等、性别和天资不一的儿童进学校受教育，充分显示了教育机会平等的民主思想。可以说文艺复兴使古希腊罗马时代关于教育民主的理想得到了充分继承和发扬。

托马斯·莫尔（Thomes More，1478～1535年）是文艺复兴时期早期空想社会主义思想家，也是最早系统地提出教育机会平等的思想的教育家。莫尔生活在资本主义原始积累最早的英国，异常残酷的剥削制度对莫尔的思想发展产生了很大影响。贫富极度不均乃至“羊吃人”的非人道现象，促使莫尔形成了反对资本主义私有制社会，憧憬社会主义公有制度的宏伟理想。《乌托邦》正是莫尔诸多宏伟理想的结晶。在莫尔构画的“乌托邦”社会里，不仅“政治上人人平等”，“经济上财产公有，土地属于全体公

民”，人人都要从事农业生产或手工业劳动，只有少数由于智能卓越的人经批准可以从事脑力劳动。而且主张“在教育上人人机会均等”。莫尔主张实行公共的普及教育制度，“凡是儿童都要学习”，不论男女儿童都要接受公共教育的训练。在普及教育中，莫尔还要求学校采用民族语言对学生进行广泛的科学知识教育，以便使更多的儿童不受语言限制而接受教育。莫尔教育民主思想充分反映了英国资本主义原始积累时期被剥夺了生产资料的人民大众对教育机会和权利的普遍向往和追求。因此，他的思想在当时社会上曾引起强烈反响。

正当文艺复兴处于高潮的时期，欧洲爆发了宗教改革运动。其中以德国最为强烈。宗教改革从根本上反映了宗教领域中资产阶级势力反对封建势力的斗争。恩格斯把宗教改革称为欧洲资产阶级反对封建主义的第一次大决战。最先发动这场运动的德国神甫马丁·路德（Martin Luther，1483～1546年），站在德国新兴资产阶级的立场上，反对教皇出售“赎罪券”收敛民财的剥削丑行。1517年马丁·路德写了“95条论纲”，历数并斥责教会的无耻，勇敢地揭露了天主教会的黑暗、腐朽。他提出否定罗马教皇权威的主张，坚持以民族语言代替宗教语言中的拉丁语，反映了中产阶级的愿望和普遍利益。而且，马丁·路德在建立新教的过程中，还提出教育机会和权利人人平等的民主思想，主张实行普及性的强迫初等教育。更可贵的是马丁·路德在宗教改革实践中大力发展学校教育，开创了近代教育机会平等的民主化运动的先河。马丁·路德向各国诸侯提出，开办学校教育不仅有利于教会，而且有利于国家。他在《致德国公民的市长和市政府的呼吁书》中指出：“人类的生活可以没有天堂和地狱，但学校却是必要的。”1530年他在《关于送子弟入学义务》的演讲中强烈呼吁：教育机关应由公费设立，一律公开。全国的儿童不论贫富、贵贱、男女，都应入学校受教育，凡入学者不予收费。他还号召，父母要对自己年满六七岁子女送入学校受教育负责任，尽义务；国家的义务在于强迫人民送子弟受教育。

马丁·路德提出教育机会均等的民主思想以及大力发展学校教育的实践，主要目的是为了传播新教教义，使儿童从学校毕业后都能读《圣经》和路德编写的《教义问答》，以扩大新教的影响。所以当德国农民战争爆发后，马丁·路德又倒向封建诸侯，主张对农民起义进行镇压，对选送农民子弟入学培养已失去兴趣。尽管如此，他主张兴办义务教育的思想仍然在一定程度上反映了新兴资产阶级和劳动人民对社会平等的追求和愿望，是人类追求教育民主的产物。由于马丁·路德顺应人民的意愿，迫切主张教育机会平等，并且率先开创普及学校教育的社会实践，因此被人们誉为“国民教育之父”。

夸美纽斯（Johann Amos Comenius，1592～1670年）是17世纪捷克著名的爱国主义者、伟大的资产阶级民主教育家。在欧洲从封建社会向资本主义社会过渡的历史时期，夸美纽斯不但继承了古希腊罗马时代先哲们关于教育机会平等的民主思想遗产，而且吸收了文艺复兴时期人文主义者，乃至宗教改革领袖普及国民义务教育的教育民主理论，总结了当时新兴资产阶级的教育经验。夸美纽斯根据泛智论的观点，认为每一个人一旦降生，就都“有生活、有动作、有智力的基础”，只要接受合理的教育，任何人的智力，都是能够得到发展的。“只有受过一种合适的教育之后，人才能成为一个人。”他在《论天赋人才的培养》一文中反复说明教育对于开发自然资源、发展生产、增进人类幸福和加强国家实力的作用。他甚至于把教育作用夸大为“人类得救”的主要手段。夸美纽斯将教育机会平等的理想建立在人类的可教育性基础上，他又结合自身的大量教育实践，构建了他的教育民主观，为近代资产阶级教育理论奠定了重要基础。

夸美纽斯教育机会平等的民主思想的第一个独到之处，在于他勇敢地宣布，“无例外地对每一个人实施教育”为教育的重要原则。他确信：“任何儿童都可以成为一个人。”因此，不仅是有钱有势人的儿女应该入学校，而且所有城镇乡村的男孩和女孩，不论贫富贵贱都应该进学校，甚至拉丁语学校也不应当只限定于富人、贵族和官吏的子女。夸美纽斯认为要实现教育机会的均等，最重要的途径是兴办学校，实施面向所有人（儿童）的普及教育。教育要普及到每一个人，“一直到手工业者，庄稼汉，脚夫和妇女乃至低能的、感觉迟钝的盲人、聋哑人、残废人以及罪犯”。要“教一切人以一切知识”。① 他认为“学校是造就人的工场”，“青年人应该受到共同的教育，而学校是必需的”，② 要建立大批的公共学校。他是世界上最早提出普及6年初等教育思想的教育家。在实现教育机会平等的具体实践中，夸美纽斯注意到了语言的重要性，他认为学习祖国语言十分必要，有助于普

① 沙巴也娃．教育史［M］．北京：人民教育出版社，1955：58.
② 张焕庭．西方资产阶级教育论著选［G］．北京：人民出版社，1964：178，139.

及教育，主张使用祖国民族语言进行教学。

夸美纽斯教育机会平等的民主思想的第二个独到之处，在于他认识到教育内部因素对教育机会均等的制约作用，并且进行了卓有成效的改革。首先他改变了传统的个别教学模式，创立了“班级授课制度”，这在形式上更加有利于扩大教育的对象，使更多的人能够得到受教育的机会。班级授课制的创立曾被人誉为是教育史上哥白尼式的革命。夸美纽斯还深受培根哲学思想（主要是感觉论和归纳法）的影响，提出了实现百科全书式教育的主张，改变了以神学为教学活动中心、宗教为主要内容的中世纪传统，强调把一切知识交给所有的儿童，重视自然科学知识的教育，这也是一个重要的历史进步。显而易见，夸美纽斯关于教育机会平等的民主化思想比文艺复兴时期人文主义者更加丰富、系统和具体。夸美纽斯处于社会低层，他十分同情劳动人民的苦难，他一生献身于争取教育机会平等和教育改革事业，他进行了大量的教育实践，写出了大量的教育理论著作。在他的教育著作中，一方面批判了封建经院主义教育的种种弊病，同时也总结了有利于资产阶级的教育经验，提出了一系列有利于发展资本主义的教育改革的措施和见解。夸美纽斯关于教学、教育原则、方法的某些概括，反映了教育工作的一些客观规律，带有普遍的指导意义，成为教育史上的宝贵财富。虽然他的教育思想中有浓厚的宗教色彩，主张儿童“从小懂得《圣经》”，也有些主张不科学，反映了他世界观中的矛盾方面，但这都无碍于他的教育思想在世界教育史上占有重要的地位。可以说由于夸美纽斯教育思想代表作《大教学论》的问世，才出现独立的教育学。后人称他为教育史上的哥白尼、伟大的资产阶级民主主义教育家，对此他是当之无愧的。

四、近代自由资本主义时期的西方教育民主思想

18 世纪在法国兴起的思想启蒙运动，是继文艺复兴之后，欧洲历史上第二次伟大的思想解放运动。启蒙思想家对封建制度进行了更为猛烈的进攻，从而使封建社会宗教、自然观、社会、国家制度等一切都受到了最无情的批判，并针对封建社会的等级制、特权与专制提出了人权、自由和平等的口号，主张建立一个自由、平等、博爱的“理性王国”。所以启蒙思想家一般都比较重视教育，要求改革腐朽的经院主义性质的教育制度，提倡用自然科学知识和理性武装人们的头脑，使教育适应资产阶级的政治和经

济要求。

（一）卢梭的教育民主思想

卢梭（Jean Jacques Rousseau，1712～1778 年）是 18 世纪法国启蒙思想家，是思想启蒙运动的重要代表人物。卢梭对封建社会的等级制度有强烈的不满。他在 1755 年出版的社会政治理论著作《论人类不平等的起源和基础》一书中，深刻地揭露和抨击了封建等级制度下的社会不平等现象。主张自由和平等是不可剥夺的“天赋人权”的资产阶级政治思想，并在后来提出了“人民主权”的学说及建立资产阶级民主共和国的理想，为资产阶级提供了反对封建专制制度的思想武器。卢梭在他 1762 年出版的教育著作《爱弥尔——论教育》一书中，尖锐地批判了腐朽的封建教育，倡导人人平等的、解放学生个性的教育。卢梭在其《社会契约论》中解释道：在“自然”状态下，人人出生时都是平等的，人人都有同样的权利。“自然的平等”以“社会契约”为中介后，才形成道德上和法律上的平等，只有社会才能使个体具有真正的才能，而且既不支持财富又不支持出身。卢梭还指出：“国家的教育是自由人的特权，只有自由人，才有共同关心的利益而真正为法律所团结。”①他说：“即使不可能建立一种完全免费的教育，不管是哪一处，所收的费应该是放低到使最贫穷的人也能付与。”②他主张用公共的教育代替教会的教育。

卢梭虽然承认每个人都应当受教育，但他又认为，每个人所受的教育并不是平等的，而是有差别的，他主张人都应该按照本身的社会地位受教育，按照阶级差别受教育。这些反映了他的资产阶级民主思想的不彻底性。卢梭追求平等的思想对欧洲的资产阶级革命以及美国的《独立宣言》、法国的《人权宣言》及《1793 年宪法》都产生了深刻的影响。《1793 年宪法》规定：教育机会必须平等。平等和自由成为西方教育思想中的“基本原则”。

（二）裴斯塔洛齐的教育民主思想

裴斯塔洛齐（Johann Heinrich Pestalozzi，1746～1827 年），是 18～19 世

---

① 张焕庭．西方资产阶级教育论著选［G］．北京：人民出版社，1964：178．

② 同①，第 139 页。

纪瑞士最著名的教育实践活动家和教育理论家。由于他自幼生活在农村，对处于封建主义和资本主义双重压迫下的农民的贫困悲惨生活有较深刻的了解和同情，他还在求学的时代就受到法国启蒙思想家卢梭教育思想的影响。这些就使他的教育思想和教育实践有了一些特点，即力求改变农民现状，使农民过上幸福的田园生活成为他全部教育理论研究的出发点。

裴斯塔洛齐根据改良主义和民主主义的社会政治观点对教育的作用给予了高度的评价。他始终认为：通过规劝、启蒙和教育，激发人们善良的心愿，就可以很顺利很自然地改变社会的不平等关系和贫富悬殊现象，从而就能够从根本上改变人们的生活状态。① 裴斯塔洛齐对当时社会大多数人根本无权受教育的现象深为不满，对于不公平不合理的等级教育表示愤慨。他深刻地指出："就我所知：教育正如一座大厦，大厦的上层宽阔明亮、艺术高超，但是为少数人居住。……中层，居住的人就比上层多得多，但是这里并没有上升的阶梯使他们能够合乎人性地爬到上层去……最后，在下层住着无数的人群，他们和上层人们一样，有享受阳光和新鲜空气的同等权利，但是，他们不仅是被放在令人作呕的黑暗中和没有光亮的洞穴，而且被蒙上双眼，他们即使仰望大厦的上层也是不可能的。"②裴斯塔洛齐坚持认为，劳动人民的生活之所以贫困就是因为愚昧无知。因此，一定要让所有的人都接受教育。裴斯塔洛齐一生连续创办了几所孤儿院和初等教育学校，全力进行初等教育改革的试验，他期望通过教育帮助劳动者子弟摆脱贫困和无知状态。他热爱儿童，强调"爱的教育"，培养博爱精神。他主张一面学习读、写、算，一面从事农业和手工业劳动，进行职业训练。他尽力改革简化教学方法，他拟订了小学语文、数学、地理等学科的教学方法，被称为"分科教学法之父"。

裴斯塔洛齐的教育思想表现出强烈的民主主义和人道主义精神。但是需要指出的是：第一，裴斯塔洛齐的教育民主思想并不彻底，他只是认为所有的人都应该受教育，但是受教育的内容和程度要由阶级地位来决定。这显然是一种不彻底的教育机会平等的民主思想。第二，裴斯塔洛齐没有认识到社会不平等和农民生活贫困的真正原因以及解决社会问题的正确途径。他过分夸大了教育的作用，而忽视了社会的改造，忽视了经济不平等

①② 张焕庭．西方资产阶级教育论著选［G］．北京：人民出版社，1964：177．

对社会不平等的根本性制约作用。

（三）罗伯特·欧文的教育民主思想

作为英国近代著名的空想社会主义理论家，罗伯特·欧文（Robert Owen，1771～1858年）极力主张实现教育民主化。欧文深受18世纪法国唯物主义启蒙思想家的影响，认为只有通过合理的教育，改变人们的愚昧无知状态，把全体公民都培养成有理性的人，美好社会才能够建立起来。在《再论新的道德世界》一书中，欧文详细叙述了他实施平等教育的理想。他设想在未来社会里，教育首先是社会的公共教育，即实现全民的平等教育。社会应当保证所有儿童有平等的机会受到该时代良好的教育。欧文认为，全民平等的公共教育要实行全面发展的教育，实行教育同生产劳动相结合的原则，要使受教育者成为德、智、体全面发展的一代新人。欧文还于1816年在他办的工厂里进行平等教育的实践，举办了“性格陶冶馆”，希望实现教育民主的理想。但是由于时代的各种局限，欧文的教育机会平等的实践不可能成功。但他所进行的关于生产劳动同教育相结合的试验是可贵的，得到马克思的高度评价，被称之为“未来教育的萌芽”。① 在这一时期的英国，还有几位资产阶级思想家从不同的角度提出了扩大教育机会的普及教育思想。亚当·斯密（Adam Smith，1723～1790年）在《国富论》一书中针对工业革命的需要指出：国家必须重视和筹款兴办初等教育，实施强迫教育。马尔萨斯（Thomis Robert Malthus，1766～1834年）在其《人口论》一书中也指出应该广泛地实施公共教育，反对把教育作为私人或宗教团体的事业。托马斯·潘恩（Thomas Paine）在《人权论》中也主张要建立国家必须保证每一个人都受到教育的制度，要强迫父母送儿童去学校受教育。

（四）贺拉斯·曼的教育机会平等思想

在美国近代教育史上，几乎无人不知道贺拉斯·曼（Horace Mann，1796～1859年）这位富有民主精神的教育家。贺拉斯·曼是美国近代史上

① 中共中央马克思恩格斯列宁斯大林著作编译局. 马克思恩格斯全集（第23卷）［G］. 北京：人民出版社，1972：530.

第一位倡导教育机会平等并为之奋斗一生的教育家。他大学毕业后曾任美国马萨诸塞州议会的议员，教育厅长等职务。贺拉斯·曼关于教育机会平等的民主思想顺应了十八九世纪美国社会资本主义经济迅速发展，要求教育机会平等的普遍愿望。贺拉斯·曼认为：受教育是每个人的绝对权利，应该使每个儿童都受到免费的教育。对于每一个美国儿童来说，不论其社会、宗教和经济的背景如何，教育都是他们应该得到的遗产。为了实现教育机会的平等，贺拉斯·曼特别重视普及公立的学校义务教育并由于他的毕生努力而确立了美国公立学校的特殊地位。他曾大声疾呼："教育必须是普及的。"① 他的"给我以权利，我要把书本散布在整个地球上"的名言激励了无数热爱教育事业者奉献热情。②贺拉斯·曼把普及公立学校看作是实现教育机会平等的重要措施。他称公立学校是最伟大的平等创造者，是社会平等机器的重要工具。③"他认为通过普及公立学校可以使每一个具有才能和上进心的人，都平等地享有晋升社会上层的机会。因为学校教育对下一代的甄选，完全是按照个人的才能，而不考虑出身、性别或种族等因素，因而是公平的。"

贺拉斯·曼还把实现教育机会平等看作是精神和道德的事业。他认为办一所学校就等于关闭一座牢房。他曾有力地指出："一个国家不能长期处于愚昧和无知，我们必须坚持一个永恒的真理，在一个共和国，愚昧无知是一种犯罪。"④后来他又说："没有知识的人民，不仅是，而且肯定是贫困的人民。……这样的国家不能创造出自己的财富。"在贺拉斯·曼看来，如果不准备使儿童成为好的公民，不发展他们的能力，不用知识来丰富他们的头脑，使他们的心灵富于对真理和责任的热爱，那么共和国就必然导致灭亡。贺拉斯·曼还认为公立学校可以使儿童成为促进社会政治改革和经济发展的人，普及公立教育不仅是共和国建设的重要工具，而且普及教育比黄金更能使人致富。此外，普及教育还能促进儿童的智力发展、个性的培养。

贺拉斯·曼终生追求教育机会平等的崇高理想，并为之付出了毕生的精力。贺拉斯·曼在教育方面作出了许多贡献，其中最引人注目的是他热心于创办师范教育，美国最早的三所师范学校都是他经手建立起来的。他

①②④ 单中惠．贺拉斯·曼和美国的普及教育［J］．华东师大学报（教育科学版），1985（1）．

③ 安德鲁·科潘．教育均等的再思考（英文版）［M］．美国大学出版社，1974：28．

认为要办好学校首先要有良好的师范教育，他同时主张吸收女子进入教师行列；他积极宣传裴斯塔洛齐等人的教育思想，劝导人们重视教育文化工作，推广图书馆、发展中等学校，积极提倡建立公立义务教育制度，等等。他为了使更多的贫民儿童能够受到教育而不辞劳苦，常年骑马奔波于马萨诸塞州的每一个地区、每一个县的每一所学校。他的教育机会平等思想与建立公立学校教育制度的实践，为促进美国教育机会平等的历史进程，特别是普及义务教育，奠定了最初的也是最重要的基础。

（五）福泽谕吉的教育观

在日本近代教育史上，福泽谕吉（1835 ~ 1901 年）是一位有很大影响具有教育民主思想的教育家，同时也是日本明治时期的一位重要的思想家。

福泽谕吉希望通过教育建立文明独立的国家。为此，他主张废除封建制度，提倡国民尊重科学，注重实学，以一身之独立，求一国之独立。他强调普及小学义务教育，重视学校教育、女子教育和体育，与此同时他还强调家庭教育和社会教育。他认为："任何人的子女都应当无例外地进学校。"他还说学校是"不妨碍人的天资的发展并使其得到发育的工具"。他提出要树立人民的科学精神和民主主义思想。

五、中国近现代历史上教育机会平等的民主思想

进入 19 ~ 20 世纪，世界历史发生了一系列重大变化，各国关于教育机会平等的民主思想更加丰富，这与各国资产阶级民主革命、民族解放运动和无产阶级社会主义革命的进一步发展具有密切的关系。

（一）孙中山的教育机会平等的民主思想

孙中山（1866 ~ 1925 年）是 19 ~ 20 世纪中国伟大的资产阶级民主主义革命家。孙中山一生坚持"平人类不平等"的革命信念，他非常重视国民教育，并把教育机会平等看成是建立社会政治平等的重要条件而加以特别的重视。孙中山对旧中国封建社会教育机会的不平等进行了深刻的批判。他指出："圆颅方趾，同为社会之人，生于富贵之家却能受教育，生于贫贱之家，却不能受教育，此不平之甚也。社会主义学者主张教育平等，凡为社会之人，无论贫贱，皆可入公共学校，不特取学膳等费，即衣履书籍，

公家任其费用。尽其聪明才力，分专各科，即资质不能受高等教育者，亦按其性之所近，授以农工商技艺，使有独立谋生之才。卒业之后，分送各处服务，以尽其所能。庶几教育之惠，不偏为富人所独受，其贫困不能造就者，亦可免其憾矣。"①鉴于对封建教育不平等的揭露和批判，孙中山竭力主张效法西欧，实施普及性的、平等的学校教育。早在1894年，在《上李鸿章书》中，孙中山就建议普设教育，使国人不分贵贱皆能受教育，使人能尽其才。他说："自古教养之道，莫备于中华，惜日久废弛，庠序亦仅存名而已。泰西诸邦崛起近世，深得三代之遗风，庠序学校，遍布国中。人无贵贱皆奋于学。凡天地乃物之理，人生日用之事，皆列于学之中，使通国之人，童而习之，各就性质之所近，而肆力焉。又各设有专师，津津启导。虽理至幽微，事至奥妙，皆能有法以晓喻之，有器以窥测之。其所学由浅入深，自简及繁，故人之灵明日廓，智慧日积也。质有愚智，非学无以别其才，才有全偏，非学无以成其用。有学校以陶冶之，则智者进焉，愚者止焉，偏才者专焉，全才者善也。尽贤才之生，或千百里而见一，或千万人而有一，若非人人而施教之，则贤才亦以无学而废，以至于湮没而不彰，泰西人才之众多者，有此教养之道也。"②在革命与教育的关系问题上孙中山的态度是鲜明的也是正确的。清朝末年当维新变法失败后，以康有为为代表的资产阶级改良派，主张君主立宪，反对革命，宣传"先教育后革命"的观点；1905年资产阶级改良派中又有一种人以严复为代表，既不主张君主立宪，又不赞成革命，提出"教育救国"论。这时以孙中山为代表的资产阶级革命派，认为"改革中国之第一步，只有革命"，坚决主张先革命后教育，而不主张从教育着手改良中国社会，极力倡导以革命手段推翻清朝政府，从而实现民主自由的教育。③ 历史证明了孙中山的主张是正确的。1912年，中华民国成立后，孙中山在广东女子第二师范学校演讲时还特别指出："四万万之人，皆应受教育。"④孙中山特别同情和关心弱小和少数民族及贫苦大众的教育机会和权利，强调各民族人民共同实现平等的幸福。在《地方自治开始实行法》的致词中，孙中山指出："凡在自治区域之

① 孙中山．社会主义之派别及方法［M］//孙中山全集．北京：中华书局，1981．

② 孙中山．上李鸿章书［M］//孙中山全集．北京：中华书局，1981．

③ 孙培青．中国教育史［M］．上海：华东师范大学出版社，1992：588．

④ 中国大百科全书出版社编辑部．中国大百科全书·教育分卷［M］．北京：中国大百科全书出版社，1985：360．

少年男女，皆有受教育之权利。学费、书籍以及学童之衣，当由公家供给。学校之等级，由幼稚园，而小学，而中学，当陆续按级而登，以至大学而后已。教育少年之外，当设公共讲堂、书库、夜学，为年长者养育知识之所。或疑经费无从出，此不足为忧也。以人民一月义务劳动之结果，足支持此费。如乃不足，则由义务劳力之内议加，或五日、或十日，以至一月，则无不足矣……学校者，文明进化之泉源也。必学校立而各地方自治乃能进步。故于衣、食、住、行四种人生需要之外，首当注重於学校也。”另外，孙中山在《民主主义与社会革命》的演讲中还指出：“国家岁用不足，是可忧的，收入有余而无所用之，亦是可虑的。比如预算开销之法，则莫妙于用作教育费。法定男子五六岁入小学堂，以后由国家教之、养之，至二十岁为之，视为中国国民之一种权利，学校之中，备各种学问，务令学成之后，可独立为一国民，可有参政、自由、平等诸权。”上述论述表明，孙中山在民主主义革命中深刻地认识到了旧中国封建社会中教育机会不平等的现实，而且高度赞扬了社会主义思想中的教育机会平等的有关主张。特别在辛亥革命取得胜利并建立了南京临时政府之后，孙中山领导资产阶级革命派颁布了一系列改革教育的法令，对实现教育机会平等，产生了重要影响。孙中山主张的教育机会平等，还不仅是指入学机会的平等，他还强调不同资质的人应该受到适合其智力发展水平的教育，即要“量智施教”。孙中山还主张对残疾儿童实施特殊教育，以便使残疾人也获得充分发展的机会。可惜辛亥革命不久失败，旧中国军阀混战之中，在国民党反动统治下，广大人民遭受帝国主义、封建主义和官僚资本主义的残酷压迫剥削，孙中山的教育机会平等的民主思想是根本不可能实现的。

（二）陶行知的教育机会平等思想

陶行知（1891～1946年）是我国近现代教育史上著名的教育家，一位坚定争取民主教育的战士。他为争取国家的民主和独立，为探索中国教育的改革道路，贡献出毕生的精力。他1914年赴美留学，1917年回国后一直从事教育工作，先后提倡平民教育、乡村教育、普及教育运动。1927年在南京郊区创办“晓庄试验乡村师范学校”（简称晓庄师范），推行“小先生制”，组织“生活教育社”。“一二·九”运动后积极参加抗日救亡运动，提倡国难教育、战时教育，并积极投入抗日民主教育。他先后在重庆创建育才学校和社会大学。生活教育理论是陶行知教育思想的核心，主张“生活即教育”、“社会即学校”、“教学做合一”，其基本精神就是要普及大众教育，反对传统教育、反对洋化教育，主张教育同生活相联系，同劳动相联系，教育要从劳动人民实际需要出发，为改善劳动人民生活服务。这个理论的形成和发展是陶行知政治上不断追求进步的结果。他的教育机会平等思想对中国教育的发展具有重要的指导意义。

普及教育思想是陶行知教育机会平等思想的最重要部分，陶行知强烈反对旧中国的传统教育，他批判旧中国的教育“成了少爷、小姐、政客、书呆子的专用品”。① 他还说在旧中国“有钱、有闲、有面子，才有书念”。② 因此，他主张教育必须为人民服务。这是他普及教育思想的基本出发点。为了更有效地普及教育，陶行知提出了一系列见解。

1. 陶行知认为，普及教育的对象应不分民族、性别、老少和阶级，人人机会平等。他提倡“教育为公”的思想，在普及识字教学中，陶行知主张要打破成人与儿童教育的界限。在具体教学方法上，陶行知反对当时流行的“死读书，读死书，读书死”的做法，他主张教学要联系实际。

2. 陶行知认为，要在旧中国普及义务教育，必须改变传统的方法。他说如果要用传统的方法，学龄儿童的教育要 100 年，失学成人的教育则要 400 年才能普及。因此，他提出必须用新的方法。陶行知提出的新办法就是利用“小先生制”和传递教师。他特别推崇“小先生”的方法（让儿童一边当学生，一边当“先生”，“即知即传人”，把学到的知识随时传授给周围的人们）。③ 他认为小先生可以攻破“先生关”、“娘子关”、“衰老关”、“饭碗关”、“课本关”、“学校关”等。他认为“小先生”的方法要比传统方法好得多。

3. 关于普及义务教育的目标，陶行知认为，要实现“三个现代化”的目标。他在 1935 年发表的《中国普及教育方案商讨》中提出的“普及教育之要义”为：“甲、整个民族的现代化，不仅是学龄儿童及失学成人之普遍入学；乙、整个生活的现代化，不仅是普遍识字或文盲之普遍消除；丙、整个寿命现代化，不仅是四个月、一年、二年、四年之义务教育。”可见，

---

① 陶行知. 陶行知文集［M］. 南京：江苏人民出版社，1981：362.

② 同①，第 492 页。

③ 教育辞典［M］. 南昌：江西教育出版社，1992.

陶行知所主张的普及教育是面向整个中华民族的，教育内容也非常丰富，与生活需要相一致，同时还是长期的教育，并非几个月或一两年，而是人的终生，充分体现了他的大教育观和终身教育思想。

4. 陶行知还提出，在中国普及义务教育必须节制生育，控制人口增长。陶行知指出："人口趋势，若无统制，必是有加无减。"他要求建立一个长久的人口升降委员会以制定全国人口比例，他倡议实行晚婚，并推广避孕法。

5. 陶行知认为，普及教育不能只说空话，而不实行。为了确保普及义务教育的实施，他认为必须采取三条重要措施。第一是用"小先生"把知识输送到不能入学校的穷孩子队伍里去；第二是对妨害普及教育的人进行法律制裁；第三是要确保教育经费，实现教育机会平等。

关于实现教育机会平等的具体过程，陶行知认为，第一要启发和调动学生的学习积极性；第二，实现教育机会平等，不仅要能做到"来者不拒"，还要能做到"不能来者送上门去"；第三，教师要培养自身的民主作风。

陶行知还认为，实现教育机会平等不仅是要求人人都受一样的教育，同时还应因材施教。

陶行知将自己一生奉献于教育的普及事业。正如他自己所说："这几十年来，我有时提倡平民教育，有时提倡乡村教育，有时提倡劳苦大众的教育，不知道的人以为我见异思迁，喜欢翻新花样，其实我心中只有一个中心问题，这问题便是如何使教育普及，如何使没有机会受教育的人可以得到他们所需要的教育。"①

毛泽东称陶行知是我国"伟大的人民教育家"。陶行知毕生的大部分精力在为普及义务教育事业奋斗，他倡导的"小先生制"解放前曾在全国23个省市推广，还被介绍到印度、墨西哥、加拿大等国。他的普及教育思想在我国义务教育发展史上具有重要的地位。

（三）鲁迅的教育机会平等思想

鲁迅（1881～1936年），浙江绍兴人。原名周树人，是中国近代伟大的

---

① 陶行知. 陶行知文集［M］. 南京：江苏人民出版社，1981：422.

文学家、思想家、革命家和教育家，他毕生从事文学活动，但从未离开教育战线，而是把教育作为革命斗争的一部分。他在教育问题上，十分关注人民大众的教育机会和权利问题。

首先，鲁迅曾多次深刻地揭露和批判在中国历代统治者的压迫下人民大众受教育机会不平等状况。1929 年，鲁迅指出："劳动者的孩子得不到受教育的机会，不能认识这四方形的字和格子布模样的文章。"① 1931 年，鲁迅又指出："我们的劳苦大众历来只被最剧烈的压迫和榨取，连识字教育的布施也得不到，惟有默默地身受着宰割和灭亡。繁难的象形字，又使他们不能有自修的机会。"② 1933 年，鲁迅还说："中国的工农被压榨到救死尚且不暇，怎能谈到教育。"

1934 年，鲁迅进一步尖锐地批判历代统治者"为了自己的太平"，"甚至不惜中国有百分之八十的文盲。"③

长期的政治斗争，使鲁迅深深地认识到，教育机会的不均等，完全是不平等的社会政治、经济的产物。因此他明确提出，"平民的世界，是革命的结果"。④ 认为没有社会的根本改革，就不会有平等的人民大众教育。

实现平等机会的大众教育，鲁迅不仅注意到了从根本上改变社会制度的不平等，同时也注意到了教育本身的改革。鲁迅提出，第一，人民大众的普及教育要从工农的实际出发，着眼于一般的大众。第二，为了普及大众教育，要"将文字交给大众"，便于工农学习。为了达到这一目的，鲁迅主张改革汉字，走拼音化的道路。

六、马克思主义关于普及教育的思想

（一）马克思、恩格斯关于普及教育思想

马克思（1818～1883 年）和恩格斯（1820～1895 年）是科学共产主义的创始人和全世界无产阶级革命的伟大导师。他们的科学共产主义思想，

---

① 鲁迅. 三闲集·小彼德译本序［G］//鲁迅全集（第4卷）. 北京：人民文学出版社，1982：152.

② 鲁迅. 三心集·中国无产阶级革命文学和前驱［G］//鲁迅全集（第 4 卷）. 北京：人民文学出版社，1982：282.

③ 鲁迅. 且介亭杂文·门外文谈［G］//鲁迅全集（第6卷）. 北京：人民文学出版社，1982：99.

④ 鲁迅. 而已集·革命时代的文字［G］//鲁迅全集（第 3 卷）. 北京：人民文学出版社，1982：420.

包含着大量关于争取人类教育机会均等的内容。马克思和恩格斯认为：在封建社会不存在教育权利和机会的平等，在资本主义社会也不可能实现教育机会和权利的真正民主和平等。

马克思、恩格斯肯定并科学地总结了空想社会主义者欧文教育实验的重大意义，指出：生产劳动与智育、体育相结合，不仅是增加社会生产的重要方法，而且是培养全面发展人的“唯一方法”，同时也指出欧文空想社会主义教育普及思想的片面性，认为只有在确立社会主义制度之后，才能真正实现教育的普及；在没有阶级剥削的社会中，人与人之间在教育上才是完全平等的，每个人的身心才会获得全面和谐的发展；在资本主义社会中，人的发展只能是畸形发展。

马克思充分认识到机器大工业给社会带来的极大影响，从教育必须与生产劳动相结合这一原则出发，指出男女儿童参加机器大工业生产是一种社会进步的现象。他说：“现代工业吸引男女儿童和少年来参加伟大的社会生产事业，是一种进步的、健康的和合乎规律的趋势，虽然在资本主义制度下它是畸形的。”①但马克思反对资本主义社会中所实施的摧残儿童身心健康的重体力劳动，反对儿童接受长时间工作日的劳动。马克思曾呼吁欧洲工人阶级要为本阶级儿童的利益向资产阶级展开斗争。他高度赞扬了英国工人阶级为争取自己的权益而迫使英国议会通过了1833年工厂法的伟大行动。该工厂法规定了儿童每天工作的时间，规定了儿童有受教育的权利。他认为，这是英国工人阶级争取教育权利而迈进的一大步。

恩格斯在他的著名文章《英国工人阶级状况》中对英国工人阶级的教育进行了分析，并给予了明确指导。他指出，工人阶级要把改善本阶级的教育当作政治要求的一部分，使之与政治斗争紧密地联系在一起。“我们将看到，工人的全部力量。全部活动都正好是倾注于这方面（指政治斗争）的，甚至他们为了要获得普通教育而做的一切努力也都是与此有直接联系的。”恩格斯高度赞扬了英国工人阶级所实施的无产阶级教育。“这些时合时分的不同的工人派别——工会会员、宪章主义者和社会主义者——自己出经费创办了许多学校和阅览室来提高工人的知识水平。这些设施在每个社会主义的组织里和几乎每个宪章主义的组织里都有，而且在许多单个的

① 上海师范大学教育系．马克思、恩格斯论教育［G］．北京：人民教育出版社，1979：17.

工会里也有。在这里，孩子们受到纯粹无产阶级的教育，摆脱了资产阶级的一切影响，阅览室里也只有或几乎只有无产阶级的书刊。”恩格斯认为：“只要教育掌握在资产阶级手中，工人就不可能受到真正平等的教育。”①与此同时，马克思、恩格斯深刻地认识到，工人阶级的未来，从而也是人类的未来，完全取决于正在成长的工人一代的教育。② 因此，马克思、恩格斯主张，工人阶级必须为争取教育机会的平等而奋斗，尤其是为争取其子女获得义务教育的权利而奋斗。马克思、恩格斯还为社会主义社会实现教育机会均等提出了明确的方向，即实行公共的、免费的普及义务教育。在《共产党宣言》中，马克思、恩格斯指出：在无产阶级夺取政权之后，应该“对一切儿童实行公共的和免费的教育”。③ 在《共产主义原理》中，恩格斯主张“所有儿童，从能够离开父母亲照顾的时候起，由国家机关公费教育”。④

关于实现教育权利与机会平等的途径，马克思、恩格斯指出：这个问题有一种特殊的困难之处，一方面，为了建立正确的教育制度，需要改变社会条件；另一方面，为了改变社会条件，又需要相应的教育制度，在马克思和恩格斯看来，只有建立无产阶级领导下的崭新的教育制度，工人阶级受教育的问题才能得到根本的解决。

1871 年 3 月 18 日，法国巴黎的工人阶级为反对资产阶级反动政府和普鲁士反动势力，发动了武装起义，建立了人类历史上第一个无产阶级政权，即巴黎公社。巴黎公社成立后，公社的无产者们主张所有的学校对人民实行免费开放。1871 年 4 月 9 日《巴黎公社社员告劳动农民书》还宣布，“让农民的儿子和财主的儿子一样受到教育；而且是免费的教育”。⑤ 巴黎公社第四区还发出公告，每个儿童都享有不可剥夺的受教育权。巴黎第十区政府还强调指出：为了保证劳动人民切实的入学权利，学校招生应不分民族，同时必须实行免费。

---

① 上海师范大学教育系. 马克思、恩格斯论教育［G］. 北京：人民教育出版社，1979：18.

② 同①，第 127 页。

③ 同①，第 86 页。

④ 中共中央马克思恩格斯列宁斯大林著作编译局. 马克思恩格斯全集［G］. 北京：人民出版社，1979：220.

⑤ 莫洛克. 巴黎公社会议的记录［M］. 何清新，译. 北京：商务印书馆，1961.

（二）列宁关于普及教育的思想

列宁（1870～1924年）是马克思和恩格斯开创的无产阶级革命事业的继承人。列宁不仅领导了十月革命的伟大胜利，建立了第一个社会主义国家，而且在革命过程中对马克思主义的重要理论进行了伟大的历史实践，他坚决批判了各种错误的理论，捍卫和发展了马克思主义，创立了列宁主义。

列宁一生中非常重视教育机会的均等。他特别重视工农和青年一代的教育机会和权利。在革命早期，他在揭露批判沙皇统治政府的愚昧政策时尖锐地指出："大臣把工人看成是火药，而把知识和教育看成火星；大臣确信，火星一旦落到火药上，首先被炸的就是政府。"①在此列宁明确揭示了教育机会的不平等与政治的密切关系。1913年列宁在《论国民教育部的政策问题》的演说稿中，大量列举了俄国国民教育的落后状况，列宁指出：俄国有将近4/5的儿童和少年被剥夺了受教育的权利，成为文盲。为此，列宁号召人民为争取真正的自由和真正的国民教育而进行革命的斗争。

十月革命胜利后，列宁更加重视工农群众及其子女的受教育权。在十月革命胜利后的第三天，在列宁领导下的苏维埃教育委员会就发表了《告居民书》，提出实施免费义务教育，使人民普遍识字；建立世俗的、消除等级差别的统一学校，并对学校教育、教学内容实行革命变革，吸引工农兵群众参与教育管理等。列宁还特别强调了扫除文盲的重要性，他指出："文盲是站在政治之外的，必须教他们先识字。不识字就不能有政治，不识字只能有流言蜚语，传闻偏见，而没有政治。"②"在一个文盲充斥的国家内是不能建成共产主义社会的。"③

列宁说："共产主义就是利用先进技术的、自觉自愿的、联合起来的工人所创造出来的较资本主义更高的劳动生产率。"④并强调指出："只有用人类创造的全部知识财富来丰富自己的头脑，才能成为共产主义者。"⑤为此，列宁在《青年团的任务》一文中号召每一个立志为共产主义奋斗的青年，都必须学习和掌握人类创造的文化科学知识。

---

①③ 上海师范大学教育系．列宁论教育［G］．北京：人民教育出版社，1979：2.

② 同①，第293页。

④ 中共中央马克思恩格斯列宁斯大林著作编译局．列宁选集［G］．北京：人民出版社，1972：16.

⑤ 同④，第348页。

1923 年列宁在重病中还非常关心苏联国民初级教育问题，写了有名的《日记摘抄》一文。列宁认为为了提高苏联人民的文化水平，解决普遍识字问题，必须加强初级国民教育，为此必须采取两方面的重要措施：一是要增加教育事业方面的经费。他说："首先应当缩减的，不是教育人民委员会的开支，而是其他部门的开支，以便把缩减起来的款项，转作教育人民委员会的经费"；还说要"使整个国家预算首先去满足初级国民教育的需要"。二是要提高人民教师的地位。他说："不提高人民教师的地位，就谈不上任何文化，既谈不上无产阶级文化，甚至也谈不上资产阶级文化。"他强调说："应当把我们人民教师提高到从未有过的，在资产阶级社会里没有也不可能有的崇高的地位。这是用不着证明的真理。为此，就必须进行有步骤的、坚持不懈的工作，来提高他们的思想意识，使他们具有真正符合他们崇高称号的各方面的素养，而最最重要的是他们的物质生活条件。"列宁的上述教育思想，对苏联普及义务教育和扫盲教育产生了重大的推动作用，加速了苏联教育事业的发展和普及义务教育事业的历史进程。

（三）毛泽东的教育民主思想

毛泽东同志（1893 ~ 1976 年），是中华人民共和国的缔造者，伟大的马克思主义者，伟大的无产阶级革命家、战略家和理论家。在漫长的革命斗争中，毛泽东同志自始至终十分重视劳动人民的教育机会和受教育权利的平等问题。

早在 1927 年，毛泽东同志在《湖南农民运动考察报告》中就尖锐指出："中国历来只是地主有文化，农民没有文化。可是地主的文化是由农民造成的。因为，造成地主文化的东西，不是别的，正是从农民身上掠取的血汗。中国有百分之九十未受文化教育的人民，这个里面，最大多数是农民。"①毛泽东同志不仅看到了中国半殖民地半封建社会教育机会的不平等，同时还看到了这种教育机会的不平等的根本原因在于社会政治、经济的根本不平等。毛泽东同志主张只有推翻三座大山，劳动人民才能受到平等的教育。1934 年，毛泽东同志在《中华苏维埃共和国中央执行委员会与人民委员会第二次全国苏维埃代表大会的报告》中进一步指出：苏维埃文化建设的中心任务是实行全部的义务教育，是发展广泛的社会教育，是努力扫

① 毛泽东. 湖南农民运动考察报告［R］//毛泽东选集（合订本）. 北京：人民出版社，1964：39.

除文盲，是培养大批的领导革命斗争的高级干部。苏维埃文化教育总方针中也提出要“使教育与劳动联系起来”。在抗日战争时期，毛泽东同志主张“在一切为了战争的原则下，一切文化教育事业均应使之适合战争的需要”，他提出要广泛地发展民众教育、组织各种补习学校、识字运动、戏剧运动、歌咏运动、体育运动、创办敌前敌后各种地方通俗报纸，提高人民的文化与民族觉悟。还提出：“办理义务的小学教育，以民族精神教育新后代。”对在职干部提出“一面工作，一面生产，一面学习”的方针，以提高干部的理论文化水平。① 毛泽东同志十分关心农民受教育的机会问题。1945 年 4 月他在《论联合政府》中指出：“所谓扫除文盲，所谓普及教育，所谓大众文艺、所谓国民卫生，离开了三亿六千万农民，岂非大半成了空话?” ② 毛泽东还指出：“从百分之八十的人口中扫除文盲，是新中国的一项重要工作。”③

1949 年新中国成立后，毛泽东同志指出：“恢复和发展人民教育是当前重要任务之一。”④ 并指示全国各级领导重视群众的文化知识教育，开展了大规模的扫盲运动和普及义务教育工作。1957 年他在《关于正确处理人民内部矛盾的问题》一文中，提出了社会主义的教育方针，他说：“我们的教育方针，应该使受教育者在德育、智育、体育几方面都得到发展，成为有社会主义觉悟的有文化的劳动者。”⑤同时提出对青年进行勤俭建国的教育，在学校中开展勤工俭学活动。这些重要指示，对我国教育事业的发展和推进普及义务教育都起到了重要的指导作用。毛主席提出的我国社会主义的教育方针，在后来执行过程中虽然曾发生过一些“左”的偏差（如劳动过多等），但从总体上看大方向是正确的。

（四）邓小平同志的教育机会平等的民主思想

邓小平（1904 ~ 1997 年）同志高度重视我国教育事业的发展，早在新中国成立初期，邓小平同志就指出，在社会主义各项建设事业中，办好学校、培养干部是最基础的建设，因而既要充分发挥现有干部的作用，又要注意培养大批各方面的建设人才。粉碎“四人帮”后，邓小平同志根据党和国家工

---

① 毛泽东同志论教育工作［M］. 北京：人民教育出版社，1958：33，117.

② 毛泽东. 论联合政府［R］//毛泽东选集（合订本）. 北京：人民出版社，1964：979.

③ 同②，第 984 页。

④ 同①，第 33 页。

⑤ 同①，第 117 页。

作重点转移的新形势，从社会主义现代化建设的战略高度，全面、深刻地论述了教育在社会主义物质文明和精神文明建设中的重要作用，为推动我国教育事业在新时期的发展，作出了卓越贡献。他提出的关于教育改革发展的一系列深刻论述，为教育改革指明了方向，提供了强大的思想武器。

公民不分民族、种族、性别、职业、财产状况、宗教信仰等，依法享有平等的受教育机会，这是我国宪法规定的一项基本原则。实施全民教育，促进社会共同发展，是教育事业发展中的一项基本原则。实施全民教育，促进社会共同发展，是教育事业发展中的一个重要问题。邓小平同志在1958年就指出："教育方面要解决的问题，主要是普及与提高的问题。""光普及不提高，科学文化不能很快进步；只提高不普及，也不适应国家各方面的需要。"因此我们的方针是：一要普及、二要提高，二者不能偏废。为了更好地实现教育的普及和提高，提高公民的素质，邓小平同志还强调："我们在任何时候都要坚持'两条腿走路'，做到在普及基础上的提高和在提高指导下的普及。"

邓小平同志十分关心在法制保障下实现教育的普及，在他的领导和支持下，国家先后制定了《中华人民共和国义务教育法》和《中华人民共和国教育法》，明确规定"公民不分民族、种族、性别、职业、财产状况、宗教信仰等，依法享有平等的受教育机会"，并提出了在全国实施九年制义务教育的奋斗目标。全体公民实施普及教育，也是我国社会主义的本质要求。邓小平同志关于建设中国特色社会主义的理论认为，社会主义的本质特征除了大力发展生产力，另一个重要特征就是"消灭剥削，消灭两级分化，最终达到共同富裕"。邓小平同志的这一思想，对于在中国这样一个经济文化比较落后且发展很不平衡的国家，进行社会主义建设以及发展文化教育事业具有重要的现实指导意义。按照这一理论思想，不仅要求在大力发展生产力的基础上，促进人民在经济上的共同富裕，同时还要求促进人民在文化教育事业上的共同发展。

第二节 近现代全民教育及教育机会平等的重要历史实践

人类关于全民教育及教育机会平等的历史思考经历了漫长的岁月。同样，人类追求全民教育和促进教育机会平等的历史实践，走过的更是一波三折的艰难道路。

进入近现代社会以来，贯穿人类全民教育和促进教育机会平等历史实践的中心线索，是对普及教育制度的不断改革。普及义务教育制度的形成、发展和深化最集中地反映了全民教育和教育机会平等的历史实践过程。

一、资本主义形成与发展时期全民教育和促进教育机会平等的实践

在资本主义形成之前，尽管教育思想家已提出了教育机会平等的命题，各国教育家的思想中也都不同程度地闪现出教育机会平等的思想火花，但是由于历史条件的局限，教育机会平等的社会实践直到 14 ~ 16 世纪文艺复兴及德国宗教改革运动才真正开始。

德国的宗教改革运动引发了人类历史上第一次大规模的普及义务教育运动，使德国成为最早推行义务教育制度的国家。义务教育制度的开始建立，从制度上推动了教育机会平等的实践。在宗教改革思想的影响下，自 1599 年起，德国有许多邦都先后颁布了强迫教育的法令。其中 1619 年魏玛邦公布的《学校法令》在当时影响最为强烈。该学校法令规定父母须送 6 ~ 12 岁男女儿童入学，否则政府强迫其履行义务。18 世纪，普鲁士政府又先后两次颁布实施强迫教育的法令。1763 年，腓特烈二世所颁布的法令相当著名，被认为是普鲁士学校教育的一个总法令。该法令规定："5 ~ 12 岁的儿童必须到学校受教育，否则要对其家长实行经济惩罚。"该法令还进一步规定："臣民不但要从学校中接受基督教的教诲，还要学到其他有用的东西。"①德国自宗教改革到 18 世纪，颁布了一系列教育法令以推进普及义务教育，分析其动因，不仅来自宗教改革的需要，而且在更深的层次上反映了人民反对封建主义和封建教育制度，要求促进教育机会平等的需要。虽然在路德新教派教育思想的影响下德国的一些邦与城市先后颁发了普及义务教育的法令，但是由于在农民战争（1524 ~ 1525 年）之后，路德背叛了劳动人民，完全站在封建诸侯方面，支持镇压农民起义，对平民子女的教

① 王绍兰. 联邦普及义务教育［G］//成有信. 九国普及义务教育. 北京：人民教育出版社，1985：198.

育更加丧失兴趣，所以在各城、邦这些普及义务教育的法令执行得很差，在 19 世纪以前，普及义务教育在德国是基本不存在的。

从 19 世纪 60 年代开始，英国进行了工业革命（亦称产业革命）。所谓工业革命，就是在工业生产上普遍采用、推广蒸汽机等新技术，对工厂手工业生产方式进行技术革命，实现机械化的生产。英国首先在 19 世纪 30 年代完成了工业革命。随后美、法、日等国也在 19 世纪后期，先后完成了工业革命。与此同时，由于资本主义工业生产需要有文化的工人以及工人阶级开展争取受教育权利的斗争等原因，英、美、法、日等国家亦相继于 19 世纪 70 年代后开始较大规模地实施了普及义务教育制度。19 世纪以后，德国在欧洲资产阶级革命影响下，落后的生产方式逐步得到改变，也开始了工业革命。同时，普鲁士政府进一步认识到发展教育事业的重要性，提倡发展国民教育。以苏文（Suevern，1775 ~ 1892 年）为代表的思想家、教育家们把振兴全民教育看成是振兴民族的重要措施。苏文在 1819 年《苏文课程法草案》中提出：必须统一全国教育，取消不同类型学校的差别，把公立的国民学校作为对全体国民进行教育的基本形式。1871 年经过普法战争，普鲁士完成了全国的统一，成立了德意志帝国，加速了资本主义的发展。在苏文等人教育思想的影响下，1872 年普鲁士颁布的《国民学校法》对国民学校的形式、内容和课程设置进一步作了具体规定，更加有利于普及义务教育。

应当说，德国是最早以普及义务教育的形式促进教育机会平等的国家。马丁·路德从宗教改革的需要出发，首先提出普及义务教育问题，尽管有它的局限性，但在其世界普及义务教育史上的首创之功，应该得到肯定。

早在 17、18 世纪，法国进步的思想家就提出过普及义务教育的思想，雅各宾派革命民主专政时期，还曾讨论过有关普及教育的方案（如罗麦教育方案等），1793 年，法国国民公会还通过一项关于普及初等义务教育的法令，但实际上这些都没有能够实现。19 世纪之后，普及义务教育才重新受到法国政府的重视。1833 年，教育部部长基佐（Guizot，1787 ~ 1874 年）亲自主持制定了《基佐教育法》。该法规定：每个乡必须设立一所小学，每个城市设立一所高等小学，大力发展师范教育。在基佐本人看来，教师是教育的关键，他崇尚“教师创造学校”的思想。《基佐教育法》实施后，大大推动了法国普及初等教育事业。到 1848 年，初等学校的学生就增长了

80%，学校增长了1.5倍。

《基佐教育法》为法国现代义务教育的普及奠定了重要基础。1881年和1882年，法国政府又颁布了《费里法案》，强调普及初等教育的“免费、义务以及世俗性”原则，宣布废除宗教课。《费里法案》还规定：实行双轨的学校教育制度，一轨是为资产阶级上层人士子女设立，一轨为劳动人民子女所设。前者的结构是：幼儿园—预备小学班—小学—中学—大学；后者的结构是：父母教育（家庭）—小学—就业。两轨教育的目的不同，学生接受的教育内容和受教育的质量仍有明显的差别。尽管法国的普及义务教育的双轨制具有明显的阶级性和等级色彩，但比封建社会为统治阶级所垄断的单轨教育制度仍然是一种历史的进步。

英国普及义务教育制度的产生则与资本主义大工业生产的迅速发展以及工人阶级运动有着密切的联系。针对英国早期工厂中大量使用童工的现象，英国政府于1833年颁布了第一个工厂法，对童工的劳动时间作了一定限制。规定9~13岁的童工每天劳动8小时，或不超过9小时，并同时规定在工厂内劳动的男女儿童，每天应在工作时间内拿出两小时接受义务教育，以学习初步的读、写、算和宗教知识。工厂法规定的义务教育可以说是英国教育史上最早的义务教育。19世纪后期，英国资本主义经济的进一步发展迫切需要提高工人的劳动素质，同时工人阶级要求受教育权的斗争也愈益强烈。1870年，英国国会又正式颁布了《初等教育法》（福斯特法案）。《初等教育法》标志着英国国民教育制度的正式形成。《初等教育法》规定：实施5~12岁儿童的强迫教育，学校教学与宗教分离，学校为国家教育机关。1876年、1880年英国政府又分别对《初等教育法》作了补充和修订。分别规定10岁以下儿童不能当童工，同时对10岁以下儿童实施免费义务教育。英国《初等教育法》在规定实施义务教育的普及性上仍然有很大的保守性。如《初等教育法》规定：把普及义务教育的学校分为三类，第一类学校实行寄宿制，以升学为目的，为上层资产阶级服务；第二类学校培养军事、医务、法律、文秘、工程和商业等方面的人才；第三类学校为下层阶级而设。这实际上形成了较典型的双轨制。进入20世纪之后，英国政府又分别颁发了《1918年教育法》（《费希尔教育法》）、《青年教育报告》（1924年），主要对普及义务教育的年限作了新的规定，延长了上下限时间。但是学校分类制度（双轨制）一直未加改变。尽管英国文法学校标榜“同等能力、同等机会”，但实际上并非如此。

美国是一个发展历史最短的资本主义国家，不仅没有经历过封建社会，而且很早就实行地方分权制度。这些条件有助于教育普及运动的进行。以贺拉斯·曼为首的教育家发动的公立学校运动，从根本上奠定了美国现代教育制度的重要基础，成为美国普及义务教育运动的先声。1852 年，马萨诸塞州在贺拉斯·曼的亲自主持下，通过了美国第一部强迫义务教育的法令——《义务教育法》，为美国各州普遍实施义务教育树立了楷模。1853 年，纽约等州又相继通过了义务教育法令。到 1919 年，美国除了阿拉斯加外，所有的州都先后通过了义务教育法令，这些法令明确规定不分男女、阶级、宗教一律实行平等的公立学校教育。显然，美国的普及义务教育制度没有像德国、英国、法国那样具有显著的双轨特征。但是 19 世纪末美国教育中的种族歧视却十分严重。据资料统计反映：1880 年，美国黑人人口中的文盲率高达 78%；1890 年，黑人人口文盲率仍高达 56.8%，而白人人口的文盲只占 7.7%。

日本是亚洲第一个步入资本主义的国家。1868 年日本的明治维新运动推翻了占统治地位近 1200 余年的封建幕府制度后，立即对政治、经济、军事、文化教育制度实行全面改革。改革过程中，明治政府为了“富国强兵”，把全面学习西方资本主义的文化、科学技术知识，兴办教育看作“立国之本”。1872 年，日本政府颁布了近代第一个教育改革法令《学制令》，初步确定了日本近代教育制度的基本模式。《学制令》提倡普及义务教育以促进教育机会平等。并提出“邑无不学之户，家无不学之人”的要求。《学制令》还规定：“从现在起，教育应该普及于全体人民（包括武士、农民、艺人、商人和妇女）。要使农村中没有文盲家庭，家庭中没有文盲，做父母的应该充分了解这些政策，并且要无微不至地关怀子孙们的教育，绝不能让子孙们受不到教育。”《学制令》规定儿童从 6 岁入学，接受 8 年制的初等义务教育。1891 年，初等教育的入学率已由 1873 年的 28% 提高到 50.3%，19 世纪末 20 世纪初，特别是 1894 年中日甲午战争之后，日本从中国掠夺了大量的赔款和财富，充实了国力，在 1900 年决定实施四年的免费的义务教育制，这期间日本的普及义务教育发展非常迅速。到 1907 年，学龄儿童入学率已达到 97.3%。

二、第二次世界大战后各资本主义国家全民教育和促进教育机会平等的实践

第二次世界大战之后，世界历史进入了一个新的时代。世界主要资本主义国家十分重视经济、科学和教育的发展。英、法虽然是战胜国，但在战争中损失严重，实力有了很大削弱，需要医治创伤，振兴经济，增强国力；原来德、意、日是战败国，他们发动的侵略战争，不但给世界各国人民造成巨大损失，也给本国人民带来很大灾难，人民反抗统治阶级，国内阶级斗争激烈，经济破产，急需改良政治，恢复经济；唯独美国经过战争，更加强大，取得了资本主义世界霸主地位，为了继续维持和巩固其霸主地位，也同时为了与苏联争夺世界霸主的需要，也要继续发展科学技术，发展经济；苏联等社会主义国家更是重视经济和文化教育的发展；一些第三世界发展中国家刚摆脱殖民地、半殖民地的地位，取得了民族国家的独立，争取生存和发展的权利成为这些国家的主要任务，急需发展经济，提高人民文化，改变贫穷落后的面貌；与此同时，20 世纪 40 ~ 50 年代，世界上随着原子能、电子计算机和空间技术的发现和利用，开始了第三次技术革命。所有这一切都使人们认识到第二次世界大战后的时代是和平、发展的时代，是科学技术、经济激烈竞争的时代，而教育又是科技的基础，从而导致了各国轰轰烈烈的教育改革运动。战争也教育了人民，各国人民争取民主和受教育机会平等权利的觉悟也大大地提高了。因此，普及教育和促进教育机会平等自然成为战后各国教育改革实践的主要课题。

1944 年，在第二次世界大战胜利结束的前夕，英国率先进行教育改革，开创了战后资本主义国家教育改革之先声。此后，各国纷纷发布新的教育法令，实行教育改革。就普及义务教育制度的改革而言，与“二战”前相比，战后各国的主要目标在于废除双轨制和延长义务教育年限，这是由于资产阶级为了适应第三次技术革命，发展生产的要求，需要工人掌握更多的文化技术，而采取的重要措施。对教育机会平等目标的追求向更深更广泛的层次展开，各国不仅追求入学机会的平等，同时也追求教育成就机会以及就业机会的平等，中等教育、职业教育、继续教育也得到了很大的发展。“二战”后教育机会平等概念的内涵本身也得到了充分的扩展。

1944 年的英国教育改革所通过的《巴特勒教育法》吸收了英国自 19 世

纪以来历次重要的教育改革思想，从英国第二次世界大战后的实际状况出发，确定了从初等教育、中等教育以及继续教育的公共教育体系。《1944 年教育法》规定：“凡 5 岁至 15 岁的儿童必须接受义务教育，有条件的地区还要把义务教育制延长到 16 岁。”该法认为，英国教育制度中长期存在着初等学校与中等学校不相衔接的双轨制，因而造成了教育机会的差别和不平等。这是该法规定建立初等教育、中等教育、继续教育体系的主要原因。1963 年，英国又进一步确定了 11 年制的义务教育。1972 年，英国基本上普及了 11 年制义务教育（中等教育）。英国战后，虽然普及了中等教育，但中等教育事实上存在着不平等的等级制度。英国中学分为三种：一是文法学校（准备升大学）；二是技术中学（偏重技术知识）；三是现代中学（入学的基本是下层社会青年）。而法令规定入现代中学学习的学生将来准备走向生活，而不许参加大学入学考试。这种规定堵塞了大多数劳动人民子女受完全中等教育和升入大学的道路。后来又把现代中学改为综合中学，但对中学的阶级等级性实质上没有多大变动。

第二次世界大战中，法国的经济、教育、文化破坏十分严重。“二战”结束时，法国政府成立了以著名物理学家、法兰西学院进步教授郎之万和著名心理学家、法国共产党人瓦隆为首的“教育改革计划委员会”，研究全国性的教育改革问题。1947 年，该委员会提出了著名的《郎之万—瓦隆教育改革方案》。报告第一条原则就规定：教育应当机会平等，一切男女儿童和青年，不论其家庭、社会地位和种族出身如何，都有受适合其自身才能教育的平等权利。方案还提出建立前后一贯的学制，规定 6 ~ 18 岁为义务教育阶段，各级教育实行免费。由于多方面的原因，主要是教育界保守力量的反对，议会未通过，《郎之万—瓦隆教育改革法案》没能实现，但这一方案确立了法国教育改革的民主化、普及性原则。1959 年 1 月，戴高乐政府为了摆脱美国控制，增强国力和竞争能力，执行独立自主的外交政策，又颁布了一个以《郎之万—瓦隆教育法案》为基础制定的教育改革法令，仍大力主张普及义务教育，并将其年限延长到 10 年（6 ~ 16 岁），取消了中学入学考试。20 世纪 70 年代法国现代工业和科学技术的发展已进入世界先进行列，其中教育改革取得了很大成绩，作出了一定贡献。但法国义务教育（6 ~ 16 岁）规定从中学第三学年（12 ~ 16 岁）起加强职业技术教育，大部分学生转入职业预备班学习，削弱了普通文化基础知识的学习，16 岁完成义务教育即离校走上社会，这大多数是劳动人民的子女；而只有一小部分学生升入普通中学（16～18 岁）继续学习，再升入大学或高级技术学校学习。实际上保留了双轨制等级制度。另外法国存在着大量天主教会办的私立学校，政府给予经费资助，取得天主教会的支持，利用教会宗教教育抵制进步运动的思想。

联邦德国成立于 1949 年 9 月。此后为发展文化教育也采取了一系列措施，尤其重视义务教育的发展。1955 年 2 月，联邦德国各邦共同签订了《杜塞尔多夫协定》。1964 年 10 月，又签订了《汉堡协定》，协定规定实施九年制义务教育。1973 年 6 月，联邦德国又提出《教育结构计划》，建议改组基础学校教育，把义务教育提前到 6 岁开始，并全期延长为 10 年（6～15 岁）。学生从 13 岁进入高一级中学。经过考试，大部分学生进入主要学校（高等国民学校）或实科学校，这些学生大都是劳动人民的子女；只有一部分可以升入完全中学（修业年限九年），毕业后可以升入大学学习，这部分学生绝大多数是资产阶级子弟。

第二次世界大战后，从 20 世纪 50 年代中叶起，美国黑人连续发动大规模的反对种族歧视，争取平等权利的群众斗争，美国联邦最高法院宣布种族歧视是违反宪法的。此后美国各州先后废除了种族隔离的教育政策，这是一项促进教育机会平等的重要实践措施。其结果是使黑人儿童的入学机会有所改善。1957 年，苏联第一颗人造卫星发射成功，震动美国和西方各国，美国感到自己科技落后了，担心失去世界霸主地位，认为科学技术落后的主要原因是教育落后，必须大力发展教育，并提高教育质量。1958 年美国国会通过了《国防教育法》，用法令的形式，采取增拨教育经费、改善实验设备、提高教育质量、培养英才、资助贫寒青年学习、加强科技研究等措施，保证了教育的发展。此外，美国各州在战后普遍延长了义务教育年限，特别是 1965 年，美国政府实施了为低阶层儿童提供学前教育的“提早开发计划”。目的在于帮助社会地位不利儿童获得学前教育的机会以及相关的健康、营养、福利等方面的较好条件，最终达到与其他儿童在教育起点上的平等。美国政府的上述措施有助于缩小美国教育机会不平等的差距。美国的义务教育年限一般为8～12年，从 6 岁开始到 18 岁。各州规定年限不同，一般实施九年制义务教育的最多。美国的学制大都是实行小学（6 年）、初中（3 年）、高中（3 年），即 6—3—3 制，也有 4—4—4 制的。到 1977

年，美国小学阶段入学率已达到99%。1978年秋季，初中阶段入学率达到94%。许多州的学前教育的最后一年也纳入普及义务教育阶段，入学率已达到95%以上。虽然美国教育普及程度较高，但由于美国社会存在着严重的种族偏见和贫富悬殊的实际情况，不可能使教育达到真正的平等。平时黑人的失业率也高于白人一倍，黑人的工资只有白人的1/3或1/2（据1978～1982年统计，白人每小时工资为24美元，黑人每小时工资只有8～16美元）。美国政府给予黑人城市贫民的教育其质量更为恶劣，其与富人居住区的学校有天壤之别。如此种族歧视，又怎能保证教育机会的均等呢？据联合国教育科学文化组织1972年估计，美国还有2300万人不能看书写字，约占全国人口的10%。又根据美国教育部发表的《美国的成人文化》的报告，美国现在有近一半的人是半文盲。其中4200万人属于最低级的半文盲，另外5200万半文盲只是稍好一些。这些半文盲虽然认识并会读字母表中的字母，但不明白字的意思。①

日本是第二次世界大战后教育改革最富有成效的国家。促进教育机会平等的改革实践是其中最为突出的方面。早在1945年10月，战争刚刚结束两个月，日本就公布了《关于日本教育制度的政策》备忘录，决定废除军国主义教育，同时宗教与国家分离。1946年日本公布了《新宪法》。《新宪法》深受美国资产阶级民主思想的影响。在《新宪法》中，教育被确认为国民应该享受的权利。《新宪法》规定："所有人都有权享受同他的能力相适应的而为法令所提供的平等的教育。人人都有义务使他的男孩、女孩接受法律上所提供的普通教育，这种强迫教育是免费的。"1947年3月，日本国会通过的《教育基本法》又进一步确定了"教育机会平等"的原则，规定不论种族、信仰、性别、社会和经济地位、家庭出身，所有儿童都有享受均等教育的权利。《教育基本法》还进一步规定实施九年制义务教育(6～15岁)。1947年3月还颁发了《学校教育法》，规定学制采取美国的6—3—3—4制度。即小学6年和初中3年为义务教育，高中3年，大学4年。日本在战后颁布的上述法令，体现了平等的民主精神，推动了教育改革的实践，加速实现教育机会平等的进程。截至1976年，日本的初级中学就比1946年增长了3倍，学生由200万人增长到480万人，并在20世纪70年代初实现

① 任言实. 中美两国人权比较［N］. 光明日报，1996-03-11.

了普及九年制义务教育。1978 年日本的高中入学率已达到93.1%，已接近普及高中教育。高等教育也发展很快，1979 年高中升入大学的比例达到了37.9%，走在世界的前列。日本除了重视正常人的教育机会平等外，还特别重视盲、聋、哑、弱智儿童的教育。1973 年日本政府决定对身心有缺陷的青少年儿童实施机会均等的义务教育。1976 年，日本就有 600 多所特殊学校，70000 多名学生。"二战" 后的日本教育发展迅速，国民文化教育水平在资本主义世界中居于前列，这方面他们积累了一些良好的经验。其中重要的一条经验，就是他们能正确地处理教育和经济发展之间的关系，这值得我们重视和研究。

总之，必须指出的是，尽管第二次世界大战后，资本主义国家普及教育的数量普遍发生了很大变化，但由于资本主义制度的性质所决定，特别是社会上存在贫富悬殊，民族矛盾，种族歧视，宗教影响较大等原因，教育机会的民主化不可能真正实现。正如恩格斯早就指出的那样："既然资产阶级所关心的只是工人的最起码的生活，那我们也就不必奇怪它给工人受教育只有合乎它本身利益的那一点点。"①

三、第二次世界大战后社会主义国家的全民教育和促进教育机会平等的实践

社会主义制度的建立，无疑为人类普及义务教育，实现教育机会平等提供了重要历史条件。这是因为社会主义的本身宗旨在于消灭人类一切剥削阶级和不平等。存在了仅仅 72 天的巴黎公社对于实现教育机会平等的改革，可以说是社会主义对教育机会平等历史实践的最初尝试。

（一）苏联——第一个社会主义国家的全民教育实践

1917 年，苏联成为第一个社会主义国家，社会主义国家实现教育机会平等的历史实践由此拉开序幕。

十月革命前的俄国，是一个在 19 世纪 60 年代后才建立的资产阶级与封建君主专制国家，在此之前的俄国还是一个封建农奴制的国家。俄国近代教育制度的建立，是从彼得一世（1682 ~ 1752 年在位）实行文化教育改革

① 中共中央马克思恩格斯列宁斯大林著作编译局. 马克思恩格斯全集［G］. 北京：人民出版社，1979：395.

开始的。在此之前俄国教育由东正教会操办，主要是培养神职人员，为传播宗教服务。彼得一世为了改变俄国落后于西欧先进国家的面貌，使俄国富强起来，实行了学习西欧科学文化、奖励商业、开办工厂、发展国内外贸易、建立正规的陆军和海军等一系列改革措施。其中文化教育方面，他简化了俄文字母、翻译西欧著作、建立航海、工程、外科医学等专业性学校，培养专门技术人才，同时在1714年颁布法令在各省开办普通教育的初等学校——计算学校。这种学校除教学生识字、书写外，还重视数学学科的教育，成为现代资产阶级教育最初的尝试。18世纪后半叶俄国城市工商业有所增长，市民阶层对教育提出一定要求。俄国女皇叶·卡德琳娜二世（1762~1796年在位）于1786年颁发了俄国的第一个《国民学校章程》，规定在各省城设立中心国民学校，在每个县城设立初级国民学校，并规定中心国民学校和初级国民学校一律免费（19世纪初许多中心国民学校改为中学，许多初级国民学校改为县立小学校）。到了19世纪中叶，俄国资本主义生产力有了较大的发展，农奴反抗农奴制的斗争日益加强，俄国沙皇亚历山大二世被迫承诺改革，于1860年宣布废除农奴制。在此前后俄国著名的革命民主主义者车尔尼雪夫斯基（1828~1889年）、杜勃罗留波夫（1836~1861年）提出了普及教育、学校民主化，培养反对专制政体及农奴制残余的革命者等有关教育改革的主张。教育学家乌申斯基（1824~1870年）根据自己的教育实践对国民教育、女子教育、师范教育等提出一系列改革意见，他主张国民教育应该还给人民，使新生一代都能受到义务教育。他的教育思想对当时俄国甚至十月革命后的苏联都有很大影响（被认为是俄罗斯国民学校和教育科学的奠基人）。在这种改革浪潮的冲击下沙皇政府于1864年颁布了《初等国民学校章程》，宣布人民有权接受各级教育，并授权地方自治机关、社会团体和私人开办国民学校。在初等教育阶段，允许男女同校，并准许女子担任教学工作，建立了领导教育工作的县教育委员会和省教育委员会。这些改革具有一定进步意义，对于促进俄国资本主义的发展，进行工业革命都有一定的积极作用。但是由于俄国国内仍然存在着严重的农奴制残余势力，这些教育改革法令并没有很好地执行。沙皇政府以后又颁布了一些教育法令，力图保留贵族等级学校，支持教会学校，加强宗教教育，加强古典的文科中学（主要招收贵族和大资产阶级子弟）和实科学校（主要招收一般资产阶级子弟），保留了陆军学校、女子寄宿学校等贵族学校。小学有三~四年制小学和五年制的小学。小学和中学不衔接。劳动人民子女只能上小学。法令规定大学只招收古典式中学或文科中学的毕业生，实科学校毕业生不能考大学。所以与西欧、北美、日本的教育相比较，十月革命前的俄国教育是十分落后的。到十月革命前，俄国仍然有70%的人口是文盲。列宁在批判沙皇政府的反动教育政策时说："人民群众这样被剥夺了受教育、获得光明，求取知识的权利的野蛮的国家，在欧洲除了俄国以外，再没有第二个。"①

十月社会主义革命胜利后，苏联成为了第一个社会主义国家。社会制度的根本变革为教育的改革创造了必要的条件，同时也为普及义务教育开辟了新的道路，加速了教育机会平等的历史进程。为了实现全民教育，苏联首先进行了大规模的扫除文盲运动。1919 年，列宁还亲自签署了扫除文盲的法令。其次加强了普及义务教育的实施。就在苏维埃人民委员会成立的第三天，就成立了领导全国教育工作的教育委员会，并提出苏维埃教育的基本任务是实行免费的义务教育，保证全体国民的受教育机会。苏维埃人民委员会还指出，对全体公民实施平等的和尽可能更高的教育，是其最高目标。1923 年，苏共中央第八次代表大会决定对 8 ~17 岁儿童全面实施免费义务教育。在世界范围内第一个提出了普及九年制义务教育的思想。1929 年，联共（布）中央作出了《关于扫盲工作的决定》。1930 年 6 月，苏联第十六次代表大会把扫除文盲和实施普及七年制义务教育作为最近期的工作任务。同年 8 月，苏维埃中央执行委员会和苏联人民委员会作出《关于普及初等义务教育的决定》。由此，苏联开展了全国范围内的普及义务教育运动，各地城乡都成立了普及义务教育委员会，管理措施非常严密。到 20 世纪 50 年代末期，苏联基本上实现了 10 年制义务教育。1984 年，苏联在关于《普通学校和职业学校改革的基本方针》的文件中将普及义务教育的年限延长到 11 年。

第二次世界大战结束后所建立的许多社会主义国家也进行了教育的改革，大力普及义务教育，推动了全民教育和教育机会平等的进程。

（二）新中国社会主义全民教育和促进教育机会平等历史实践

新中国成立以后，党和国家十分重视普及教育和教育机会的平等。1949

---

① 上海师范大学教育系．列宁论教育［G］．北京：人民教育出版社，1979：64．

年第一届中国人民政治协商会议制定的《共同纲领》中就规定："要有计划、有步骤地实行普及教育。"1956 年最高国务会议通过的《1956 ~ 1967 年全国农业发展纲要（草案）》中又具体规定："从 1956 年开始，按照各地情况分别在七年或者十二年内普及小学教育。"与此同时，政府还号召各族人民群众广泛开始了大规模的扫盲运动。1982 年 12 月，中华人民共和国第五届全国人民代表大会第五次会议通过并颁布的《中华人民共和国宪法》第十九条明文规定："国家举办各种学校，普及初等义务教育。"第四十六条规定："中华人民共和国公民有受教育的权利和义务。"这种权利的享有，不受民族、种族、性别、职业、家庭出身、宗教信仰、财产状况等的限制，每个公民都一律平等。为了切实保障公民的这一权利，中国政府又制定和颁布了一系列相关法规，作出许多明确的规定，如 1986 年 4 月颁发的《中华人民共和国义务教育法》（以下简称《义务教育法》）规定："国家、社会、学校和家庭依法保障适龄儿童接受义务教育的权利"（第四条）；"地方各级人民政府应当合理设置小学、初级中等学校，使儿童、少年就近入学"（第九条）；"国家对接受义务教育的学生免收学费"（第十条）。为了克服受教育机会上存在的不平等现象，政府对于那些在受教育机会上相对处于不利境地的妇女、贫困儿童、残疾人、少数民族以及文盲等，给予特别的关注，如《义务教育法》规定："地方各级人民政府为盲、聋哑和弱智儿童、少年举办特殊教育学校（班）"（第九条）；"国家设立助学金，帮助贫困学生就学"（第十条）；"国家对经济困难地区实施义务教育的经费，予以补助。国家在师资、财政等方面，帮助少数民族地区实施义务教育"（第十二条）。近年来公布实施的《扫除文盲工作条例》（1988 年）、《中华人民共和国残疾人保障法》（1990）、《中华人民共和国未成年人保护法》（1991 年）、《中华人民共和国妇女权益保障法》（1991 年）以及国务院有关发展各类教育的专门性规定等，都从不同的角度保障了不同人群的公民享有平等的受教育权利。1995 年 3 月经第八届全国人民代表大会第三次会议通过并颁布了《中华人民共和国教育法》（以下简称《教育法》），《教育法》规定了我国的教育方针是："教育必须为社会主义现代化建设服务，必须与生产劳动相结合，培养德、智、体等方面全面发展的社会主义事业的建设者和接班人"（第 5 条）；"教育是社会主义现代化建设的基础，国家保障教育事业优先发展"（第 4 条）；"国家实行九年制义务教育制度。各级人民政府采取各种措施保障适龄儿童、少年就学”（第18条）。1995年9月公布了《中共中央关于制定国民经济和社会发展“九五”计划和2010年远景目标的建议》（简称《建议》），《建议》宣布今后实施科教兴国战略，促进科技、教育与经济紧密结合，并要求“2000年基本普及九年制义务教育，基本扫除青壮年文盲”。根据这个《建议》我国首先将有85%的人口覆盖地区要普及九年义务教育，也就是说到2000年我国将有11亿多人口的地区将普及九年制义务教育，有1.3亿人口的地区普及小学五～六年教育，大约还有6500万人口的地区普及小学三～四年的教育。① 这将是中国教育史上也是世界普及教育史上所取得的最大成就。

多年来，中国政府特别注重对少数民族教育的支援，同时在妇女教育、特殊教育方面进行了大量的工作，从而在整体上推动了全民教育和教育机会平等的进程。

以上主要介绍了一些国家全民教育和教育机会平等实践在普及义务教育方面取得的成就，实际上，除了普及义务教育，各国还采取了多种措施，来推动教育机会民主化的进程。如开展补偿教育、加强特殊辅导、经费优惠等，都加快了全民教育和教育机会平等的进程。

四、小 结

人类社会全民教育和追求教育机会平等的漫长历程和曲折道路表明：

第一，全民教育和教育机会平等是人类社会发展的重大课题，是人类生存与发展的永恒主题。也就是说世界各个国家，各个民族要想持续地发展经济、改革政治，就必须不断地提高各国人民科学、文化教育水平，所以追求教育机会的平等，是人类共同奋斗的方向和目标。可以说，人类教育史，从根本上是人类追求教育机会平等的发展历史。实现教育机会平等，是全人类的崇高理想。

第二，全民教育和教育机会平等是渐进的历史发展过程。推动教育机会的平等，依赖于整个社会的许多条件，特别是社会政治、经济的发展及其民主化、现代化程度，对教育机会平等的实现程度有非常直接的影响，一个国家的教育发展程度和教育发展水平，总是和该国一定的政治、经济

① 林和文．实施科教兴国战略是历史的必然选择——访国家教委副主任柳斌［N］．光明日报，1995-11-19.

条件相联系，归根结底教育的发展水平要受该国经济发展水平的制约。所以一方面要正确看待发达资本主义国家在教育机会民主化方面取得的客观成就，肯定其具有进步意义的方面，要具体分析他们的政治、经济等方面的社会条件及其局限性；另一方面，我们要充分地认识到经济不发达的社会主义国家或民族独立国家在推动教育机会平等过程中所面临的有利条件和巨大困难。

第三，全民教育和教育机会平等的历史实践，是长期的历史过程。它需要千百万人的长时期的艰苦奋斗。各个国家，各个民族实施全民教育和教育机会平等，必须由各国人民根据自己的政治、经济等具体条件分阶段地具体地提出实现普及教育的要求和进程。超越历史条件，不考虑现实可能性，企图很快实现全民教育和教育机会的平等，是不现实的。反之，过分地夸大全民教育和教育机会平等进程中面临的各种困难，消极悲观，放弃积极的努力，也是不可取的。

第三章

当代西方教育社会学主要流派对教育机会均等理论的研究

教育机会平等问题，在第二次世界大战后，尤其是 20 世纪六七十年代以来，引起西方学者的广泛重视，并开展了大量理论研究。其中以教育社会学方面的研究成果最为突出。西方教育社会学关于教育民主化的研究主要围绕教育机会均等而展开的，在美国，教育机会均等被认为是 1965 ~ 1975 年的 10 年间最有意义的 10 项研究成果之一。西方关于教育机会均等问题的研究，具体又相对地集中在以下五个问题上：第一，教育机会均等的含义是什么，机会均等究竟是指教育起点的平等还是结果的平等，均等的程序又如何测量；第二，教育机会均等与教育扩展的关系如何，教育的扩展是否能够真正地促进教育机会的均等，教育究竟是促进了社会的平等，还是加剧了社会的不平等；第三，教育机会均等与学校制度结构的关系；第四，教育机会均等与社会政治、经济的相互关系；第五，教育机会均等与社会阶层等级文化的相互关系。上述问题又可概括为两个方面：即关于教育机会均等概念的基本含义和教育机会均等的有关制约因素。本章主要围绕上述问题对西方教育社会学的主要研究进行介述，并对其方法论作一初步的探讨。

第一节　西方教育机会均等概念的历史演变

在西方教育学与社会学研究中，教育机会均等（Equality of Educational Opportunity，在有些文献中简写为 EEO）是一个很受重视的研究课题。关于教育机会均等概念的含义，在西方教育社会学、社会学领域经历了较长的演变过程。

教育机会均等问题本身涉及人们的价值观念，同时又是历史的实践课题。因此，人们对于教育机会均等本身的理解就必然存在较大的差异，而且随着历史的发展在不断地变化。

一、关于教育机会均等概念演变阶段的几种观点

西方关于“教育机会均等”概念使用的起源与诠释，最早可以追溯到柏拉图。但19世纪是一个重要的转折点。哈尔西（Halsey）认为，艾尔弗雷德·马歇尔（Alfred Marsgall）关于中产阶级教育的理论为教育机会均等概念的确立奠定了重要基础。进入20世纪之后，人们关于教育机会均等概念的各种讨论日益增多，概念不断演变，主要有以下几种看法。

英国的西尔弗（Silver Harold）认为，教育机会均等概念只有放在特定的范围内才能确定出它的准确含义，教育机会均等概念与社会历史变迁的关系十分密切，在不同的社会历史时期，概念的含义不尽相同。西尔弗指出，20世纪初教育机会均等概念最直接和最原本的含义，是指人们进入不同中学的机会应该与其社会地位、出身相适应，即是说，不同社会身份、地位的儿童能进入与其相适应的中学就是机会的均等。这一解释在英国劳工党教育顾问委员会1922年编辑的《面向全民的中学教育》一书以及1926年的《哈多报告》和《1944年教育法》中均得到不同程度的反映。西尔弗认为教育机会均等概念的进一步演化是在20世纪五六十年代，这一时期教育机会均等概念的含义，主要是指全体儿童进入公共学校或综合学校的入学机会的平等。这一解释在当时英国深受教育家和政治家的支持。西尔弗认为关于教育机会均等概念的更为激进的解释是在20世纪60年代的末期，即增加积极差别待遇（Positive Discrimination）① 成为英国普遍采取的措施的时期。1969年的《卜劳顿报告》（*Plowdon Report*）② 指出，对于小学与学前

---

① 积极差别待遇（Positive discrimination）：英国政府对认为特别需要的人、集团或领域给予优惠的待遇，以便使他们的健康标准和教育标准等比较接近占有利地位的集团所享有的标准。（参见［英］德·朗特里. 西方教育词典［M］. 上海：上海译文出版社，1988：239.）

② 《卜劳顿报告》（*Plowdon Report*）：英国根据在英格兰和威尔士对初等教育和向中等教育过渡进行的广泛研究所提出的一份报告。其中提出一系列有利于普及教育和实现教育机会均等的试探性措施和建议。

教育落后地区教育资源的优先分配，其教育平等的效益，要大于对中等教育的资助，因此，报告提出并强调“积极差别待遇”的概念。与此同时，美国采取了教育补偿计划。

另一位英国学者马斯格雷夫（Musgrave）从教育选择性功能的实现程度来阐述教育机会均等概念的演变阶段。马斯格雷夫认为：在1890年前后，教育机会均等概念的含义主要是指每个人能有进入适合自己身份地位的学校就读的机会。马斯格雷夫指出这一概念的进一步演化是在20世纪30年代。当时随着心理学的发展，心理测验的广泛流行（主要是智力测量），教育机会均等概念被解释为：给予智商相同的儿童以相同的教育。但是，到了50年代前后，由于人们对心理测量效果怀疑程度的普遍增长，人们便不再坚持上述解释。马斯格雷夫认为，到了五六十年代之后，教育机会均等概念的主要含义是指：“为所有有能力的儿童提供一种公平竞争的场所和机会。所有参加竞争的儿童都不应受阶级、出身、种族等条件的限制。”

教育机会均等概念在实践过程中所发生的变化，实质上反映了人们的价值观念以及更深层的哲学观点。据此，教育机会均等概念的演变过程，又因其所依据的哲学基础，可划分为三个派别（或称三个阶段）。

（一）保守主义派

保守主义派的观点，在第一次世界大战前，在教育机会均等概念的解释中占据主导地位。这一学派对教育机会均等概念的解释所依据的主要哲学观点是：“上帝使所有的人具有不同的能力，而尽可能充分地利用这些能力则是各人自己的事情。”这一学派的观点还深受社会达尔文主义的影响，主张“优胜劣汰”的原则。保守主义派的极端思想还认为，上帝赋予每个人的能力与他所属的社会等级或社会阶段是一致的。显而易见，保守主义强调的是入学机会上的均等。

保守主义派甚至认为，教育机会均等的概念只能限定于入学机会上的均等。如果继续追求让“所有的儿童都受到良好的教育”的均等，只会对教育质量构成威胁。保守主义派至今还认为，一味地追求教育机会均等，会“损害整个社会的总质量”。英国保守主义派学者主张建立一种综合教育制度，一方面保证所有学生进行同样的正规教育，使学生都受到同样的对待；另一方面则实行促进不平等的英才教育制度。①

（二）自由主义派

影响教育机会均等概念演化过程的另一种哲学观点是自由主义哲学。根据胡森的概括，自由主义哲学的基本观点认为每个儿童从出生起就具有某些智力上的天赋或某些较为稳定的能力，而教育制度的重要功能就是能够成为消除经济或社会等外部障碍的所在。②

自由主义哲学影响很大。19 世纪关于单轨教育制度的提出以及 20 世纪普及义务教育实践改革运动，都在相当程度上受到自由主义哲学的影响。为此而开展的教育实践改革主要是延长义务教育年限、缩小义务教育效果的差别性，扩展教育机构，吸收各个阶层的儿童入学。与保守主义哲学相比，自由主义哲学除了要求“入学机会的均等”外，还特别重视校外各种社会经济环境对个人学业成就的影响，强调在策略上采取各种补救措施，以便使每个具有不同天赋和能力，并具有不同需要的人在教育中取得均等学业成就的机会。

（三）激进的新观点

教育机会均等概念的演变中还存在着一种新的社会学理论观点，它在教育的作用与观念上同自由主义哲学的观点不同。自由主义哲学认为，教育机会均等重要的是要消除教育系统的外部障碍，从而使每个儿童所具有的天赋能力得到和谐发展。而激进的社会学新观点则认为，学生学业的成功与失败应该归因于学校状况，尤其是教学的组织。因此，教育机会的均等也应包括学校状况与教育组织的均等，特别是，这一激进的新观点受布鲁姆关于早期学业成就影响研究成果的支持，特别强调学前教育机构的建设。

除上述三种观点外，还存在着一种更为激进的观点，认为教育机会的均等的最深刻目标是达到整个“人生机会的均等”。认为教育机会的不均等，根本上起源于社会政治、经济的不均等，因此，教育制度本身的改革

---

① 托尔斯顿·胡森．平等——学校和社会政策的目标［G］//张人杰．国外教育社会学基本文选，上海：华东师范大学出版社，1989：206，208.

② 同①，第 209 页。

不能改变社会的不均等的事实。而政治、经济与社会的改革才是趋于平等的手段（这里实际上已经涉及了教育机会均等的实现条件问题，下一篇将作初步探讨）。

上述关于教育机会均等概念演变阶段的几种观点尽管不尽相同，但有一个共同点，即都反映了教育机会均等概念的演变趋势：第一，概念的内容日趋丰富，“均等”所指出的范围日趋广泛。第二，概念的含义日益精确。当然，必须指出的是，即使如此，近十几年来，人们关于教育机会均等观念仍然在不断地演变，有时歧义十分突出。

二、西方关于教育机会均等概念的几种有代表性的解释

（一）埃维茨的观点

英国的埃维茨（Evetts）认为，20 世纪初期，教育机会均等还远没有成为人们普遍关心的问题。第二次世界大战从根本上促进了人类对待社会公正以及社会责任感的态度方式。教育机会均等问题逐渐引起更多人的重视。根据埃维茨的解释，教育机会均等观念具有以下三层含义：第一，每一个人不论其先天获得的潜在能力如何，都应当享受均等的教育资源；所有的学校都应当标准化（即废除等级学校）。第二，每个儿童不论其社会生活的背景如何，对智力商数相同的儿童采取同样的教育态度。第三，对于地位不利儿童不仅要采取相同的教育，而且要采取“积极差别待遇”措施。

（二）科尔曼的观点

美国是第二次世界大战以来对教育机会均等问题讨论最多的国家。科尔曼、詹克斯、安德森和布鲁姆等人都进行过卓有成效的研究。

科尔曼（James Coleman）认为，教育机会均等的观念主要包含四层意义。①

（1）向人们提供达到某一规定水平的免费教育；

（2）为所有儿童，不论社会背景如何，提供普通课程；

（3）为不同社会背景的儿童提供进入同样学校的机会；

---

① 科尔曼．教育机会均等的观念［G］//张人杰．国外教育社会学基本文选．上海：华东师范大学出版社，1989：199．

(4) 在同一特定地区范围内教育机会一律平等。

(三) 安德森的观点

安德森（Anderson）认为，教育机会均等的含义主要有以下四点：

(1) 向每一个人提供等量的教育；

(2) 学校教育能促使学生达到既定的标准；

(3) 为每一个体潜能的发挥提供均等的机会；

(4) 提供继续教育的机会，直至学生学习结果符合某种常模者。①

针对安德森的上述解释，我国台湾学者黄昆辉提出了以下看法。关于第一层含义，黄昆辉认为，世界上似无任何国家加以采行，同时亦不认为应以此为目的。大多数国家的教育制度在强迫教育阶段达到此一条件之后，其他各级种类的教育则注重质的发展，而较少顾及同量的教育机会。关于第二层含义，黄昆辉认为，由于政策的不同，该含义会发生不同的变化。关键在于国家为国民提供的接受最低限度教育年限及其对学业成就的标准如何制定。假如标准建立不当将会直接影响个体潜能的发挥，标准过低各类学生都容易通过，而实际上教育的不平等现象可能依然存在。关于第三层含义，黄昆辉认为，到目前为止，几乎没有一个国家从事这一方面的尝试。由于各人的潜能互有差异，同时每个人在某一方面的特殊潜能亦大不相同，因此，提供适合发展每个人各种不同潜能的教育似乎非常困难，而且经费也不胜负荷。关于第四层含义，黄昆辉认为，常模往往是指已经建立的考试而已。因此，常模一般仅仅局限于学业成就的评量，偏重认知的学习，似乎不符合完整学习的内容。而且从世界各国现状来看，在此方面还没有实现机会均等的先例。②

(四)“经合发展组织”(OECD) 的观点

美国、英国及西德等 21 个国家所组成的“经济合作与开发组织”（OECD）于 1965 年指出，教育机会均等主要有三种意义。

(1) 能力相同的青年不论其性别、种族、地区、社会阶级等，都具有相等机会，接受非强迫性教育；

---

①② 方炳林，贾馥茗．教育论丛［G］．台湾：文景出版社，1972：89－90．

（2）社会各阶层的成员，对于非强迫性的教育，具有相等的参与比率；

（3）社会各阶层的青年具有相等的机会以获取学术的能力。①

（五）麦丹纳与斯托卡德的观点

麦丹纳（Maldaner）认为教育机会均等概念是指“不论财富、收入、种族及性别的差异，学生都具有相等的接近教育资源的机会”。②

斯托卡德（Stockard）认为造成教育机会不平等，主要是后天的因素，因此，教育机会的平等是指每一个人性和能力都应获得一定量的教育。③

（六）胡森的观点

托尔斯顿·胡森（Torsten Hudson）是当代著名教育学家。对于教育机会平等问题进行过深入的研究。前面已经提到过他关于教育机会均等概念演变阶段的分析。在他的代表作《社会出身与教育》一书中，还对教育机会均等概念作了进一步的解释。胡森认为，分析教育机会平等概念，应当对“平等”和“机会”都给予合适的界说。他提出“平等”有三个含义。

第一，“平等”首先是一个起点。提倡“平等”，就是要使每个人不受任何歧视地都具有开始其学习生涯的机会，至少使每个人都有接受政府办的教育的机会。胡森还指出：“从遗传学的观点来看，显然不会有这样的结论。但是我们至少可以从理论上设想这样一种状况，即所有儿童从出生起都能真正地享有同样的生活条件。”

第二，“‘平等’可以是一个中介性的阶段”。换言之，“‘平等’这一主张可以用于对待。也就是说，人们似乎可以不顾人种差别和出身不同，考虑使用不同的方式来平等地对待每一个人。首先可以使每一个人在法律面前一律平等；也可以制定社会政策，以确保每个人有收入或最低限额的补贴；还可以建立统一的学前教育或学前教育系统，以便不加歧视和没有其他限制地面对所有儿童一视同仁”。

第三，“‘平等’可以是一个总目标”。“为了使入学机会更加平等，进而使学业成功的机会更加平等，在制定和施行的教育政策要列入一些措施

---

① 方炳林，贾馥茗．教育论丛［G］．台湾：文景出版社，1972：89－90．

②③ 作者不详．中国教育的展望［M］．台湾：复文图书出版社，1984：78．

时，教育面前机会均等可以被视为一项目标，或者被确定为一个总的指导原则。"①

此外，胡森还提出了教育机会均等的不相容性概念。胡森认为，在同一个教育机会均等的概念中，存在着不相容性。首先，从遗传学的观点着眼，人与人之间的不平等生而有之，况且，他们出生后最初几年里，是在遗传和社会地位方面都有所区别的父母的抚养下成长的，所以要实现教育机会均等是极为困难的。鉴于平等与遗传性差异之间的不相容性，胡森认为，同样地对待每一个儿童并不是平等。而真正的平等应该使每个儿童都有相同的机会得到不同方式的对待。胡森指出，正因为如此，创立个别化教育的努力成为现实的必要和可能。其次，胡森认为现今社会对分工要求的过高、过细及专业性过强与教育机会均等明显地形成了一种不相容性。因此，他主张教育结构应该力求统一。②

（七）詹克斯的观点

詹克斯（Jencks）对美国社会教育机会均等的研究曾引起强烈的反响。詹克斯认为教育机会的不均等突出地表现在三个方面：

第一，教育资源的不平等；

第二，学生就学机会的不平等；

第三，一些学生选择课程之间机会的不平等。

上述分析结果在部分程度上反映了詹克斯对教育机会均等概念的认识。

（八）乔利·克瓦的观点

乔利·克瓦（Julia Kwong）在《关于中国少数民族中的教育平等研究》一文中认为，教育机会均等作为一种理想的概念，具有三层含义。第一，是指为所有希望得到教育的人提供相等设备和物质条件；第二，使所有受教育的人取得同样的教育成就；第三，是指为所有处境不利的民族或集团提供特殊的支持，以便其取得公平竞争的机会。③

---

① 托尔斯顿·胡森. 平等——学校和社会政策的目标［G］//张人杰，译. 外国教育动态，1978（2）.

② 张人杰. 胡森论均等不相容性［J］. 外国教育资料，1989（3）.

③ 乔利·克瓦. 中国少数民族中的教育机会平等研究［J］. 比较教育（英文版），第25卷，1989（2）.

（九）索里（Sawrey）与特尔福德（Telford）的观点

所谓教育机会均等，并非指全国人民都接受同等的教育，都从小学、中学升入大学，而是国家以最公平的方式，使人民凭其禀赋及能力，而受到一种适合其才能与需要的教育。因为人类的天赋才智天生就有高低，所以教育上的平等，仍是指教育机会平等，而不是指教育内容的平等或是成就平等。换言之，教育机会均等，就是使受教育者站在平等的立足点上，不受社会地位、经济条件、男女性别、宗教信仰、种族地域等的限制，均有机会接受一种适当的教育，使个人的天赋才能（智）都能够获得最大限度的发展。

索里与特尔福德还进一步指出：给所有的人以发挥本人才能最大机会这个见解，要求使用一切可用的办法来利用每个人的资产和使他的缺陷缩到最小程度。教育工作和恢复工作的主要目标是人的最佳发展，而不是人的最高生产率。

（十）赫伯特·沃尔伯格（Herbert Walberg）与马克·巴根的观点

美国伊里诺斯大学的赫伯特·沃尔伯格与康纳狄克大学的马克·巴根（Mac Bagan）认为，可以从六个方面来确定教育机会均等概念的含义。（1）从反释法来看，教育机会均等是指不因为一个人的社会、种族、民族及其他各种特征的不同，而能够获得他应受的教育；（2）从政治上看，教育机会均等是指，不论人口占多数的民族还是少数民族都具有参与任命和选拔的机会；（3）从社会经济的角度看，各经济集团（体）在同一地区取得整合；（4）从经济的角度看，每个学生所能得到的教育经费、教育设备条件都相同；（5）从种族上看，各民族和种族在某一地区具有共同的居住权；（6）是指各个学校教育资源的均等。①

（十一）法国国立教育研究所的观点

法国国立教育研究所在1979年发表了关于1965年以来“教育机会不均等的社会学”的综合报告，为我们了解这方面的全貌提供了方便。这一综

① 安德鲁·科潘. 教育机会的再思考［M］. 出版地不详：出版者不详，1974：3.

合报告概括的教育机会不均等的主要因素有以下四点。

（1）受教育的愿望与阶级的文化价值观念；

（2）学业成绩与家庭的教育背景；

（3）社会语言方式、社会监督与学业成绩；

（4）文化欠缺和认知能力上的差别。①

三、几点结论

以上介述表明：西方关于教育机会均等概念历史演变阶段的认识各不相同，对于“教育机会均等”概念的阐释差异也较大。如果我们对西方教育机会均等概念的历史演变过程作一简要的分析，可以得出以下几个结论。

第一，教育机会均等概念涉及人们的教育价值观念，其结果往往造成人们的分歧，难以取得完全一致的解释。

第二，在不同的历史时期，人们对于教育机会均等概念的解释不同，反映出教育机会均等理论与实践的历史特征，而且与社会政治、经济相联系。

第三，各个时期及各个国家人们关于教育机会均等概念的解释，往往影响当时教育政策的制定过程。

第四，尽管各国学者对于教育机会均等概念的诠释有很大差异，文字表述也不尽相同，但从中仍然能够把握一些本质性的内容。

作者认为教育机会均等概念应该包括以下几个基本点。

1. 从历史唯物论的观点看，教育机会的均等是相对的，机会的不均等、不平衡和差异性才是绝对的。

2. 教育机会均等，是指“机会”起点上的平等，而不是“结果”的均等。其原因在于人的遗传素质本身都不可避免差异，社会更不可能为所有出生者固定一个相同的生活环境，这就从发生学上决定了不可能有教育机会“结果”上的均等。

3. 教育机会均等，是指对性别、宗教、种族、社会经济地位、居住地区、文化差异等因素对个体教育机会消极影响的最大限度的克服，从而使每一个人都获得最基本的教育机会。尤其是对教育地位不利者提供补偿的

① 张人杰. 西方“教育民主化”初探［J］. 高等教育学报，1986（1，2）.

机会。

4. 教育机会均等概念及其衡量标准都具有明显的动态特征。因此，概念所含的内容往往随着历史的变化和发展而变化，绝不能脱离具体的社会和时代条件来确定概念。就目前人们比较一致的认识而言，主要有三个层次：第一是指人们入学均等的机会；第二是指学业成就机会均等；第三是指与以上两层次直接有关的受教育后的就业机会的均等。由于概念内容的变化，衡量标准也在不断变化之中。

另外，笔者认为我国台湾学者林清江提出的教育机会均等的三个衡量指标有可鉴之处，这三个指标为：第一，进入各级学校就读的机会是否均等；第二，受教年限、学校类型、课程内容是否表现机会均等的精神；第三，受教育的过程是否有利于个人成为社会栋梁之才。

可以预见的是：教育机会均等概念的动态特征决定了这一概念将随着历史的发展而不断有新的突破。回顾历史，教育机会均等概念的内容的演变经历了由“入学机会的均等—学业成就机会均等—教育后就业机会及再教育均等”的过程。可以想见，随着历史的发展，人类对于教育机会均等概念的理解将会进一步扩展。正如查尔斯·赫梅尔所说的那样：“从终身教育的观点来看，机会均等的讨论不应只局限于学校教育部门。校外教育、成人教育、回归教育等所有这些不同教育形式都具有重要的补充、补偿及其他作用。”①

还有人认为，教育机会均等，“它可以指某一社会内部，特别是指某一个国家内的机会均等，甚至还可以在更广泛的范围内即在国际范围内的机会均等”。国际间的不平等包括：教育资源、教育设施、学业成就、毕业文凭与证书价值的不平等。

此外，有些国家还提出，学校布局的平衡以及高等教育入学年龄限制的消除也是入学机会均等的重要方面，教育机会均等概念的动态特征表明了教育机会均等是一个历史的、发展的概念，同时也要求我们以历史的眼光和角度审视教育民主化的发展进程。

由于西方教育社会学关于教育机会均等的理论研究主要集中在20世纪六七十年代，而且各种理论的变化极为迅速，错综复杂，因此无论按照年

① 查尔斯·赫梅尔. 今日的教育为了明日的世界［M］. 王静，赵穗生，译. 北京：中国对外翻译出版公司，1983：76.

代的顺序，还是按照观点的线索，对西方教育社会学关于教育机会均等的研究进行典型划分和陈述都十分困难，作者主要根据方法论特征，对西方社会学关于在教育机会均等研究中众说纷纭的观点学说作些简单介绍。

第二节　结构功能主义的基本研究及其方法论

结构功能主义学派是20世纪50年代产生于美国的重要教育社会学流派。五六十年代，结构功能主义几乎支配着西方教育社会学的整个历史舞台，占据着十分显赫的地位。70年代后，结构功能主义学派的影响虽然有所减弱，但仍然占据重要地位。我国台湾学者林生傅认为结构功能主义是社会学研究的正确的方法论，而且是教育社会学的主流。①

结构功能主义的当今主要代表人物是美国的帕森斯（Parsons）、墨顿（Merton）、特纳等人。但是，结构功能主义作为一种方法论，其思想渊源可以追溯到孔德（Auguste Comte，1798～1857年）、斯宾塞（Spencer，1810～1903年）以及涂尔干（Emile Durkheim，1858～1917年，又译迪尔凯姆）。孔德和斯宾塞都认为社会是一个有机整体。斯宾塞还进一步提出了“结构”和“功能”的概念，并把结构和功能的分化看作社会进化过程的原动力。

对当代结构功能主义更具有直接的、决定性影响的是涂尔干。涂尔干对于社会学的贡献不仅在于使孔德所创立的社会学正式成为法国大学里的正统学科之一，更重要的在于他所创立的社会学方法为现代社会学的发展奠定了科学基础。涂尔干系统地提出了功能主义的分析方法，强调因果关系和功能关系的不同性以及因果解释和功能解释两种不同的方法的差别性。涂尔干认为，研究某个社会现象的时候，应当注意区分现象出现的原因和它所起的作用以及满足的功能。因此，在解释一个社会事实的时候，仅指出产生这个社会事实的原因是不够的，还应当指明它对社会所发挥的功能。② 涂尔干还认为，社会是一个整体，而这一整体并不是一群社会人的简单集合，而是超乎个人的；一群人加起来的总和不能构成社会，只有社会

① 林生傅. 教育社会学［M］. 台湾：复文图书出版社，1985：20.

② 厉以贤，毕诚. 教育社会学引论［M］. 哈尔滨：黑龙江教育出版社，1989：29.

事实和集体意识才能将一群人组成一个社会。涂尔干认为，社会各部分之存在的客观必然性在于满足社会整体的需要，社会各有机部分的功能在于维持社会整体的正常性。因此，涂尔干进一步指出：教育是一种社会现象，教育的目的、制度、内容及方法都与社会相联系，受社会所制约，教育的功能在于使人（儿童）成为能够适应社会固有规范的公民。涂尔干的学说对结构功能主义发展产生了重大影响。

与此同时，结构功能主义还受到英国人类学家马林诺斯基（Malinowski，1884～1942年）与拉德克里夫－布朗（Radcliffe-Brown，1881～1955年）研究方法的影响。马林诺斯基和拉德克里夫－布朗早期受涂尔干的影响很深，他们在吸收了涂尔干功能主义思想基础上创造发展了人类学的研究分析方法，反过来又进一步丰富了功能主义。哈尔西（Halsey）和弗拉德（Floud）认为，人类学关于教育在不同阶段发展变化的比较研究法，对于社会学家分析教育与社会其他部分之间的复杂关系有过重要启发作用。同时，人类学家在研究少数民族教育时，分析校内外文化对教育影响过程的方法对结构功能主义也产生了影响。

结构功能主义对教育机会均等的研究与它本身所产生的历史背景具有十分密切的联系。结构功能主义产生在第二次世界大战刚刚结束后的20世纪50年代。当时各发达资本主义国家几乎不约而同地开始加强了教育建设，尤其是注重以普及教育为主体的国民教育建设，并且发出了实现教育机会均等的强烈呼声。之所以如此，主要有两方面的原因。其一，第二次世界大战所造成的沉重灾难更加激发了人类对于和平与民主（包括教育机会均等）的强烈愿望和追求；其二，为培养大量人才增强国家经济实力，以抗衡国际间即将出现的更加激烈的竞争。此外，也与社会主义国家对资本主义社会中教育机会不平等的批判有关。社会主义国家对于资本主义社会阶级制度的批判，在某种程度上推动和刺激了资本主义国家对于教育制度的改革。正是在这种历史背景条件下所产生的结构功能主义及其研究，与教育机会均等问题有着必不可断的联系。

帕森斯是结构功能主义理论的主要创始人。他集涂尔干、马林诺斯基功能理论之大成，并使之发扬光大。帕森斯创立的“AGIL”图式分析理论为教育社会学家所广泛接受，并促使“教育与社会经济结构、阶层结构、社会流动关系”等教育社会学问题的研究更加深化和科学化、数量化。对于帕森斯的理论观点，科塞（Lewis Coser）认为：早期社会学家关心的是社会制度的进步与变化，而帕森斯的主要兴趣则在于保护现有的社会结构。①

教育机会均等问题是帕森斯结构功能主义发展的重要现实动因之一，被看作结构功能主义思想中的重要理论问题。在《现代社会的体系》一书中，帕森斯详细地论述了教育机会均等问题。他指出：教育机会均等问题是教育革命的一个主要特征。在他看来，教育机会及其程度对于个人就业具有决定性的影响，进而还影响到个人的收入以及在社会分层系统中的地位和位置。

帕森斯认为，影响教育机会均等的主要因素是个人的能力、家庭因素、个人成就动机以及教育制度自身。

帕森斯在对美国中小学教育功能进行研究的基础上认为：教育的选择性功能使人们的教育机会产生了形式上的不平等，但与此同时教育又能够通过社会化功能来缓解这种形式上的不平等。在帕森斯看来，每个人通过所接受教育的程度取得相对应的报偿，这从实质上看是真正的平等。这种机会平等的精神应当成为社会的准则。此外，帕森斯认为，学生在初入学校时都是被平等对待的，以同样的标准进行教学，以后学生便主要随成就的变化而逐步分化为高成就层与低成就层。

显而易见，帕森斯不仅在社会学理论上注重维护现存的社会结构，而且在教育机会均等的历史实践上也过分乐观地估计了社会的功能，认为在现存的社会制度中就能够实现教育机会的平等。

特纳是英国功能主义社会学家。与帕森斯的结构功能主义学说相比较，特纳更注重教育的选择性功能。在方法上，特纳注重从社会流动的角度研究教育的功能。在理论上他提出了“竞争式流动”和“赞助式流动”学说。他认为，竞争式制度可使个人凭借自己的才干或努力，通过各种途径取得应有的成就和地位。而在赞助式制度下，个人要想获得一定的社会地位或向上流动的机会，必先得到社会精英及其代理者的认可。只有当一个人的努力方向和成就达到社会精英及其代理人的要求时，才能得到赞助的条件。在对英国和美国英才人物的选拔过程进行分析之后，特纳认为，英、美两

① 科塞．社会冲突的功能［M］．张立平，等，译．北京：华夏出版社，1989：9．

国的流动制度正是上述两种流动类型的典型代表。而且这两种制度对教育制度影响很大。英国早期教育制度接近和有利于赞助式流动。十八九世纪乃至20世纪初期的双轨制度下，社会下层的劳动人民与中上层阶级所受赞助大不相同，教育机会极不均等。这充分地反映在英国《1870年初等教育法》以及《哈多报告》（1926年）中。《1870年初等教育法》把英国初等教育的学校分为三类：第一类是文法学校，以升学为根本目的，实行寄宿制，主要吸收上层资产阶级的子女入学，培养政治统治人才；第二类学校主要为培养军队、医务、法律、文官、工程、商业等方面的人才服务；第三类学校为下层阶级而设。由于三类学校服务于不同的阶层和阶级，所以，三类学校的课程内容大不相同，学校经费状况也有极大差别。长期以来，英国社会习惯上把符合赞助条件的“未来英才”大都送进文法学校，而广大劳动人民的子弟只能进第三类的学校。特纳认为，美国的教育制度更接近于竞争式流动。美国在教育内容上采取综合形态，教育制度的阶层分化比较晚，初等教育实行公共学校制度，个人有相对充分的参与竞争的机会。不过，特纳认为，美国在教育机会均等方面仍有局限性。特纳认为，教育的社会流动功能意义很大，不同的教育流动方式对社会流动的影响不同，相比之下，教育竞争式流动更有利于避免早期分化，更有助于提供给个人更充分的教育机会，也就是说更有利于造就一个公正的社会，创造教育机会的均等，包括起点与结果上的均等。

厄尔·霍珀（Earl Hopper）和特纳一样，在教育的功能上，特别强调其选择性功能。与特纳不同的是，霍珀一方面补充分析了美国和英国以外若干国家的教育制度及其功能，他认为，大多数国家的教育制度是不能仅以近似于“赞助式制度”或近似于“竞争式制度”来区分。另一方面霍珀认为，要了解教育制度，特别是工业社会中的教育制度结构，必须了解其选择过程，因为选择是教育的主要功能。在《关于教育制度分类的类型学》一文中，霍珀指出了选择过程有关的四个基本方面的问题：（1）教育选择是怎样发生的？（2）儿童何时被选择？（3）谁应该被选择？（4）他们为什么被选择？①这四个问题几乎都反映了选择过程中的机会均等问题。

关于第一个问题，霍珀认为，选择主要发生在两种情况下：一是在标

---

① 厄尔·霍珀. 关于教育制度分类的类型学［G］//张人杰. 国外教育社会学基本文选，上海：华东师范大学出版社，1989：115.

准化的集中管理下；二是在非标准化的分散情况下。这是两种较为极端的情况。霍珀还认为，现实中的选择还可发生在多种情况下。

关于第二个问题，霍珀认为选择发生的时间可早可晚。在一些国家选择出现得早是“英才统治论”思想的反映，而选择出现得晚则体现了“平等”的思想，兼顾了所有人最大限度享受教育的权利，要求精英或非精英都能受教育。霍珀认为上述两种选择在公平意义上没有质的差别。在他看来，“越早的选择，会使许多‘合适’的个体被排斥掉的可能性越大，因为选择是严厉的；而选择得越晚和程度过低，又会使‘不合适’的个体被吸收的可能性越大，因为选择相对来说是‘宽容的’”。①因此霍珀认为，选择早与选择晚的制度所产生的差错是同样的，“不可能建立一种制度能缩小二者间的差距，至少在短期内采用传统的教学方法和课堂组织形式的条件下是这样”。②

霍珀探讨了不同国家关于“选择”应何时开始的各种不同观点。霍珀认为，在工业化社会以及那些试图工业化的社会，就官方观点而言比较相似，即主张：“在可利用的经济和其他资源的范围内，每个人都应得到尽可能多的教育。”③霍珀关于工业社会中非官方方面对“选择应何时开始”的探讨表明，就较少官方、较多非正式的观点方面而言，其观点的分歧大于官方。他指出：“至少可以区分出两种执行意识，一种是‘英才主义’意识，另一种是‘平均主义’意识。‘英才主义’的主要思想是：每个公民所受的最多的教育应该依据他将来为经济生产做出贡献的能力、‘智力’和‘可教育性’，这些基本上由遗传因素决定的。这样有些人就不能从超过最低限度的教育中获得收益。那些似乎会占据英才位置的人们应在早期就与那些似乎只会从事低职的人们分离开来，这样前者就有信心领先，而后者也愿意跟随。”④“英才主义”思想支持了选择应尽早开始的看法。“平均主义”的主要思想是：“接受最多的教育是每个公民的权利，而不应考虑他将来对经济生产做出贡献的能力；‘智力’和‘可教育性’基本上由环境因素所决定，因此，如果有适当的教学，所有的人都能从中获益，那些似乎会占据英才位置的人们应尽可能多地与那些似乎会从事低职业的人们一起娱

①④　厄尔·霍珀. 关于教育制度分类的类型学［G］//张人杰. 国外教育社会学基本文选. 上海：华东师范大学出版社，1989：115.

②③　同①，第118，119页。

乐和工作，这样，首先就不会与‘普通人’失去联系，而后也不会在起点上过于屈从和缺乏主见。”① “平均主义”思想基本上支持了选择应较迟开始的观点。

由上所述，可以看出，功能主义学派主要考察和研究的是教育制度的功能与社会公平的关系。功能主义学派从教育的选择性功能入手，详细探讨了教育的选择性对个人受教育机会和程度的影响。帕森斯强调，教育的选择性功能虽然造成了教育机会形式上的不平等，而实质上这种不平等是合乎情理的。特纳更强调社会流动功能的作用，认为社会流动有利于创造更加公平的世界，实现教育机会的均等。在他提出的“赞助性流动”与“竞争式流动”中，特纳尤其倾向于竞争式流动的公平意义。

功能主义的选择功能学说，对20世纪60年代西方人力资本理论产生了较大的影响。

功能主义理论也受到了教育社会学界的各种批评。有人认为，功能主义过分强调了教育与社会之间的和谐，而忽略了其冲突；还有人认为，功能主义过分强调了教育的选择单一性功能，实际上，经济、家庭、个人成就动机也都对选择性功能的发挥有重要的影响；此外，扬（Young）认为功能主义忽略了教育历程的“具体内容”，而只强调一些技术训练等。

第三节　冲突论学派的基本研究及其方法论

冲突论学派产生于20世纪60年代末期，它的出现与地位的加强是建立在对帕森斯结构功能主义理论进行批评与挑战的基础上。冲突论学派的出现动摇了功能主义的垄断地位，揭开了西方教育社会学史上学派争论的序幕。冲突论产生于20世纪60年代，还有其特殊的历史原因。这一时期的西方社会，一度动乱不安，社会不平等，阶级对立的矛盾时而加剧，种族矛盾与斗争的剧烈程度日趋严重。在教育界，美国著名的“科尔曼报告”的发表，强烈地激起社会关于“教育机会均等”的可能性及其效用的争论和怀疑。而且与此同时，校园民主运动此起彼伏，这一切都使只讲社会和谐，

---

① 厄尔·霍珀. 关于教育制度分类的类型学［G］//张人杰. 国外教育社会学基本文选. 上海：华东师范大学出版社，1989：119.

不讲社会冲突，只讲教育的积极功能，不讲其消极功能的功能主义理论陷入种种非难之中。正是在这种情况下，冲突论学派应运而生。

在理论上，冲突论学派以社会的冲突为基本线索来考察教育现象，强调的是冲突与不平衡。而功能主义以社会的功能为基本线索来考察教育现象，强调的是均衡与整体性。关于社会的变迁，冲突论学派认为社会变迁是必然的、急剧的，其结果是富有破坏性的。关于冲突论派的理论渊源，西方学者普遍认为可以追溯到早期马克思（Karl Marx）的阶级斗争学说以及齐美尔（Simmel Georg）的形式社会学理论和马克思·韦伯（Marx Weber）的社会学理论。①

冲突论学派关于社会与学校关系的基本观点认为，教育反映着阶级性质和利益。在资本主义社会，教育被资产阶级用来巩固自己的利益。在教育平等问题上，冲突论学派认为，学校教育是社会生产关系和阶级结构的反映，资本主义学校的作用在于维护社会不平等。资本主义社会教育的不平等是资本主义社会不平等的生产关系以及阶级结构的必然产物。而且，不平等的资本主义教育又加剧了生产关系和阶段结构的不平等。

在资本主义社会学校教育与社会就业机会的关系上，冲突论学派认为，资本主义社会的职业分工结构是以阶级结构为基础的。社会职业分工形成了各阶级特有的文化，表现在价值观、人格特性、期望等多方面，冲突论学派认为，资本主义学校教育的主要作用在于传授社会支配集团的身份文化，包括价值观、教养情趣、礼教谈吐、行为方式等。支配集团在教育机会上占据绝对优势。另外，从属集团则力图摆脱所处的被支配地位。这样，在冲突论学派看来，学校实际上是不同身份集团之间利益争夺的场所。而不同身份集团之间的冲突及由此产生的教育机会不均等，被看成学校教育发展的主要动力。

柯林斯（Randall Collins）是20世纪70年代冲突论学派新韦伯主义的重要代表人物。柯林斯认为不能把学校教育的发展，直接归因于是适应经济和技术需求的反映，可以说是“社会身份”集团对财富、权力、声望竞争的结果。柯林斯还认为，也不可能把学校教育的主要作用，归结为对学生进行未来从事职业所需技能的训练。他通过统计资料进行论证，认为社

① 我国一些学者不同意西方学者将马克思主义阶级斗争理论作为冲突论学派的先驱。参见厉以贤，毕诚. 教育社会学引论［M］. 哈尔滨：黑龙江教育出版社，1989：44.

会劳动力整体学历水平的提高只有很小一部分（大约15%）是适应职业结构（技术结构）变化的结果；各行业所必需的技能水平提高速度低于劳动力学历水平的提高速度；学历高的劳动者未必劳动效率就高；他甚至认为职业技能主要不是在学校而是在职业活动中习得的。

鲍尔斯（Bowles）和吉丁斯（Gintis）是新马克思主义的主要代表人物。他们强调，学校教育是阶级冲突的产物，在资本主义社会中，教育产生的实际作用是维护社会阶级之间的不平等，而不是造就平等。在资本主义社会中，不可能指望仅仅通过改革学校制度本身便实现教育平等。他们在《资本主义美国的学校教育》一书中认为，迄今为止的许多教育改革之所以每每失败，其原因就在于未能同时触及资本主义的其他各项制度。

在《不平等的教育和社会分工的再生产》一文中，鲍尔斯批判了“资本主义的教育能够带来更大的社会平等”的观点。鲍尔斯指出：“资本主义教育绝不是作为追求平等的一部分而存在；而是为满足资本主义雇主对有纪律、有技能的劳动力的需要，为了提供一种控制社会的途径以利于政治上的稳定而发展起来的。而且随着有技能的、受过良好教育的劳动力在经济上的地位日趋重要，学校制度中的种种不平等现象，在一代一代地再生产，原阶级结构也变得越来越重要。”鲍尔斯认为，美国的学校制度充满了阶级不平等现象，而在半个多世纪中，这些不平等现象并没有呈现出多少减少的趋势。鲍尔斯还指出，尽管政治权利的不平等分配有助于维护教育的不平等，但这些不平等的根源还要在政治领域之外的阶级结构内部以及资本主义社会特有的阶级亚文化群中去寻找。不平等的教育是根植于使之合法化并使之再生的那种阶级结构之中。因而，鲍尔斯总结道：教育中的种种不平等现象可以看作资本主义社会整个网状组织的一部分，而且只要资本主义存在一天，教育不平等就有可能存在一天。①

鲍尔斯和吉丁斯还在《美国阶级结构中的IQ》一文中，批判了所谓的“智商主义理论”② 对资本主义社会教育机会不平等的辩护，企图使资本主义教育制度的不平等合法化。鲍尔斯和吉丁斯认为，“智商主义”理论是一

---

① 塞缪尔·鲍尔斯．不平等的教育和社会分工的再生产［G］//张人杰．国外教育社会学基本文选．上海：华东师范大学出版社，1989：219.

② 西方一些学者提出，个人在智力上的差异在很大程度上取决于遗传因素，有些种族和社会阶级生来就在智力上低于其他种族和阶级，这种理论被称作“智商主义”。

种竭力维护社会和经济不平等的错误理论。他们指出，传统教育制度正是通过提供一种看上去是公平的和客观的英才教育的机制，来把人们分配到不平等的经济地位上，从而使经济不平等也合法化，而实质上，造成教育制度、社会劳动分工的不平等的根本原因在于资本主义制度。鲍尔斯和吉丁斯认为，只有改变了整个资本主义社会制度，消除了经济上的不平等，才有可能实现全社会儿童共享的教育机会均等制度。

当然，鲍尔斯与吉丁斯并不完全否认普及的公共教育在美国历史上所起的进步作用，但他们认为由于资本主义社会阶级统治和阶级从属关系的存在，这种进步作用不是被湮没便是遭到削弱。因而，他们提出，“可供选择的办法是实行社会主义民主，其最简单的形式是：通过把经济事务管理上的民主从生产单位扩大到国家经济政策和计划的制订，来消灭阶级统治和物质上的从属关系。这一民主扩展的范围还应包括教育机构和资本家的企业。只有在这种革命的框架内，教育才有可能实现我们所认定的三重目标，即发扬社会平等、促进青年创造性潜力的充分发挥和使新的一代自觉遵守社会秩序”。①

伊里奇及其“废校理论”。

伊里奇（Illich，1926——）是美国激进的社会学家和教育理论家。他是20世纪70年代初激进主义教育改革思潮的代表人物，是“废除学校教育”运动的积极倡导者。《非学校化社会》是其主要代表作，该书充分反映了他的“废校理论”。

伊里奇认为：一切学校教育都是有害的，世界各地的学校都对社会有一种反教育的影响，因为学校的存在本身就妨碍了穷人受教育，使他们不能主宰自己的学习。此外，伊里奇认为，通过学校来实施教育历来非常昂贵、非常复杂，而且也往往完不成它应该完成的任务。显然这是因为学校被视为从事教育的专门机构，它占用了大量的教育经费和人力，却妨碍了社会的其他方面承担教育的任务。所以通过学校来普及教育是行不通的。学校非但不能促进教育的普及，而且在某些方面还会妨碍人们的学习，甚

① 鲍尔斯，吉丁斯．资本主义美国的学校教育——教育改革和经济生活中的矛盾［J］//薛伯英，曲恒昌．简评西方激进学派关于教育社会化功能理论之争．外国教育动态，1990（2）．

至不可避免地造成教育机会的不平等。①

伊里奇认为，学校之所以不能造就平等和普及教育，根本上是因为现代学校充分体现着统治阶级的利益。在他看来，现代学校制度行使的潜在功能是“照管、选择、灌输和学习”。学校的主要目的是“塑造”人们对现实的看法。在这一过程中，教员是行为者，他们集“法官、思想家和医生”的功能于一身，强迫学生接受现实，而这一现实恰恰反映了统治阶级的利益。

伊里奇还认为，“教育的不利条件并不能通过学校内的教育来克服”，也不可能通过金钱来加以根本的改变。他指出：“显而易见，即使同样处在质量相等的学校里，贫困儿童也难以赶上富家子弟，即使在同样的入学年龄上同等的学校，贫困儿童仍然缺少大部分对于中产阶级儿童来说随意可得的教育机会。从家庭中的谈话和书籍直到假期旅行、儿童的自我意识，这些都是中产阶级儿童享有的优越条件，而且这些优越条件在校内校外都适用。因此，如果贫穷学生只能有赖于学校才能发展、学习的话，那他们一般都会落后。穷人需要资金是为了使自己能够学习，而不是为了证实他们不相称的匮乏所予以的治疗。”②

伊里奇甚至对义务教育也表示深深的怀疑。他指出：“义务教育不可避免地会造成社会的两极分化。”他还进一步认为，“我们不应把平等的学校教育仅看作暂时不可行的，而必须认识到：这种教育总的来说在经济上是荒谬的；尝试进行这种教育会使人们才枯智竭，会造成社会两极分化，而且对促成它的政治制度的信誉具有破坏性。义务教育的思想没有逻辑上的限定”。③ 伊里奇认为：教育机会平等的确是既理想又可行的目标，但把它与义务教育等同起来，就等于把拯救与教会相混淆。学校已经成为现代无产者的世界性宗教，它向技术时代的穷人作出了拯救的无效许诺。④

此外，伊里奇还提出：学校存在着“隐蔽课程”也影响着不同学生在学业上的成功程度与机会。

---

①② 伊凡·伊里奇．我们为什么必须废除学校［G］//张人杰．国外教育社会学基本文选．上海：华东师范大学出版社，1989：470.

③④ 同①，第471页。

第四节 解释论学派的基本研究及其方法论[①]

解释论学派最早于20世纪70年代初产生于英国。如果说冲突论只是在批判结构功能主义过程中发展起来的，那么解释论学派的观点则是在批判冲突论与结构功能主义二者的过程中发展起来的。解释论学派认为：尽管结构功能主义与冲突论学派在理论上分歧很大，但他们的共同不足之处在于都把社会看成一个相互影响的整体，教育仅仅是社会的一个方面。在方法论上也都严重地忽略了教育内部过程的变化，仅仅是从宏观角度研究教育社会学问题。而解释论学派正是针对结构功能主义和冲突论学派的上述缺陷而产生发展起来的。因此，在某种意义上说，解释论学派也是作为微观的教育社会学理论产生和发展起来的。[②]

从理论渊源上看，解释论大量吸收了“现象学的知识社会学”、“符号互动论”、“民俗方法论”等教育社会学思潮的观点。因此，解释论的概念常常是上述思潮的总称。上述思潮中，以伯格（Bevger）和卢克曼（Luckman）关于现象学的知识社会学思想对解释论学派的影响最为直接。伯格和卢克曼强调“不应当只研究理念性的知识，而应当更多地研究与日常现实有关的知识，研究日常现实的社会构成”。这一观点对传统知识社会学理论的冲击很强烈，并促成了符号互动论的发展和民俗方法论的产生，从而进一步加速了三者的会合而构成了解释论学派。解释论学派在理论上的主要特征是强调对被人们日常中所忽视的“现实”本身进行剖析研究，重视探讨人们将日常生活中作为现存事实来加以承认与接受的过程以及存在于这一过程中的主观目的性与交互作用。

在关于教育机会均等问题上，解释论派认为，劳动阶级子女学业的失败是教育不平等的突出标志，教育不平等的原因则主要应当在学校教育的实际内容与实际过程等实质方面的问题中去探求，而不应当从学校教育制度这种形式方面的问题中去寻找教育不平等的根本原因。解释论派认为师

---

① 关于“解释论学派”的提法是否合适，目前学术界尚有不同看法。此处参见：吴康宁. 当今欧美教育社会学三大学派［J］. 教育研究，1986（9）.

② 林生傅. 教育社会学［M］. 台湾：复文图书出版社，1985：33.

生之间具有交互作用，教师在教学中所使用的概念与范畴以及教学的内容都与教育不平等的产生有着密切的因果关系，并对此进行了较为详细的研究。

一、迈克尔·扬（Yong Michael）和伯恩斯坦（Bernstein）的现象学观点

M. 扬与伯恩斯坦是解释论学派中现象学的知识社会学的主要代表。M. 扬在其《知识与控制》一书中首先强调，教育社会学应当研究社会知识体系中的课程，他认为不同的课程在教育知识阶层中具有不同的地位。他还主张，教育社会学应该引导人们研究学生、教师及知识是怎样被组织在一起的。他认为通过学校教学过程，不同的学生将会掌握不同层次的教育知识，而对不同层次教育知识的掌握又将影响到学生的学习成绩。M. 扬把学校中课程内容的选拔、确定和组织过程称为“教育知识的成层过程”，课程的实施过程称之为教育知识的分配。他认为学校中教育知识的不同分层与分配，必然造成教育的不平等，其中知识分配的不平等是造成劳动阶级学生失败的主要原因。在此基础上，M. 扬批判了曾经长期统治着教育社会学的有关社会阶级和教育机会的理论，尤其是“社会服务决定人的可教育性”理论。他在《课程变迁：局限性与可能性》一书中指出：“教育的理论与改革对学校内部现存的等级制度很少提出质疑，因而我们自己的活动倾向于创造活动本身的自主意识。”① M. 扬还特别重视教育知识的政治特征。他主张，应把教育知识看成一定的政治利益的反映。他认为以往在对于教育知识的政治性的分析中，主要错误就在于把通过教育传递的知识看成一套比较持久的、非政治性的、共同的价值准则，而没有看到政治的特征。② M. 扬认为，由于传统的知识观掩盖了教育的政治特征，因而限制了它成为教育改革理论的可能性。因此，M. 扬认为，相比之下“关于心理测验起源，用义务教育来对农业区普及教育运动实行集权控制的历史研究，将会对教育改革的理论提出更多的见解”。③

伯恩斯坦虽然也认为传统宏观教育社会学过分强调了学校结构与社会

① 黄育馥. 当代西方教育社会学理论概貌［J］. 国外社会科学，1987（7）.

②③ 迈克尔·扬. 课程变迁：局限性与可能性［G］//张人杰. 国外教育社会学基本文选. 上海：华东师范大学出版社，1989：589.

结构的宏观联系，并进行了细致的批评，但与其他解释论者不同的是他在批评过程中并不着意表白与宏观教育社会学之间的不同，而是热心于寻找“宏观”与“微观”之间分析方法的统一和结合，并为之作出了贡献。正如科文伯与哈尔西所指出的：伯恩斯坦早期这方面的成就非常全面准确地反映在他的《社会阶级与语言发展：一个学习理论》一文中。伯恩斯坦在这篇文章中对于“可教育性”问题作了较有说服力的论述，并且以宏观教育社会学所关心的重要问题——保护工人阶级教育权的立场为立足点。伯恩斯坦在其《阶级代码与控制》中还试图寻找一种关于社会结构、语言应用与后来行为关系分析的方法。根据他的论述，在语言的言语形成的初级阶段，环境因素起着重要的作用。伯恩斯坦认为：语言是人类相互作用的主要工具，儿童通常都是通过运用语言来接受教育，因此语言的学习左右着整个人的社会发展，是个人社会化的条件。儿童的初级社会化过程是在家庭中，尤其是在与母亲的关系中进行的，家庭阶级背景的不同造成了不同的语言习惯。不同的社会阶级不仅在所使用的词汇数量上不同，而且语言类型也有差异。

因此，伯恩斯坦主张，教育社会学家的重要任务之一是探求影响特殊语言形成的社会因素以及普遍性功能，这将有利于发展社会学习理论，阐明社会结构、语言应用以及个体行为之间的联系。特别是能够使人们对影响语言形式以及发展的环境要素有更进一步的了解。

伯恩斯坦通过对阶级结构与阶级再生产过程的整套分析，进一步研究了社会阶级、阶层和语言规则之间的关系。在他的《社会语言代码》的理论中，他指出，“社会语言代码”是反映在语言中的社会关系，代表着社会的文化特征。伯恩斯坦认为，决定“社会语言代码”的基本因素是家庭的阶级地位。根据伯恩斯坦的观点，“社会语言代码”分为两种基本的代码：一种是“精密代码”（Elaborated Code），其特征是逻辑性与关联性；另一种是“局限代码”（Restricted Code），其特征是特殊性与孤立性。伯恩斯坦认为，“精密代码”主要存在、使用于中、上层阶级的语言之中，而“局限代码”则主要存在于下层阶级的语言之中。按伯恩斯坦观点，使用不同语言代码，对人的意识观念乃至行为活动都有影响。在他看来，阶级的差别是由于语言代码不同而造成的。他认为，学校普遍使用的知识属于“精密代码”，因此学校知识教育与中、上层阶级子女之间有某种同质性，而与下层阶级子女的生活经验之间则存在异质性，其结果使不同阶级的子女在教育可能性上出现差异，进而导致学生学业上的差异。总之，在伯恩斯坦看来，教育社会的不平等与语言代码的关系最为密切。

伯恩斯坦为了进一步探讨阶级和语言代码的关系，他还研究了家庭出身与语言代码的相互影响。伯恩斯坦认为存在着两种不同类型的家庭。一种是“地位中心家庭”。在地位中心家庭，家庭各成员的地位有明确的界限，家庭成员的社会身份完全是成员的年龄、性别及年龄关系的状况的一种功能。伯恩斯坦认为，工人家庭大部分都属于地位中心家庭。另一种是“个人中心家庭”，在这种家庭中，成员关系变得比较以自我为中心，家庭成员的独立的属性在信息沟通结构中越来越成为真实的存在。伯恩斯坦认为，在个人中心家庭中与地位中心家庭中的交流结构有明显的差异。个人中心家庭的交流结构使家庭成员的内心世界公开化，这样他就更容易为别人了解，同时也容易自我控制。这类家庭中的言语是主要的控制媒体。当然，在地位中心家庭中，言语与分界有关，但是它象征着由关系的正式结构赋予的界限，伯恩斯坦在《阶级、代码与控制》一文中进一步指出：“在个人中心家庭社会控制似乎有利于个人获得精密型语言代码，相反，社会控制则使地位中心家庭获得较少的精密型语言代码。”

二、符号互动论

最早提出符号互动学说并运用于研究教育社会学问题的是美国学者。但是英国的“新”教育社会学家们却是第一个运用符号互动论来解释学生学业成败原因的，其主要代表人物是凯迪活兹·莱西（Lassie）等人。

在理论上，符号互动论者注重“情境”的研究。其基本观点认为：“学校或课堂是一个由表达一定的社会意义的各种符号所组成的符号环境，学校生活或课堂生活的过程实际上是教师与学生之间的以符号为媒介的社会互动过程。由于这一过程在数量与质量上都因人而异，因而是一种差别互动过程。”① 符号互动论者注重深入课堂与教师的办公室进行细致的研究。他们认为，由于教师与学生都各具有自己的生活与文化背景以及受到班级教室物理的、气候的、组织的背景所限制，往往造成学业成就机会的差异。

① 吴康宁．当今欧美教育社会学三大学派［J］．教育研究，1986（9）．

基于上述认识，符号互动论者主张必须研究师生互动的特殊情况，才能进一步把握师生互动的行为及其结果。

三、民俗方法论

民俗方法论同样十分重视师生的互动作用对学生学业成就的影响。有关资料认为，民俗方法论有以下基本特征。第一，民俗方法论强调互动过程中参与者行为意义的非固定性，认为参与者的行为随参与者对规定日常生活秩序规范的运用以及对于常识的理解不同而变化。因此，必须重视对以所谓规定日常生活规范和秩序为前提的教育过程进行分析。第二，民俗方法论强调互动过程中的“脉络依存”与“共通标记”。“脉络依存”是指导致互动过程参与者的任一行为得以发生的、存在于互动过程之中的所有关联因素。“共通标记”则是指互动过程中出现的那些已被参与者双方共同理解，未由（也无须由）参与者借助语言特地加以询问和解释的词句。民俗方法论认为，只有致力找出互动过程中的“脉络依存”与“共通标记”，才能理解参与者之间的社会交互作用。由此，许多解释论的教育社会学家觉得民俗方法论对于研究师生互动过程将比符号互动论更加缜密、合理，结论亦更为可靠。第三，民俗方法论还特别强调研究者以实践者的身份进行“参与观察”，认为只有通过参与观察首先取得对被观察者的真正理解，才能对互动过程作出客观的、正确的解释。①

第五节 关于教育机会均等的实证研究方法探讨

在20世纪70年代解释论派形成的同时，实证方法在教育社会学研究中渐渐占据重要地位。实证方法的研究采用纯粹的、严密的科学手段，通过对教育社会现象进行客观的了解和认识，进而更深刻地把握教育社会问题的实质。布鲁姆（Bloom）认为，实证方法的重要意义在于把社会科学理论观点建立在大量调查统计以及反复检验的基础之上。我国学者认为，实证

① 吴康宁. 当今欧美教育社会学三大学派［J］. 教育研究，1986（9）.

主义的研究态度和研究方法，是教育社会学走向科学的开山斧。[①] 实证方法在现代计算机和统计手段的影响与帮助下发展非常迅速，为当今西方多数教育社会学家所广泛接受。实证研究方法也成为西方研究教育机会均等问题的重要方法之一。国外关于教育机会均等的研究报告，大多从学制、数量扩展及社会阶层就学率等方面进行探讨，其研究重点又以以下三方面为主：

1. 通过分析统计资料来探讨各社会阶级、阶层的就学机会；
2. 研讨有关教育机会不均等的因素；
3. 研究达成教育机会均等的有效策略。

美国的科尔曼、詹克斯，英国的弗拉德、哈尔西、马丁、怀斯曼（Wiseman）、道格拉斯（Douglas）、杰克逊（Jackson），瑞典的胡森，法国的鲍顿（Boudan）等人所进行的实证研究影响都很大。

在英国早期最著名的关于教育机会不平等的社会调查是由朗特里（Seabohm Rowntree）于1901年进行的。朗特里十分关心约克地区居民的贫穷问题，他进行的调查主要是关于劳动者家庭，包括他们的生活状况、婴儿死亡率以及工资等问题。朗特里这一调查的思想基础正是社会主义这个重要的道德观念。[②] 许多教育社会学家也是从社会主义的道德观念出发，运用调查手段指出教育机会的不均等，从而提出对教育制度进行改革的要求。

林德赛（Kenneth Lindsay）在1926年出版的《社会进步与教育消费》中指出：劳动阶级儿童很少能受到中等教育，这是教育制度上的不公平。

格莱（Grey）与穆欣斯基（Moshingsky）又于1938年考察了各个阶级的儿童在文法学校中的入学机会的不均等程度，指出教育机会的不均等与社会阶级密切相关。

到20世纪50年代英国伦敦经济学派的班克斯（Ranksolive）关于“英国中等学校中的平等与声望”的研究可以说是近几十年来为数不多的开拓性成果之一。此后，弗拉德与哈尔西、马丁等人的《社会阶级与教育机会》进行了更为有价值的研究。弗拉德、哈尔西、马丁关于社会阶级与教育机会均等的研究主要分为两个阶段。第一阶段的研究主要围绕教育机会的社会分布情况而进行，并对1939年前与1944年教育法颁布后的情况进行了比

① 刘惠珍. 教育社会学［M］. 沈阳：辽宁教育出版社，1988：41.

② 环惜吾. 英国教育社会的发展和近况简介［J］. 外国教育动态，1981（1）.

较研究。第二阶段主要是对社会出身、家庭和环境对教育机会的影响进行研究。包括对中学生学习成绩以及未来职业的影响。弗拉德、哈尔西、马丁的第一阶段调查研究表明，《1944 年教育法》颁布之后，尽管中等教育体制有了较大的扩展，学生入学率有了较大的增长，学生的入学费用被部分减免或全部减免，但是教育机会的不平等程度并没有像人们所期望的那样发生改变。虽然家庭出身地位低的职业范围的儿童进入中等学校的总数有了较大增加，但在学校学生中的比例仍然十分低。而上层阶级职业范围的儿童获得中等教育的机会乃至选择学校的自由都远远高于低下层阶级。弗拉德、哈尔西与马丁在英格兰南部的哈德福夏（Hertfordshire）进行的调查表明，家庭的规模、父母的教育水平、教育态度以及事业心（成就感）比家庭的物质环境状况更能影响儿童学习的成绩。

杰克逊与马尔斯登的实证研究则是在较小的范围内进行的。他们的研究主要是依据地方统计资料和 10 个中产阶级子女在校的有关资料以及 88 个通过文法中学考试的工人阶级子女的资料进行的。他们的研究结果是：(1) 工人阶级的儿童只有极少数能在 18 岁时通过文法学校的最终考试，然后进入高等院校或就业。而中产阶级中较多的儿童则能通过文法中学的最终考试。(2) 根据 10 名中产阶级在校儿童的研究得出的结论是，儿童开始上学时就已经带着教育的遗传特征，文法中学里语言发展占优势的儿童是家庭条件（地位）较好的儿童。(3) 关于 88 个已通过文法中学最终考试的工人阶级儿童的研究发现，这 88 个成功的工人阶级儿童普遍出生于小家庭，其中超过 1/3 是独生子女（而且他们大都成长在成功的小学附近，那里学校的进度、语言都受中产阶级父母的影响，此外，这些工人阶级儿童的父母中有 1/5 与中产阶级有联系）；其余的 2/3 儿童中，大部分又来自于工人阶级中的较高层，家庭物质条件相对较好。

道格拉斯所进行的“关于小学阶段家庭对儿童教育影响”的研究也很有意义。道格拉斯依据父母的教育及社会职业将儿童的家庭背景分为四个层次，即中产阶级的“上层”、“下层”；无产阶级的“上层”与“下层”。通过语言性和非语言性的智力测验，道格拉斯发现：不同阶层对子女智力成就有明显影响，而且在不同年龄段有较大的差异。在 11 岁年龄段，上层中产阶级儿童的平均成绩为 56.99 分，下层中产阶级儿童为 53.88 分；上层工人阶级儿童的平均分数为 20.05 分，而下层工人阶级儿童为 17.55 分。11

岁年龄段的阶层差异要比 8 岁年龄段大。关于影响儿童入学率的制约因素，道格拉斯认为，父母对孩子的鼓励和期望在相当大的程度上影响孩子在学校学习中的接受能力以及学习成绩，道格拉斯认为《1944 年教育法》颁布之后，虽然为广大儿童提供了更多的入学机会，但不平等仍然存在。道格拉斯与罗森（Ross）和辛普森（Sinpson）在《人类的未来》（An Our Future）一书的研究中指出：教育机会中不平等的阶级差异在中学比小学更为增强。虽然有些工人阶级子女能够进入文法学校学习，但在中学后的就业中，其机会仍不如中产阶级儿童。道格拉斯还认为“父母的兴趣”是影响中学后学生选择升学和就业的决定性因素。他的研究表明：“较高愿望与较高的成就联系在一起，好的成就又可促进学生能有更多的受教育时间和机会。低兴趣往往造成学生成绩不良甚至辍学。”而父母对子女兴趣的培养和启发又往往与自身的教育经历有密切的关系。

怀斯曼为英国卜劳顿委员会（Plowdon Committee）进行的曼彻斯特调查是实证研究与教育政策相联系的典型范例。怀斯曼这一调查的主要目的在于探讨小学儿童教育成就与环境因素的关系，尤其包括校内的环境。调查者将 176 所初级学校分成不同类型和社区，以其中的 44 所学校为样本，另选出副样本学校 22 所。通过调查研究，怀斯曼发现，影响学生在校学习成就的主要因素在于儿童家庭环境内部。这些“家庭”的环境因素包括多方面的内容，但其中父母的态度比其他各种因素都为重要。在他看来，经济水平和社会阶级地位都远不及父母的态度重要。父母对教育的态度，对读书的态度乃至对子女的慈爱，都是影响学生学业成就的重要因素。怀斯曼的研究还表明：环境因素对高年级小学生的影响大于低年级学生，影响的程度随着年龄的增长而增长。

美国关于教育机会均等的实证研究，近几十年来，最有影响的有舒尔茨、科尔曼、布劳以及詹克斯。

早在 20 世纪 60 年代初期，舒尔茨（Schulz）研究了美国教育中的机会不均等的现象。在《农村地区教育质量方面的投资不足》一文中，舒尔茨揭示了美国 1940 ~ 1960 年农村和城市地区白人工人和非白人工人之间受教育情况的极端不平衡。在该阶段中，农村地区（特别是南部各州）中学毕业生升学率远远低于全国平均数。1960 年的大学人数表明，48% 的城市中学毕业生进入了大学，而农村中只有 32% 的中学毕业生进入大学继续学习。

舒尔茨认为，升学率的差异主要由于城市和农村的教育质量的差别所造成。他断言，在较贫困各州和农村地区教育投资不足，乃是因为农村的人们通常缺乏资金和必要的信息，从而也就缺乏对进一步的教育的需求。舒尔茨认为，低质量的初等教育阻碍了他们就进一步的教育作出最终可能是正确的最优投资决策。①

科尔曼所进行的实证研究在美国影响很大。他关于《教育机会均等的研究报告》发表于1966年，被认为是当代关于教育机会均等的三项最重要研究报告之一。② 科尔曼的研究报告，是在美国联邦教育局全国教育统计中心根据美国1964年“人权委员会”要求作的调查基础上进行的。这项研究的调查范围涉及4000所学校的645000名学生。“调查主题是由于种族、肤色、宗教信仰或人种起源的不同，个体之间在教育面前的机会不均等。”③调查目的主要有四个：第一，探讨种族及少数民族团体在公立学校被隔离的程度；第二，探讨那些从数量上被认为各种条件都符合标准的学校中的教育机会平等的状况；第三，教育质量符合标准的条件下学生究竟学了些什么；第四，学校与学生成绩以及学校类型与学生成绩的关系。科尔曼关于上述项目的调查统计结果发现，美国学校中的种族隔离还十分普遍，大多数美国黑人儿童的就学条件远不如白人。除了亚裔美国人，其他少数民族儿童的学习成绩也远不如白人儿童，而且这种差距随着就读年级的提高而增强。科尔曼的统计结果还表明：学校对学生的成就影响不大，儿童的家庭环境尤其经济因素以及学生个人因素是影响学业成就的最主要因素。科尔曼还指出：“在多种因素影响下，教育机会均等只可接近，而无法完全达到。”

科尔曼的研究受到多方面的批评。在方法上，许多人指责他调查表回收率太低，计算统计中宽度不够，线性回归计算几乎无法考虑语言能力的因素。同时，柯尔伯与哈尔西认为他过分强调了家庭环境因素的作用，而忽略了包括教师在内的学校各种因素对学生学业成绩的影响。

尽管科尔曼的研究遇到了不少批评，但他在美国教育理论研究上产生

① 塔帕斯·马久姆达. 新教育经济学导论［M］. 王铁生，译. 北京：中国财政经济出版社，1987：140.

② 张人杰. 国外教育社会学基本文选［G］. 上海：华东师范大学出版社，1988：176.

③ 同①，第194页。

的影响是不可低估的。美国教育学家丹尼尔·格里菲斯（Griffith）认为，从1966年至1975年的10年间在美国最有意义的10项教育研究成果中，科尔曼等人的《教育机会均等的研究报告》居第二位。

布劳（Blau）和邓肯（Duncan）对家庭与职业关系进行的研究由于使用了“路径分析”方法，从而使他们的研究与传统社会流动分析有了明显的特征。布劳与邓肯根据对20700人的调查资料统计认为：一个人的社会出身对他成功地选择职业有较大的影响，但同时个人所受的训练与早期生活经验，也是一个重要因素。因此，布劳与邓肯强调，社会出身、教育、职业地位及生活经验都不是孤立的。父亲的地位、教育对子女职业的影响是通过父亲的职业与子女所受的教育得以传递的。柯尔伯与哈尔西认为，布劳与邓肯的研究贡献不在于理论和资料的收集，而在于他们将“路径分析”方法用于统计分析教育社会学资料。①

休厄尔（Sewell）与他的助手们发起的“威斯康星研究”是又一项用“路径分析”方法探讨社会经济地位、智力发展水平影响着教育中学业成就的著名课题。休厄尔的研究资料来源有两个，一是根据1957年威斯康星州对公立、私立以及教会学校当中毕业班的34151份问卷调查；二是根据对上述34151人中的9007名学生进行追踪调查的资料，休厄尔研究中的五个主要变量因素是：（1）学生家庭出身的社会经济地位；（2）学生的智商分数；（3）学生的高考志愿；（4）高校入学率与毕业率；（5）学生教育成就的评估。对于社会经济地位，休厄尔分为四个层次，上层（High）、上中层（Upper middle）、下中层（Lower middle）、下层（Low）。通过采用“路径分析”、“参量效应”，“乘积列表法”等统计分析方法，休厄尔发现，无论是社会经济地位还是智力水平都直接影响大学里的入学率及其毕业率，而且也影响着教育成就水平。对于女生学习成就来说，社会经济地位因素要比智力因素影响大，而对于男生，社会经济地位的影响则比智力因素要小。休厄尔还注意到了家庭中父母、朋友与学校教师的鼓励和期望对学生学业成就的影响。

詹克斯及其合作者关于《不平等——美国家庭与学校教育效果的评估》（1972年）一书是美国关于教育与不平等关系的最著名研究成果之一。这部

---

① 张人杰. 国外教育社会学基本文选［G］. 上海：华东师范大学出版社，1989：133 .

著作的出版引起了学术界的强烈反响，受到广泛评论。詹克斯及其合作者在著作中对教育机会不平等的各种研究进行了较深刻反思。尤其对科尔曼1966年的“关于教育机会均等的报告”，布劳与邓肯关于代际间的职业变迁，休厄尔及其助手的“威斯康星研究”进行较全面的分析和评论。进而通过对教育设备、学习成绩、学生认知技能、职业地位、家庭收入和工作满足程度变量因素的考察，詹克斯就美国教育机会均等问题得出以下主要结论。

（1）美国的教育机会远远没有实现平等，这无论是从教育的资源分配来看，还是从进入学校的途径和课程的选择看都是如此。①

（2）儿童遗传和生活环境的不平等都对认知的不平等产生了主要影响作用。那些生来遗传就占据优势的人，后天也倾向于得到环境上的优势，这也加剧了不平等。②

（3）家庭背景比智商、遗传基因对个体教育成就的影响大得多。家庭背景的影响作用部分表现于社会经济地位，部分是通过文化的和心理的特征产生作用，认知技能对教育成就的影响也是十分明显的。

（4）学校教育的质量对于教育机会的均等没有多大影响。对于学生学习成就以及未来经济的成就也没有明显的影响，其原因在于学业成就只能部分地决定职业成就。

（5）家庭背景也只能对职业成就产生有限的影响作用。因为，家庭背景与职业地位的取得没有直接的联系，只是间接地、部分地相关。

（6）无论是家庭背景还是认知技能，教育成就，或是职业地位都不能对人的收入变化作出解释。一般来说，相似家庭的人们其收入的变化是大致相同的。收入的变化往往与一个人的能力以及运气（机遇）有关，而与家庭背景、教育成绩、认知技能关系不大。③

根据上述结论，詹克斯进一步推论学校的输出特征在很大程度上取决于输入的特征，即儿童入学时的特征。而且，詹克斯还认为，教育机会的平等很难促成成年人的平等。在他看来，没有任何一个实例能有力证明通

① 詹克斯. 不平等——美国家庭与学校教育效果的评估［R］. 出版地不详；出版者不详，1972：30.

② 同①，第253页。

③ 同①，第254页。

过校内的教育改革能够带来校外的社会变化，教育改革绝不可能会带来经济的、社会的平等。对此，詹克斯分析了几种原因：第一，儿童受影响最多的是他们在家中和街道上发生的一切，或者是在电视屏幕上看到的东西，然后才是学校发生的影响。第二，改革者很少能控制学校生活中影响儿童的主要制约因素，如学校资源的再分配、学生的再分配、课程的重新组织以及师生之间的相互交往方式。第三，即使学校对儿童产生一种不寻常的影响，其伴随的变化不可能坚持到成年。①

詹克斯关于教育机会不平等的实证研究在美国也受到了多方面的批评。科尔曼认为詹克斯的研究没有区分机会不平等与结果不平等概念之间的区别，而只是初步地涉及了收入分配的平等问题。科尔曼指出詹克斯只把精力放在了机会不平等的研究。此外有人还批评詹克斯只注重了个体经济状况的分析，而忽略了作为阶级或集团存在的经济地位之差别性的分析，割裂了与已有理论进行联系的可能性。还有人批评詹克斯关于收入的变化主要是受制约于个体的“能力”和“运气”（机遇）的说法不可靠，认为他忽略了影响收入的一些变量可能会起到的作用。如新的教育技术、学生营养、维生素的加强等。胡森认为，詹克斯在研究中忽略了吸收别人已有的研究成果和资料，在统计方法上缺乏灵活性。柯尔伯与哈尔西认为，詹克斯试图探明影响教育机会不平等的最大因素以及通过控制其他变量恒定不变测定该最大因素影响力的大小，这似乎只能在假设上或推理上被人们所接受，但是在现实中，如果说教育不平等能与那些还没有探明的各种因素分离是不可能的。关于詹克斯的研究，也还有人认为他忽略了学校内部教育过程的探讨。

事实上，关于教育改革对教育机会均等之影响作用的怀疑，不仅只存在于詹克斯的研究中，20 世纪 60 年代欧洲的一些学者也有同样的认识。法国学者鲍顿在其《教育、机会与社会的不平等》一书中，得出了一个与詹克斯颇为相似的结论：社会是比教育改革更能影响教育机会均等的因素。但在研究方法上，鲍顿与詹克斯不同，他试图建立一种特殊的社会流动模式，以改变直接依靠实证研究的方法。他在分析了已有研究成果的基础上提出了下列试图给予解释和研究的命题。即，为什么“二战”后工业国家

---

① 詹克斯．不平等——美国家庭与学校教育效果的评估［R］．出版地不详：出版者不详，1972：255．

的教育总量发生了巨大变化，而对平等的影响却很小。鲍顿把社会机会的不均等与教育机会的不均等作为两个模式结合起来。他认为，第二个模式的主要目的在于阐明教育对社会流动的影响因素。根据上述模式的分析，鲍顿推断分层是造成教育机会和社会机会不均等的主要原因。影响教育机会和社会机会不均等的“分层”因素又可以分为两类：一是社会阶级文化方面的差异；二是文化以外的不平等因素，如经济地位等。鲍顿认为第二类因素影响更大。鲍顿关于教育改革的悲观思想还反映在他《教育与社会活动》一文中。鲍顿在该文指出：美国自1949年到1969年期间的总趋势表明：教育的不平等在减少，但经济之间的不平等却增加了。由此鲍顿得出结论，认为教育的扩展、机会平等的增加对消除社会不平等几乎没有效果。鲍顿的研究被有些人指责为缺少实际意义，也有人认为鲍顿的悲观思想是教育社会学的天真，他的研究主要是假设。

第六节 启示与局限性批判

综观上述西方教育社会学关于教育机会均等的理论研究及其方法论，使我们从中深受启发，同时也感受到西方教育社会学在关于教育机会均等问题研究方法上的局限和不足。

一、几点启示

1. 20世纪以来，西方教育社会学对于教育机会均等的理论进行了大量研究。这些研究对全民教育的历史实践产生了重要的影响和推动作用，对西方各国教育政策的制定也产生了积极的作用。我国是社会主义国家，实现教育机会的平等是社会主义国家教育发展根本目标，加强教育机会平等的理论与实践研究，无疑具有重要意义，同时也是艰巨的任务。

2. 西方教育社会学关于教育机会均等研究的理论出发点虽不相同，重点也各有异，但是在方法上最为一致的是都比较注重实证研究和数量统计研究，而且这已成为新教育社会学的重要特色，这就启示我们在我国关于教育机会平等的理论研究中也应重视实证方法的应用并且注重数量的统计研究。作者认为，“教育机会平等”是一个涉及社会各个领域的复杂命题，与其说它是一个教育理论问题，倒不如说它是一个复杂的社会综合问题更为准确。因此，对于教育机会平等问题，必须采取严肃科学态度，注重实证的方法，客观地认识，改造现实。

3. 我国长期以来在教育政策研究上注重宏观方面多，微观方面则较少。然而，教育机会平等本身既有宏观方面又有微观方面，这就要求在我国关于教育机会平等的研究中，适当加强微观方面的研究。尤其应当重视教育过程中的教育机会平等问题的研究。

4. 在我国社会主义建设的现阶段也可以说在社会主义初级阶段，我国所要解决的主要矛盾，是人民日益增长的物质文化的需要同落后的社会生产力之间的矛盾，阶级斗争虽然在一定范围内还是长期存在，但已经不是主要矛盾，党确定了以经济建设为中心、坚持改革开放、坚持四项基本原则为要点的基本路线。社会主义初级阶段的基本任务就是发展社会生产力，就是要以经济建设为中心，大力发展社会主义市场经济，提高劳动生产率，逐步实现社会主义四个现代化。为此还必须改革生产关系和上层建筑中与生产力不相适应的环节和矛盾。

为了正确解决社会主义初期阶段的主要矛盾，胜利地实现它的主要任务，就要坚持执行党的基本路线100年不动摇。也只有实现社会主义四个现代化，才能逐步解决当前和今后一个时期存在的矛盾和困难，包括实施“科教兴国”战略所遇到的困难；东西地区经济发展不平衡；社会成员之间分配收入差距悬殊，防止阶级分化，实现全国人民共同富裕等问题。因此我国教育机会平等的理论分析及其实践都要重视以经济建设为中心与阶级观点、阶层观点的统一。

二、局限性的简析

20世纪50年代以来，西方教育社会学关于教育机会均等的理论研究虽然取得了较大的成就，对我国社会主义全民教育和教育机会平等理论建设有着积极的启发意义。但是，严格地看，西方教育社会学关于教育机会均等研究方法论中也存在着一些不正确和片面性的方面。

（一）结构功能主义学派

结构功能主义学派注重教育制度的功能与社会公平的关系，强调从教育的选择性功能入手来研究教育功能对个人受教育机会平等程度的影响，促进了对社会机会平等的研究，但是，功能主义在研究中仍然存在明显的不足。一是结构功能主义者不恰当地强调了社会的一致性与平衡，忽略了教育与社会之间的冲突。事实上，功能主义强调教育能够使个人的行为与社会的均衡保持一致，在工业化社会是难以做到的。二是结构功能主义过多地强调了教育的静态功能，对其动态功能考虑不足。三是结构功能主义对教育功能发挥作用过程中的社会因素，尤其是对经济制度的影响，估计不足，过于乐观地认为在资本主义不平等的经济制度下教育就可以促进社会的平等发展。

（二）冲突论学派

冲突论学派是在反对结构功能主义学派过程中得以发展的，在理论上，冲突论强调社会冲突在教育发展中的作用，推动了教育社会学家对资本主义教育的阶级实质的认识。此外，冲突论学派还探讨了政治、文化、家庭地位等方面与教育机会均等之间的关系，这些加深了人们对实现教育机会均等制约条件的更进一步认识。但是，冲突论学派的缺陷也很明显。一是冲突论派过分地强调了社会冲突的意义，而对于教育在促进社会平等中的作用缺乏客观的估计，甚至否认教育对于改善社会不平等是有促进作用，把学校看作造就不平等的工具。应该说，这是片面的。二是冲突论派（如伊里奇等），对普及义务教育的功能表示怀疑，认为义务教育会不可避免地造成社会的分化，这与几百年来人类社会进行普及义务教育实践的结论并不相符，更会影响人们对全民教育的信心。三是冲突论派对学校教育内部过程及其结果缺乏足够的重视，因而不可能全面地理解教育的全面功能。

（三）解释论派

解释论学派作为批判功能主义和冲突论学派过程中发展起来的新型学派，其主要贡献在于强调了从学校教育的实际内容和实际过程去研究教育和社会的相互关系，并且探讨了资本主义社会造成教育机会不平等的学校内部因素，填补了功能主义学派及冲突论学派理论研究上的缺陷。这是有重要意义的一个方面。但是，解释论学派在研究教育机会均等问题的方法论上也有其明显的局限性。

第一，解释论派虽然克服了功能主义学派与冲突论派的不足，加强了对教育内容和过程与教育机会平等问题之间关系的探讨，但是如果过分地只强调“内容”和“内部过程”的研究，仍然不能全面揭示导致教育机会不平等的深刻原因。

第二，解释论学派对于功能主义学派和冲突论学派的宏观教育社会学研究的否定是偏颇的，它对宏观教育社会学以统计分析为主的实证研究方法的批判也是过激的。而且，解释论本身采用的观察法需要研究者所付出的人力与物力是巨大的，其现实性仍然值得怀疑。

第四章

实施全民教育及促进教育机会平等历史条件的理论思考

实施全民教育、促进教育机会平等并不是一个抽象的概念，而是具有丰富的内涵、不断演变和渐进发展的历史范畴，是人类社会长期的、渐进的、复杂的社会实践活动。毫无疑问，实施全民教育，促进教育机会平等需要特定的历史条件。

早在100多年前，马克思与恩格斯就对实现人的全面发展的历史条件（实质上也是教育发展的历史条件）进行了深刻的论述。这对我们今天认识实施全民教育、促进教育机会平等的历史条件仍具有重要的启示。马克思、恩格斯在《德意志意识形态》中指出："在共产主义社会中，即在个人的独创和自由的发展不再是一句空话的唯一的社会中，这种发展正是取决于个人间的联系，这种个人间的联系则表现在下列三个方面：即经济前提，一切人的自由发展的必要的团结一致以及在现有的生产力基础上的个人的共同活动方式。因此，这里谈的是一定历史发展阶段上的个人，而绝不是任何偶然的个人，至于不可避免的共产主义革命就更不用说了。因为它本身就是个人自由发展的共同条件。"① 在这里马克思和恩格斯强调了三个方面的历史条件。第一个条件是"经济前提"，包括两种含义：一个是由社会生产力高度发展所创造出的极为丰富的衣、食、住、行、用等各种物质生活产品，能够满足社会全体成员的需要；一个是消灭了生产资料私有制和由私有制所产生的各种剥削压迫等不公正的现象，使每个人不仅得到自由发展的条件，而且不受到任何人为的限制。第二个条件是"一切人的自由发

① 上海师范大学教育系．马克思、恩格斯论教育［G］．北京：人民教育出版社，1979：61．

展的团结一致"，这里是指，一方面"每个人的自由发展是一切人自由发展的条件"；① 另一方面，"只有在集体中，个人才能获得全面发展其才能的手段，也就是说，只有在集体中才可能有个人的自由"。"一个人的发展取决于和他直接或间接交往的其他一切人的发展。"② 第三个条件是"在现有生产力基础上的个人共同活动方式"。主要是指在消灭私有制和私有观念的社会主义、共产主义社会里，每个人都在"各尽所能，按劳付酬"，"各尽所能，各取所需"的基本原则下，共同进行生产、交换、分配、消费的经济活动和高度民主的政治活动及高度文明的精神活动。

马克思、恩格斯上述关于人的全面发展的历史条件的分析，揭示了人的发展与社会经济发展、社会制度变迁的相互依存关系，同时也揭示了"每个人的全面发展"与"一切人的全面发展的相互依存关系"。在马克思和恩格斯看来，"每个人的全面发展"与"一切人的全面发展"以及这二者与社会的政治、经济的发展（现存社会的改造）互为条件。离开了一定的社会历史条件，"每个人的全面发展"、"一切人的全面发展"都无从谈起。显然，实施全民教育，促进教育机会平等也是如此。

实施全民教育，促进教育机会平等的历史条件，作为一个复杂而又困扰人心的问题，也同样曾吸引了大批西方社会学家的广泛兴趣。尤其是第二次世界大战后至20世纪80年代，西方教育社会学家花费巨大精力对实施全民教育，尤其对促进教育机会均等的历史制约条件及其发展道路进行了深刻的探讨。但是，仅仅从社会学角度还难以揭示问题的实质。无论是结构功能主义，还是冲突论学派、解释论学派的理论与实践的研究，都只能在其特定的方法论指导下进行特定范围及内容的研究，因而所得出的结论往往都带有很大的局限性和片面性。因此，人们只有从多维角度，系统地分析探讨各种因素与教育机会平等的相互作用，并努力从历史唯物主义哲学高度上加以透视，才能取得比以往更加深刻的认识。这一点近年来也已为不少西方学者所认识。阿兰（Aran）等人在《现代化发展过程中的教育制度的有效性》一文中指出："要理解教育过程及其变化与现代化的关系，需要在重新组织那些基本的问题基础上，使分析模式精致起来。""应当问

① 上海师范大学教育系．马克思、恩格斯论教育［G］．北京：人民教育出版社，1979：87.

② 中共中央马克思恩格斯列宁斯大林著作编译局．马克思恩格斯全集（第3卷）［G］．北京：人民出版社，1978：84，515.

问哪些制约因素摆在教育过程的各个侧面以及哪些制约因素处在社会、政治、经济、文化各领域的改革间的密切联系上。”① 还有一些学者也深深认识到，现代系统研究能够提供一种更适当地处理社会文化系统的复杂性质和动力性质的基础框架。

笔者试图在前人研究的基础上，以历史唯物主义的基本观点为指导，对实施全民教育和促进教育机会平等的历史条件作一初步的系统分析。

从历史唯物论的观点来看，人类社会是一个有机系统。实施全民教育和促进教育机会平等是人类社会系统的重要组成部分，与此同时，教育自身也构成一个有机系统，由各种相互联系、相互作用的要素所构成，具有自身的结构、功能以及发展规律。各个子系统在层次与结构上也都发生着相互联系和作用。教育作为整个社会系统的组成部分（子系统），它又与社会系统的其他部分（子系统），如社会政治、经济文化等系统发生着密切的联系。因此，教育系统内部的相互联系以及教育与外部系统之间的联系，共同构成了实施全民教育和促进教育机会平等的历史条件。全民教育和教育机会平等的实现过程，就是系统内部之间以及与外部系统之间关系的协调过程。换言之，是教育内、外条件之间的相互协调过程。也是历史上和现代世界各国千百万忠诚于人民教育事业的教育工作者和广大人民群众为争取教育机会平等权利不断斗争的过程。

第一节 实施全民教育及促进教育机会平等内部系统的分析

把实施全民教育和促进教育机会平等作为一个系统来分析，它的内部因素可以概括为以下三个基本要素：第一，民主的教育制度；第二，符合机会平等的教育过程；第三，保证全民受教育权利平等的教育法制。以上三个要素相互联系，共同制约着实施全民教育和促进教育机会平等的历史实践。第一要素直接影响入学机会的均等，第二要素影响学生成就的发展，而第三个要素有助于前两个要素的功能实现。

① 吴忠魁，张俊洪．教育变革的理论模式［M］．成都：四川教育出版社，1981：51.

一、教育制度与入学机会均等

教育制度是决定全民教育和推进教育机会平等进程的重要条件。纵观人类社会全民教育和促进教育机会平等的历史实践，教育制度的变革是贯穿始终的主线。简言之，教育制度的变革是实现全民教育和推进教育机会平等过程的主要媒体，符合民主精神的教育制度能够从较低的层次上（如改善入学机会等）保证教育机会平等的实现，迄今为止，人类社会教育制度的变革已经历了“单轨制—双轨制—单轨制”的历程。奴隶社会和封建社会制度下的“单轨制”，教育权利和机会完全垄断在奴隶主和封建贵族统治者手中，教育制度完全为极少数人服务。封建制度下“单轨制”具有极端的反民主特征。资本主义社会实行资产阶级民主制度，所以资本主义制度下教育上的“双轨制”比起封建主义的单轨制度是一种历史的进步。“双轨制”主要为资产阶级服务，但也为劳动人民受教育提供了部分的权利和机会，教育机会平等只能得到部分的体现。到了20世纪，经过人类几百年的努力，无产阶级取得了社会主义革命的胜利之后，实行社会主义民主制度（也叫人民民主制度），教育为人民服务，新的“单轨制”重新建立，实施全民教育和促进教育机会平等的进程得到迅速发展，占社会大多数人口的劳动人民和他们的子弟获得了空前的受教育机会，这就使整个人类社会教育机会平等开始了新的历史阶段。

教育制度对教育机会平等的决定过程，通过具体规章制度与政策表现出来。

（一）学制、教育体系

学制和教育体系反映一个国家教育的基本政策。学制与教育体系状况会直接影响教育的普及程度。从历史上看，普及义务教育制度的形成，对于教育机会平等的进程产生了历史性的推动作用。近几十年来，国际上出现的终身教育制度，为社会各层次的人受到内容更加丰富的教育，提供了十分广阔的前景。从我国的情况看，普及九年制义务教育制度的实施，为全国各民族青少年儿童获得充分的受教育机会提供了条件保证。

（二）招生制度

招生制度对于教育机会平等的实现程度具有明显的影响。历史上各国采用的方式主要有“强迫入学”、“申请入学”、“竞争入学”等。强迫入学是普及义务教育运动所倡导的招生方式，最有助于实现教育机会平等。特别是在规定的义务教育年限的范围内，这种方式能够最大限度地保证入学人数，包括各种背景的学龄儿童和青少年。但这种方式目前还仍限于中小学的普及教育中，高等教育尚不可能。申请入学是一种相对比较自由的方式。在少数比较富裕的国家，申请入学的方式仍然能够保证教育机会的扩大。但是在更多经济落后国家或贫富差别比较大的国家中，申请入学将大大减少教育机会的平等性，因为在经济落后国家的贫穷出身子女或发达国家的贫穷者，必须在申请入学之前考虑教育的机会成本。大多数情况下，他们会放弃入学的机会，或只是申请初级的教育。竞争入学是通过考试来取得入学的机会。竞争入学普遍用于高等教育与高中教育招生过程中。竞争入学考试命题的科学性（信度、效度、难度、区分度）都会影响教育机会平等程度。我国目前招生制度中，小学及初中按照普及义务教育的精神采取的是强迫入学制度，高中与大学主要采取的是竞争入学制度。但是由于法制的不健全以及人们法制观念的淡漠，小学和初中的强迫性入学制度并不能充分实现所有适龄儿童都入学的宗旨。另外，在不少地区由于经济条件限制，甚至还不能保证所有小学毕业生进入初中阶段学习。在大学竞争考试制度中，也存在着城乡差别，重点中学和非重点中学办学条件的差别影响高中毕业生教学质量的差别，以及试题科学化程度等因素所造成的机会不均等现象。

（三）教育经费分配制度

教育经费的分配制度对全民教育和教育机会平等的实现过程也有影响。首先，教育经费的多少直接影响教育机会的平等。人类教育事业的发展以一定的经费为必要前提。一个国家，一个民族的教育经费投入政策，特别是以普及义务教育为主体的基础教育投入比例，直接影响该国家公民教育的广泛性和层次性。研究表明，世界上普及义务教育优先的国家，其教育经费在国民生产总值中的比例都很高。其次，教育经费的内部分配政策对教育机会的扩大影响最为显著和直接。因为一个国家，一个民族教育经费的总投入高，还不能完全影响教育机会的平等程度，而其最终效果取决于教育投入的目的性及其内部分配比例的不同。

表 4-1　日本：国家提供的学校教育经费按教育阶段分配情况

类型 / 年份	学校教育经费计（亿日元）	幼儿园教育经费（%）	义务教育经费（%）	高中教育经费（%）	高等教育经费（%）	其他经费（%）
1950	1534	0.9	68.8	12.6	16.2	1.6
1955	4075	2.6	64.0	15.7	16.0	2.3
1960	7027	1.7	60.2	17.7	17.6	2.8
1965	16517	2.1	51.1	21.4	22.2	3.1
1970	32373	2.9	53.5	19.0	21.4	3.2
1975	88088	3.7	56.1	18.5	19.6	2.0
1979	136919	4.1	55.0	18.2	20.4	2.4

资料来源：《现代日本经济事典》，转引自江苏省教科所编的《〈中华人民共和国义务教育法〉学习参考材料》。

表 4-2　西德教育经费的来源及分配情况（1975 年数字）

类型 / 区域	占总支出（%）	初等教育（%）	中等教育（%）	高等教育（%）	继续教育（%）	其他教育领域（%）	促进科研方面（%）
联邦	8.3	6.1	0.9	10.5	10.4	49.0	45.9
州	71.3	36.5	71.5	89.5	31.9	50.8	48.0
地方	20.4	57.4	28.2	—	57.7	0.2	6.1

资料来源：《教育、经济、人口统计资料汇编》，《杭州教育》（季），转引自江苏省教科所编的《〈中华人民共和国义务教育法〉学习参考资料》。

一般来说，以培养高级管理人员和高级技术人员等功利性为目的的投入及其分配，比较注重高等教育以及应用技术教育的投资比例；而以提高劳动者的文化素质为目的的投入及分配政策注重对基础教育的投入。两者相比，前者以效益为最高原则，后者则以公正为最终宗旨。有人认为，符合效益原则的投入是为了长远的公正和平等。对此人们认识尚不统一。但是从发达国家的经验看，整个教育投资分配的比例仍然是倾向于低重心，即以基础教育为重点。尤其日本和西德自第二次世界大战以来，教育的投资分配比例始终以普及教育为重点。

再从发展中国家教育经费投入的历史经验教训来看，长期以来，大多数发展中国家由于以往科学教育文化的落后，非常缺乏高级管理人员和高级科技人员，急需多培养出这些人才，所以往往把发展高等教育列为教育投资的重点对象，不仅投资所占比例很大，而且增长速度最快。据统计，发展中国家初等、中等与高等教育之间的相对费用结构为1:4:5，苏丹和印度的高教投资甚至分别达到60%；就增长速度来看，1970～1977年，亚洲高等教育经费投入增长了14.7%，中等教育增长了5.1%，而初等教育只增长了3.1%；非洲高等教育增长了12.6%，中等教育增长了6.3%，初等教育只增长了4.4%。这种投资模式造成的结果是各发展中国家长期以来初等教育的发展难以实现预期的目标，实现普及义务教育的进程也往往拖的时间较长。

二、教育过程与教育机会

教育制度的变革为实施全民教育、促进教育机会平等创造的主要条件是扩大了入学机会的均等程度，使更多的身份不同的儿童获得了接受教育的权利。由于实施全民教育，推进教育机会平等的动态特征，20世纪七八十年代以来，人们已把学生学习成就的机会平等看作教育机会平等的又一重要特征。因此，教育过程是否能够促进学生学业成就机会均等，是一个被人们广泛重视的问题。教育过程本身也就成为促进教育机会平等进程的重要因素。如果把教育过程作为又一个子系统，它还包括师生关系、教育语言、教育课程（内容）等因素。

（一）师生关系

在学校生活中的诸多因素中，师生两个群体间的互动作用与实现教育目标的关系最为密切。因为，课堂并不是一个简单的知识传授场所，课堂教学活动实际上是一个具有复杂刺激信息的小社会环境。在这个小社会环境中，教师与学生的阶级背景、个性、彼此的期待和要求等多种因素都影响学生的入学率、教学的效果乃至学生学业成就的机会平等。

首先，教师队伍的数量影响学生的入学机会。因为教师数量多少是决定招生人数多少的基本依据之一。在一些不发达国家和地区以及发达国家的偏僻乡村和落后地区，师资数量对教育机会的扩大影响就更大，甚至具有决定性作用。

其次，教师的质量是影响学生学习成绩的关键因素之一。教师的思想品德、专业训练程度、教育科学素养、教学艺术以及教师对学生的态度和期望都将深深地影响学生的学习成就。因此，城乡及不同地区、不同学校教师质量的差别，在实际上就意味着不同地区、不同学校学生学习成就机会的不平等。

再次，在同一学校、同一班级，教师对不同学生的不同态度和期望也常常造成学生之间的成就差异。教育社会心理学中关于罗森塔尔效应的研究已充分证实了这一点。在许多地方的教育实践中积累的经验还表明，教师对学生的态度，也是稳定学生巩固率，防止学生中途辍学的重要因素之一。

最后，师生关系中尊师爱生的良好程度，教学中教师的诱导和强制，教师对课堂的控制，都影响学生的学习成就。实践证明一切破坏师生之间正常关系中的粗暴、不尊重人格的行为，如对后进生的惩罚、训斥，都会破坏学生对学习的兴趣和信心，或是造成学习成绩下降，或是造成厌学，甚至辍学等。

（二）教育语言

教育语言的选择是影响实施全民教育和促进教育机会平等的又一因素。解释论学派的伯恩斯坦认为语言代表了阶级地位和社会地位。他认为不同语言代码的使用会导致学校内教育机会不均等，因此他主张要重视学校内部的教学内容和语言组织，这里权且不去证实伯恩斯坦的理论是否具有普遍意义，它的理论至少说明了教育过程中语言占据重要的地位。

如果进一步扩大范围，语言在不同民族的教育中，就更为重要。实践证明，用本民族语言进行初等教育要比第二语言效果优越。在少数民族教育中使用民族语言教学，不仅能够促进学生学习成就，而且有助于扩大入学率，调动少数民族儿童学习的积极性。

20 世纪 60 年代以来，各国纷纷把教学语言的问题作为消除教育机会不平等的一个主要因素来对待。美国根据 1965 年“初等和中等教育条例”第 7 条制订了“双语教育计划”，1967 年又作了修正。1969 年，还投入 750 万美元用于实施“双语教育计划”。理查德·科默（Kolm）在《种族研究与平等》一文中认为：双语教育实施的意义不仅仅在于给少数民族和种族获得了母语和英语技巧，以便更多地掌握知识，更重要的意义在于两种不同文化的交叉使得学生在文化上取得更多的认同，从而有利于在多元文化的社会中生存。①

（三）教学方法与教学组织形式

夸美纽斯班级授课制形式的提出，极大地改变了传统个别教学对教育对象扩大的限定性，是人类实施全民教育、促进教育机会平等的重要里程碑。大约400年后的今天，虽然有人认为班级标准制不能充分地实现“因材施教”，但仍然未能寻找出一条更好的教育组织形式。

教学方法对于学生成就的提高具有举足轻重的作用，方法得当，“事半功倍”，方法不当，“事倍而功半”。对于教学方法的意义，自古以来人们就有过深刻的认识。当今教育家提出了“发现法”、“最优化法”乃至“掌握学习法”等，但是，如何使学生学业成就取得机会上的均等，仍然是当今教育理论上的一大悬而未决的难题。正如“经济合作发展组织”（OECD）教育事务助理巴巴德彼勒斯（Papadopoulos）所说的那样，“在学校至今尚没找到能使教育机会均等这一普遍接受的概念及策略转变成有效的教学法实践的灵丹妙药”。② 现代教育技术学的崛起正引起世人的关注，上述矛盾是否能够在这门新学科的带动下圆满解决，还有待于未来的实践去检验。

（四）教学中的师生参与和教育机会平等

教学活动过程是一个师生为活动主体的双边活动。因此，民主性的教学过程必定以师生的积极参与为前提。教师是教学的主要引导者，教师的积极参与是教学过程顺利进行的前提条件之一。显然，没有教师的参与，就不会有成功的教学；没有教师对待每一个来自不同家庭、出身、文化背景的学生的公正态度，学生是绝不可能公平发展的。另外，学生的积极参与也是教学过程取得成功的必要前提条件之一。罗马俱乐部的报告书《学无止境》中认为：“参与性是创造性学习的基本特征之一。”学生积极地参

---

① 安德鲁·科潘. 教育平等的再思考（英文版）[M]. 纽约：美国大学出版社，1974：66－68.

② 巴巴德彼勒斯. 西方世界教育改革的趋势——当前的争论［G］//世界教育展望（文集Ⅱ）. 北京：教育科学出版社，1983：114.

与教学过程本身就是具有民主精神的行为。调动所有儿童的积极参与意识是教学过程走向平等的重要手段之一。在广泛参与过程中，每个学生与教师关系的改善，每个学生之间关系的改善，毫无疑问都将有利于推动和造就教学中学习成就的平等。

师生参与过程中的师生关系问题，是一个古老而又复杂的问题。1986年10月，苏联教育界就教育中的师生关系问题展开过激烈的辩论。“合作教育学”的倡导者们极力主张把“人的世界和人的关系”还给教育。要求“解放儿童”，“解放教师”，建立新型的民主平等的师生关系。“合作教育学”的这些主张对建立师生参与中的良好民主平等关系是有启发意义的。在师生关系问题上我国一直坚持主张要发扬我国教育历史上的优良传统，即建立“尊师爱生”、“教学相长”的良好师生关系。在《中华人民共和国义务教育法》及《中华人民共和国教育法》中都规定全社会和学生（受教育者）“应当尊敬教师”，学校和教师应当“爱护学生”。我认为这是最合理的平等的良好的师生关系。

三、受教育权、教育法、教育义务

受教育权、教育法、教育义务是实施全民教育和促进教育机会平等的内部因素，构成了内部制约条件。

（一）受教育权

受教育权作为公民权的重要组成部分，被人类自觉地加以追求的历史非常曲折。这与人类自身权利意识产生的漫长、艰难的过程及历史条件的局限直接有关。原始社会是一个平等的初级社会，人们的各种权利是平等的，所有儿童在劳动中享受着相同的教育机会，实际上无所谓受教育权利问题。奴隶社会产生了私有制和不平等，学校教育机会和权利被极少数人所垄断，“学在官府”、“学在寺庙”、“学在宫廷”都曾是形象的历史写照。特别是黑暗的封建社会，人民的权利不但受到任意的践踏，而且统治阶级向劳动人民进行大量的封建迷信和宗教宣传，对人民实行专制，造成了民众尊君至上、听天由命、逆来顺受的普遍心理。即使极少数人意识到人身权利，也难以成为当时整个社会成员的共识。因此，在奴隶社会、封建社会，受教育权还不可能作为人类社会迫切追求的自身权利。

受教育权成为人类自觉强烈追求的目标是在资本主义社会萌芽之后。与此直接相关的有两个主要因素。一是资本主义大工业生产的发展，资本家需要雇佣的工人具有一定的文化和技术，教育的功能得到加强，教育成为社会生产者必备的条件；二是西方社会文艺复兴和宗教改革运动的兴起，对受教育权利意识的弘扬和追求产生了极大的推动作用。马克思、恩格斯领导的无产阶级革命运动，又从更高的层次上进行了争取教育权利的革命实践。进入20世纪之后，受教育权成为广大社会主义国家予以法律保障的公民权利，甚至联合国1948年通过的《世界人权宣言》也确立了受教育权利的重要地位。《世界人权宣言》在第26条中关于受教育权利的规定有三个方面："一、人人都有受教育的权利。教育应当免费，至少在初级和基本阶段应如此。初级教育应属义务性质。技术和职业教育应普遍设立。高等教育应根据成绩而对一切人平等开放。二、教育之目标在于充分发展人的个性并加强对人权及基本自由之尊重。教育应促进各国、各种族或各宗教团体间的了解、容忍和友谊，并应促进联合国维护和平的各项活动。三、父母对其子女所应受之教育的种类，有优先选择的权利。"①这一切都标志着人类对受教育权利的理想和追求乃至实践达到了一个新的境界。实践证明，人类对于受教育权的自觉意识和追求是全民教育实践的重要动力。可以预见，随着人类对教育权认识的进一步深化，社会革命的进一步发展，广大发展中国家的广大人民争取生存和发展权利斗争觉悟的进一步提高，促进人类社会教育机会平等的历史进程必将会获得新的飞跃。

（二）教育法

受教育权作为人权的重要部分为人们所自觉意识和追求，在一定程度上推动了全民教育和教育机会平等的历史进程。但是如果仅仅限于人们的主观愿望，而没有法律和制度上的保证，其平等性质难以在实践中得到保证。对于实施全民教育和促进教育机会平等的历史实践，教育法主要有以下几个功能。第一，教育法能够从法律制度上保证受教育权的实施，为教育机会的平等提供法律上的保障；第二，教育法使受教育权利成为公民行

① 刘复之．人权大辞典［G］．武汉：武汉大学出版社，1993：829．

为的规范之一；第三，教育法能够在一定程度上对社会有关方面进行协调和制衡，有助于教育机会平等精神的贯彻、实施；第四，教育法有助于保证和巩固实施全民教育和促进教育机会平等进程中的已有成果。

从各国教育法形式与实施的历史实践过程看，各国往往是通过宪法，使教育机会平等作为一个原则被确定为教育的根本指导思想。法国于1789年通过《公民权利宣言》。在此宣言精神指导下，法国公共教育委员会主张每400户居民，得设立一所初等学校，并提议全国教育系统应将教育权以平等机会给予妇女，而且应当免费。

在美国，由于受杰佛逊（Thomas Jeffeison 1743～1826年）及贺拉斯·曼思想的影响，1803年，俄亥俄州首先在其宪法中规定：公民接受教育的权利不应当由于后天的因素而造成差别。

日本宪法第16条规定："凡国民均按法律之规定，按其能力有受均等教育之权利。"

韩国宪法第27条规定："国民均有依其能力接受平等教育之权利。"

西德宪法第2条规定："人人有自由发展其人格之权利。"

意大利宪法第34条规定："学校对于一切人皆应公开。初级教育为强迫免费教育，其时间至少八年。"

巴西宪法第166条规定："教育为每人之权利。"

巴拿马宪法第78条规定："初级教育为义务教育。公立之预备、初级及中等教育，不论其年级及种类，一律免费。预备及初级教育之免费，包括由国家供应教导学生所需之一切用具。"

波兰宪法第61条规定："波兰公民有受教育之权。"

除了宪法的原则规定外，各国普及义务教育是保证公民教育权利和机会平等的最有效法规。人类社会从1619年第一部义务教育法的颁布实施到现在，各国义务教育法的体系、内容日益完善和充实，特别是教育民主化已成为各国义务教育法的主要指导思想。大多数国家的义务教育法不仅强调教育的入学机会平等，而且还制定了有关法规条款以促进教育过程中学生受教育待遇与成就的机会平等，甚至提出了促进教育后社会就业机会均等的措施。这都有力地推动了教育民主化的历史进程。

（三）教育义务与教育权利的辩证统一关系

仅仅有对教育权的自觉意识和教育法对人们受教育权利规范的制定，并不能成为推动教育机会平等进程的绝对条件。只有当受教育权、教育法与广大人民的教育义务观念有效地结合起来，才能成为实现教育机会平等的有效条件。

公民教育权利与教育义务是辩证统一的关系。没有无义务的权利，也没有无权利的义务。公民在享受教育机会和权利的同时，就承担着一定的义务。如果只强调公民的权利，而不承担相应的义务，那么这种权利实际上是反民主的，是以损害多数人的利益为代价的。在实施全民教育和促进教育机会平等的历史上，有一些国家不仅为公民教育机会和权利的实现制定了法律法规，而且提供了优厚的物质条件，但普及教育仍然没有成功，这里的一个重要原因就是受教育权、教育法、教育义务没有有机地统一起来，有些人把受教育看作自己的权利，而忽略了这一权利另一面的义务。近年来，我国中小学在校学生大量流失，雇用童工现象屡禁不止，是教育义务观念薄弱的突出表现。

第二节 实施全民教育及促进教育机会平等外部条件的分析

以上内部系统分析，使我们对实施全民教育和促进教育机会平等过程的内在因素有了一定的认识。但是实施全民教育和促进教育机会平等远远不只是一个教育内部的问题，而是一个复杂的社会历史实践问题。实施全民教育和促进教育机会平等不是一个孤立的子系统，它与其他系统不断地相互影响。事实上人类追求教育机会平等历史实践的艰辛历程，也充分证明，实施全民教育和推进教育机会平等的历史进程不仅受约于其内在系统的条件，而且主要是受约于系统外部的各种条件。也正因为如此，一些发达国家虽然实现了高等教育的迅速发展和普及，但与广大人民所理想的全民教育目标以及实现真正的教育机会平等仍然相距甚远。

对实施全民教育和推进教育机会平等内部系统产生联系和影响的外部

条件是多方面的，但最主要的是社会的政治、经济、文化、家庭等因素。

一、社会经济发展及其经济制度

恩格斯曾经指出："一切社会变迁和政治变革的终极原因，不应当在人们的头脑中、在人们对永恒的真理和正义的日益增进的认识中寻找，不应当在有关的时代的哲学中去寻找，而应当在有关的时代的经济学中去寻找。"① 这是历史唯物主义研究一切社会问题最基本的方法论原则。这对我们今天研究和考察全民教育和教育机会平等问题仍然具有重大的现实指导意义。20 世纪 60 年代以来，西方社会学、教育学、经济学理论研究者也很重视从经济发展状况来探讨教育机会平等问题。舒尔茨的"人力资本理论"就曾充分考察了教育机会与人力资源的相互关系。1964 年，舒尔茨发表的《农村地区教育质量方面的投资不足》一文，最早从经济发展的角度讨论了美国农村地区的教育机会的不平等现象。

（一）社会经济发展水平与实施全民教育和促进教育机会平等

实施全民教育和促进教育机会平等的历史实践表明，实施全民教育和促进教育机会平等历史进程与经济水平有着十分密切的关系。特别是资本主义产生以来，社会物质生产力的迅速发展对实施全民教育和促进教育机会平等产生的推动作用极其显著。

社会经济发展水平对实施全民教育和促进教育机会平等进程的影响，集中反映在人类教育普及的程度、范围、速度及其规模的制约作用上。社会经济发展水平对教育普及的程度、范围、速度及其规模具有最直接和贯穿始终的决定作用。之所以如此，是因为社会经济发展水平从根本上决定了社会用于教育普及过程的经费支付能力。显然，社会经济水平发展越高，普及教育经费的支付能力越强，教育普及的可能性也就越大。对此，由西方 21 国组成的"经济合作发展组织"（OECD）曾进行的具体研究表明：经济发展水平直接影响入学机会。人均国民生产总值与在学率之高低关系十分密切。在人均国民生产总值较低的国家，多数青少年在接受若干年基础教育之后不再升学，主要原因在于进一步求学的机会成本太高。而

---

① 中共中央马克思恩格斯列宁斯大林著作编译局. 马克思恩格斯选集（第 3 卷）［G］. 北京：人民出版社，1972：425.

在人均国民生产总值较高的国家，青少年在接受基础教育之后，大多数能够进入较高层次的教育机构接受教育。这一方面是因为人均国民生产总值较高的国家经济与社会发展需要高层次教育的人才，另一方面是因为社会与个人的教育负担能力有一定的保证。① 毫无疑问，这一研究结论符合人所共知的教育基本原理。但是，还必须看到，构成人类世界的不同国家、不同地区、不同民族由于经济发展的不平衡，往往又造成了更大范围内的教育机会的不平等。联合国教科文组织的研究表明，1985 年经济发达国家初等教育(6 ~ 11 岁)、中等教育（12 ~ 17 岁）、高等教育（18 ~ 23 岁）的毛入学率分别是 102.3%、87.9% 和 33.1%，而发展中国家分别只有 97.8%、37.7%、6.4%，分别比经济发达国家低了 4.5、50.2、26.5 个百分点。② 另外，1980 年工业化国家的文盲只占全部人口的 3%，而非洲却高达 60% 之多。更为不幸的是，世界上不发达国家教育普及的经费在显著减少。从 1980 年起，在世界最穷的 37 个国家中，用于每个学生的费用减少了 25%。1990 年 3 月召开的世界全民教育大会一致认为，造成上述结果的重要原因之一就是外债问题。据估计，1987 年，发展中国家的长期外债（主要是欠发达国家的债款）约达 4850 亿美元，这使得一些发展中国家不得不削减用于卫生、食品补贴和教育普及的费用。正因为如此，世界全民教育大会把削减发展中国家外债问题看作会议的重要议题之一。

关于经济发展水平对全民教育和教育机会平等的影响，原国家教委国家教育发展研究中心进行的一项关于农村普及教育问题的研究结果，也很能说明问题。该研究结果认为，经济发展水平同教育普及程度之间呈明显的正比关系。该研究对 1989 年全国通过义务教育验收的 1550 个县的农民人均收入进行了类型分析，发现农民人均收入水平处于贫困线（300 元人民币）以上的县普及初等教育通过验收的比例要高出贫困线以下的县的 5 倍左右。

① 盖浙生. 教育经济学［M］. 台湾：三民书局，1982：88.

② 李守信. 中国教育发展问题的研究［M］. 北京：中国计划出版社，1988：350.

表 4－3　农民人均纯收入不同水平的县初等教育通过验收的情况（1989 年）

		初等教育通过验收的县				初等教育未通过验收的县			
		县　数		县乡村人口		县　数		县乡村人口	
		个	占全国（%）	万人	占全国（%）	个	占全国（%）	万人	占全国（%）
		1550	71.4	65517.2	80.1	619	28.5	16267.2	19.8
农民人均纯收入三百元以上的县	小　计	1418	65.4	61354.7	75.0	422	19.4	10014.1	12.2
	其中：1000 元以上	66	3.1	2713.6	3.3	9	0.4	21.8	0.03
	800～1000 元	80	3.7	3183.0	3.9	14	0.6	83.1	0.1
	600～800 元	350	16.1	15504.1	19.0	54	2.5	843.8	1.0
	400～600 元	666	30.7	29376.7	35.9	185	8.5	4710.3	5.8
	300～400 元	256	11.8	10557.3	12.9	160	7.4	4355.1	5.3
农民人均纯收入三百元以下的县	小　计	132	6.0	4182.5	5.1	197	9.1	6253.1	7.6
	其中：200～300 元	116	5.3	3811.0	4.7	144	6.6	4758.0	5.8
	200 元以下	16	0.7	371.5	0.4	53	2.5	1495.1	1.8
数据不详（1）		（12）	—	—	—	（18）	—	—	—

注：（1）“数据不详”未包括在总计数据内。

资料来源：国家教委国家教育发展研究中心：《研究动态》总第 46 期。

总之，人类社会经济发展在总体趋势上推动着教育机会平等的历史进程。但是，由于世界各国以及不同地区和民族经济发展的不平衡所造成的更大范围的区域性教育机会不平等，仍将是人类社会促进教育机会平等的历史实践的重大障碍之一，也是今后人类需要克服的主要难题之一。

（二）教育需求程度与实施全民教育和促进教育机会平等

马克思指出：“理论在一个国家的实现程度，取决于理论满足这个国家的需要程度”。① 由此我们认为，实施全民教育和促进教育机会平等无论作为观念形态还是实践形态，它在不同历史时期的不同国家、不同地区、不同民族乃至不同阶级的实现程度，也在根本上取决于实施全民教育和促进教育机会平等满足现实需要的程度。社会对实施全民教育和促进教育机会平等的现实需求程度越高，就越有助于推动教育机会平等的历史进程。人类社会对实施全民教育和促进教育机会平等的需求是推动教育机会平等历史实践的永恒动力。

社会经济发展不仅对实施全民教育和促进教育机会平等的实现提供了物质基本条件，而且还作为一个重要的社会因素对实施全民教育和促进教育机会平等的实现程度不断提出新的要求，进而推动实施全民教育和促进教育机会平等的实践进程。

社会经济发展对实施全民教育和促进教育机会平等的需求程度主要来自两个方面。首先是社会生产力的状况。在不同生产力水平的社会，对实施全民教育和促进教育机会平等的需求程度不同。在生产力落后的农业社会，生产技术比较单一，人们从事简单的手工操作，并不要求劳动者具备较高的文化知识和科学技术水平。由此产生的教育需求程度很低，教育也显然不可能成为整个社会各个方面的普遍要求。但是，随着资本主义大工业的发展以及社会主义社会的诞生，生产力发展对教育的需求程度日益增强，教育满足社会的方式和程度发生了巨大的变化。近现代教育史上，日益蓬勃高涨的普及义务教育制度的产生和发展，就是在很大程度上由于社会生产力的强烈变革而造成。其次是社会经济发展对全民教育和教育机会平等的需求程度还表现在个人的需求方面。人是社会生产力的根本要素，个人对实施全民教育和促进教育机会平等的需求程度主要取决于以下几个因素：第一，个人的家庭经济状况。家庭收入的微薄和富裕程度往往影响该家庭子女接受教育愿望的强烈程度和实现的可能性。尽管在不同性质的社会制度下，家庭收入对子女求知愿望的影响程度不尽相同，但是由于家庭收入的不足而加剧学龄儿童放弃入学机会的总趋势是一致的。联合国教科文组织关于当代世界各国家庭经济收入对其教育需求影响的研究表明：由于发展中国家家庭经济收入普遍低于发达国家，其结果是发展中国家辍

① 中共中央马克思恩格斯列宁斯大林著作编译局. 马克思恩格斯全集［G］. 北京：人民出版社. 1979.

学现象及其人数远远高于发达国家。联合国教科文的统计数字还进一步表明，发展中国家的童工比例也远远高于发达国家。20 世纪 60 年代的巴基斯坦 10～14 岁的童工占该年龄段儿童总数的 50% 以上；泰国男性童工达到 40.5%，女性童工达到 50.6%。我国近年来一些省区童工问题也十分严重。这与家庭经济收入以及社会价值观念的变化密切相关。

需要说明的是，尽管长期以来，有很多学者认为：教育需求的扩展是达成教育机会平等的重要策略，因为，教育需求及机会的扩展，使各个阶层的子弟接受教育的时间得以延长，尤其中下阶层子女接受教育的终止时间向上延伸，学习的动机与成就逐渐提高。但是，也有一些学者对教育需求与教育机会的正相关关系表示怀疑。如乌尔福来根据分析认为个人的智慧程度、学习意愿及家长的社会经济背景是影响教育需求的重要因素。否则，社会虽然提供了教育的机会，也对个人助益不大。安德森也主张这一观点。

（三）社会经济制度与全民教育和教育机会平等

当然，也并不是经济发展水平高就能够实现全民教育和教育机会的平等。事实上，实现人人机会平等的教育，还要取决于社会经济制度。因为，一切民主都只能是建立在一定的经济基础之上。只有首先实现了经济制度的民主和平等，才有可能真正地实现教育机会的民主和平等。

社会经济制度是社会生产关系的总和，它决定着社会的性质，进而也决定着教育机会平等的进程。资本主义社会相对于奴隶社会、封建社会，是一个比较民主的社会，社会的生产力有了较大的发展，特别是经过社会各阶层包括无产阶级的长期努力，资本主义社会在教育普及程度上已经取得了相当可观的成就。但是资本主义社会在教育机会上还存在着根本的不平等。资本主义社会教育机会不平等的根本原因不是别的因素，正是资本主义社会经济制度的不平等。在资本主义社会经济制度下，资产阶级实行垄断并利用生产资料的所有权，剥削雇佣工人的剩余价值，少数资本家攫取了社会绝大部分的财富，并且尽可能利用它们操纵整个社会。因此，尽管资本主义的维护者们声称资本主义民主是人类最高的民主，但其民主的垄断性和欺骗性是无法永久掩盖的。恩格斯曾经深刻指出：“资产阶级鼓吹的平等是在富人和穷人不平等前提下的平等，即限制在目前主要的不平等范围内的平等，概括地说，就是简直把不平等叫做平等。”①

下面关于欧洲国家以及法国教育机会平等程度的实证研究能够进一步说明资本主义教育机会平等的局限性。

表 4-4 法国按不同家庭背景统计的 11~12 岁学生接受一般中等教育的升学率（%）②

家长职业	一般教育学校*	公立中学	升入六年级总计
无职业者和职业不明确者	23	14	37
农场工人	21	11	32
农场主	24	16	40
工业工人	29	16	45
手工业者和零售商	34	32	66
公职人员	34	33	67
中层职员	29	55	84
自由职业者	23	67	90
高层职员	19	75	94

* “一般教育学校”是一般中等教育的第一阶段；在一般中等教育的前四年中，它设有和传统的公立中学现代班处于同一水平的所谓短期课程。某些一般学校也设置了公立中学古典班的课程。和传统的公立中学形成对照，一般教育学校的师资系由小学教师组成（他们中的大部分都接受了特别培训）。在一般中等教育的第一阶段内，这种综合学校的建立，导致了一般教育学校结构的改变。

资料来源：吉拉尔，巴斯梯法，普尔歇：《对升入六年级学生的国民调查和教育民主化》摘自《人口》杂志，1963 年，1~3 月第 1 期。

从表 4-4 和表 4-5 我们可以充分看到法国社会教育机会均等的状况。表 4-4 的最后一栏反映的是不同家庭背景对子女升入中学的机会影响。表 4-5 反映了家庭背景和学生进入各种典型的教育机构之间的关系。

---

① 中共中央马克思恩格斯列宁斯大林著作编译局. 马克思恩格斯全集（第 2 卷）［G］. 北京：人民出版社，1959：648.

② 塔帕斯·马久姆达. 新教育经济学导论［M］. 北京：中国财政经济出版社，1987：141.

表 4－5　法国 1961～1962 年中等学校学生和大学生的社会背景（%）①

家庭背景 / 分布情况	农场主	农场工人	商业企业和工业企业经理			自由职业者和高层职员	中层职员	工业和商业雇员	工业工人	管家	无职业者	其他
			工业	商业	手工业							
古典班和现代班的公立中学	6.5	1.2	2.1	9.2	5.3	17.1	15.9	17.1	15.9	1.2	2.5	6.1
公立技术职业中学和类似教育机构	6.0	1.7	1.7	7.4	6.1	5.7	11.1	17.4	32.5	2.0	3.4	5.0
一般教育学校	10.1	2.7	0.8	7.4	6.3	2.4	10.6	16.7	35.0	1.8	1.8	4.5
技术教育学校	6.0	3.9	0.5	3.8	4.6	1.4	5.5	11.9	49.9	3.1	3.9	5.4
大学（学院）高等教育	5.6	0.6	4.0	9.7	3.9	28.5	17.8	8.0	6.4	0.9	7.0	7.6
该社会背景学龄青年在全部学龄青年中所占比重（1962年）	15.7	4.3		10.4		4.0	7.8	12.6	36.7	5.4	3.1	

＊不包括为重点学校培养对象的班级的学生。

资料来源：《统计资料》，60～61 期，1964 年 6～7 月。

关于资本主义社会教育机会的不平等实质，前面提到的冲突论学派的代表人物柯林斯、鲍顿以及詹克斯等人都进行了深入研究，他们还认为教育机会平等不是教育改革范围能够解决的问题，要实现真正的教育机会平

① 塔帕斯·马久姆达. 新教育经济学导论［M］. 北京：中国财政经济出版社，1987：142.

等，必须首先进行彻底的社会改革。瑞典托尔斯顿·胡森在进行长达25年的调查之后认为："教育改革必须与社会和经济改造协调一致。的确，不在整个社会制度中首先和同时建立社会平等，要在教育制度方面实现更大的机会平等是不可能的。"①可见，由于社会经济制度所造成的资本主义社会教育机会的不平等，连西方资产阶级学者也直言无讳。

社会主义经济制度是建立在人人平等和生产资料公有制基础上的，它对于教育机会平等的实现具有重要的影响，同时也决定了社会主义社会教育机会平等的性质。社会主义经济制度保证了人民群众在更广泛的范围内享有民主权利的现实性。在教育上，无产阶级及广大劳动人民群众有了更充分的权利和机会。1972年，联合国教科文组织发表的著名报告《学会生存》中赞扬社会主义制度的国家对教育机会平等的高度重视。报告中引用的一段文字指出："由于政权的变换，在所有的社会主义国家中，我们可以看到入学总人数的急骤增加和学生社会阶层的深刻变化。……入学人数的增加和比较民主地吸收学生，这种非常普遍的双重运动构成了社会主义制度的一个本质的特点。"②世界银行考察团认为，对于中国这个社会主义国家过去的发展战略和目前的体制，"总的来说，创造了一个极为平等的社会"。③ 西方学者约翰·高尔通在其《教育的发展和教育的差别》一文中也曾写道："对于平等，我们考虑更多的是最终结果——把社会建设得只允许存在最低限度的权利和特权的差别。这种社会的唯一具体例子大概就是中国。"④社会主义制度对教育机会平等所奠定的条件无疑要比资本主义优越。当然，必须承认社会主义国家由于其生产力目前发展水平的暂时局限，走向教育机会平等的现实道路仍然十分艰巨。

（四）地区经济开发程度以及资源分配与全民教育和教育机会平等

由于历史的原因，不同地区的经济开发进程往往快慢不同，开发的程

① 查尔斯·赫梅尔. 今日的教育为了明日的世界［M］. 王静，赵穗生，译. 北京：中国对外翻译出版公司，1983：85.

② 联合国教科文组织. 学会生存［R］. 上海师大外国教育研究室，译. 上海：上海译文出版社，1979：112.

③ 世界银行经济考察团. 中国：长期发展的问题和方案（主报告）［R］. 北京：中国财政经济出版社，1987：42.

④ 同①，第76页。

度也有高有低。同时由于各地区的资源分配多寡不一，往往也会造成教育机会的不平等。城市地区常常要比乡村地区拥有较多的资源，经济开发的时间一般比较早，程度也往往高于乡村许多倍。在此条件下的教育发展程度也必须相应地高于乡村地区。教育机会平等的实现程度不仅在数量上，而且在质量上都远远高于乡村地区。我国的东南沿海地区以及内陆部分经济开发较早的地区，各类教育发展水平与所能提供的入学机会也高于内陆与西部待开发地区。

（五）实施全民教育和促进教育机会平等对社会经济发展的影响

实施全民教育和促进教育机会平等的历史实践不仅受约于社会经济的发展、变化，反过来，实施全民教育和促进教育机会平等的历史实践也影响社会经济的发展。

现代教育经济学的研究充分证明：教育可以通过知识、技能等方面的传授以及智力的培养，提高个体的生产能力和增加收入的能力以及改变自身经济地位。鉴于教育的上述功能，现代社会中实施符合个别差异的相等机会的教育，意义就更为重大。否则，教育就会成为促进社会不平等的因素。

（六）几点启示

综上所述，社会经济发展直接影响着实施全民教育和促进教育机会平等的实现程度。经济发展水平奠定了实施全民教育和促进教育机会平等的基本物质条件；社会经济发展对教育的需求程度构成了促进教育机会平等的重要动力因素；社会的经济制度又从根本上决定了教育机会平等的性质。

社会经济发展与实施全民教育和促进教育机会平等进程的密切关系对我们具有重要的启示。

第一，我国是一个社会主义国家，实施全民教育和促进教育机会平等应当成为我国教育改革的重要目标之一。

第二，社会经济发展水平对教育机会平等的历史进程具有决定性的制约作用，因此，我国现阶段，必须毫不动摇、坚持不懈地大力发展社会生产力。

第三，要不断完善社会主义经济制度的民主机制，努力实现更加平等的经济制度。

第四，要大力开发我国经济贫困地区资源，为发展教育事业创造条件。根据我国各地区经济发展不平衡状况，我国普及义务教育应当按照各地区实际情况分阶段地提出实施目标和要求，最终达到全国实现《义务教育法》所要求的九年制义务教育制度。既要加快发展教育事业，又不能“一刀切”。总之，积极、稳妥地普及义务教育，同时国家也要不断地推进教育改革，促进各级各类教育协调发展，促进教育质量提高，以适应社会主义市场经济发展和社会进步的需要。

二、社会政治制度民主化与全民教育和教育机会平等

社会政治制度的民主是民主的最原始和最根本的含义所在。在阶级社会中，社会政治制度相对于社会经济制度而言，是指在一定社会经济基础之上形成的一定政治组织、政治关系、法律、规范及意识形态共同构成的一定社会的政治制度。政治制度与经济制度，又一并构成了社会的根本制度。教育作为人类重要的社会实践活动与社会政治制度具有着十分密切的关系。教育总是为统治阶级所掌握，并为统治阶级利益服务的。教育机会平等与政治制度民主化关系就更为直接。特别是在当今人类社会走向更加多元化发展的时代，全民教育和教育机会平等的历史进程与社会政治制度民主的相互关系比历史上任何时候都更加显著，更为深刻，更为广泛。

（一）社会政治制度与全民教育和教育机会平等

社会政治民主制度是建立富有民主精神的政治制度的社会实践过程。在不同性质的社会，政治民主制度建立过程及其本质都具有不同的特征。正如马克思所说，世界上没有抽象的民主，只有具体的民主。在古希腊，民主的政治制度的实现是指由奴隶主包括自由民掌握国家政权。而资产阶级民主政治制度是指议会制度的建立、两党制（或多党制）、三权分立等，以及公民在形式上享有选举权、被选举权以及言论、出版、集会等民主权利的实现。这种资产阶级民主，实质是垄断资产阶级专政。社会主义政治制度的人民民主，是以工人阶级为领导的全体人民群众能共同享有对生产资料的不同形式的所有权、支配权，并在此基础上，享有管理国家的最高权力，人民是国家的主人，是无产阶级专政或者叫人民民主专政。这种社

会主义民主是全国人民大多数人的民主，要比资产阶级民主进步得多。由此可见，政治制度的民主化过程及其性质带有鲜明的阶级性和历史性。

社会政治民主制度的阶级性和历史性特征无疑会影响到全民教育和教育机会的平等。历史实践充分证明：社会政治制度的民主程度制约着全民教育和教育机会平等的历史进程，无论是在全民教育和教育机会平等的理论形态还是实践形态上，教育都无法摆脱社会政治制度的影响。纵观人类社会政治制度与全民教育和教育机会平等相互关系的历史，其影响过程表现在以下方面。

第一，社会政治制度决定教育目的、教育对象、教育规模，尤其决定受教育对象的范围、受教育的程度。在阶级社会中，政治制度对教育机会平等的影响更为直接。政治上的不平等直接决定着教育机会的不平等。众所周知，在奴隶社会奴隶主统治下的学校根本谈不上教育机会民主的实现，学校专为奴隶主子弟开设，接受学校教育是奴隶主及其子弟的特权。中国古代的西周时期，规定国学（大学及小学）只有贵胄子弟才能入太学，其他人士只能进乡学。古代印度的奴隶制时代，法律明确规定，如果谁让低贱的首陀罗阶级接受文化知识教育，立即处以死刑。等级森严的封建社会，政治制度的反民主化程度达到登峰造极的地步。结构森严的封建等级制决定了教育的等级制，不仅广大的农民子弟没有接受教育的权利和机会，被排斥在学校大门之外，而且在统治阶级内部也因受政治制度的影响，教育的权利和机会也不平等。我国东汉的太学明文规定，从大将军到俸禄为六百石以上的官僚子弟才能入太学。唐代的各种学校也对入学者的社会政治出身与地位作了明确要求。“弘文馆”和“崇文馆”只有上层统治者（皇帝、皇太后、宰相）的子弟才能入学。“国子学”要求必须是三品以上官员子弟才可入学；“太学”要求五品以上官员的子弟方可入学；入“四门学”者必须是七品以上官员子弟；而八品以下官员子弟只能入算学、书学和律学。人类进入资本主义社会之后，政治制度的民主化进程取得了历史性的进步。“资产阶级的共和制、议会和普选制，所有这一切，从全世界社会发展来看，是一种巨大的进步。”① 与政治制度变革相伴随，资本主义社会教育机会民主化进程也得到有力的推动。资本主义社会不仅从法律上废除了

① 中共中央马克思恩格斯列宁斯大林著作编译局．列宁选集（第4卷）[G]．北京：人民出版社，1972：55.

封建教育的等级性，实现了教育机会平等的法定地位，而且，在工业革命和科学技术迅速发展的影响下，逐步开展了普及义务教育运动，建立了普及义务教育制度，从而使广大劳动人民子弟的入学机会有了较大的改善。但是，资产阶级所倡导的平等观，是不彻底的平等观，因为资产阶级社会政治制度的阶级性质没有彻底改变，而且它的经济制度以私有制为基础。因此，一旦当它取得了同封建贵族同等的权利或地位之后，又竭力维护其既得利益，而将广大人民的利益局限在一定范围之内。这种政治制度上的局限性，必然也限定教育机会的民主性。劳动人民子弟教育的入学机会、成就机会以及教育后的就业机会都不可能实现真正的平等。正如法国资产阶级学者让·托马斯批评的那样，在资本主义社会："教育面前的机会不平等是到处可见的最严重和最不可思议的问题。"①

社会主义的建立，以广大劳动人民和无产阶级根本利益为前提，政治制度的民主性是社会主义社会的本质特征。因此，社会主义政治制度的建立为实施全民教育和推动教育机会平等进程提供了非常广阔的前景。

第二，社会政治制度决定教育体制以及课程设置及具体的教育过程，进而影响受教育者取得教育成就的平等机会。封建社会、奴隶社会的单轨教育体制以及资本主义社会的双轨教育制度是其社会政治制度的必然产物。

第三，一定政治制度下的政治家，以及政府管理者也直接影响教育机会平等的历史进程。当今时代，追求教育机会的平等已成为当代人类社会的重大现实问题。进一步实现人类社会教育入学机会的平等，以及教育成就机会的平等、就业机会的平等，已远远超出了教育自身的范围，只有通过一定社会政治制度下的政府机构，借以政府的行政职能，通过制定有效政策，合理分配教育资源，提供受教育的基本条件，才能达到比较理想的效果。

（二）全民教育和教育机会平等对社会政治民主制度的影响

社会政治制度作为全民教育和教育机会平等的重要条件，影响着全民教育和教育机会平等的进程。但是，全民教育和教育机会平等的过程本身对社会政治制度具有重大的反作用。任何时代，社会政治制度的民主程度都是相对于社会大多数人实现民主权利的程度来说的，一定社会政治制度

---

① 参见上海师大外国教育研究室翻译的《世界重大教育问题》的油印稿。

的民主过程必然与整个社会的公民有着密切的联系。只有当一个社会的公民有了自觉的民主意识和使用民主权利的愿望和能力，这个社会才有可能建立完善的社会民主政治制度。反之，如果一个社会的公民缺乏自觉的民主意识，甚至缺乏最基本的文化知识和社会常识以及使用民主权利的愿望和能力，这个社会将难以建立完善的社会民主政治制度。而一个社会中公民的民主意识、民主权利的愿望及其能力的形成又与该社会的教育机会的平等程度（受教育的人数与程度）有关。只有在通过教育不断提高全体公民的科学文化及其思想素质的基础上，才能使公民逐步形成自觉的民主意识、愿望及其行使民主权利的能力。正如列宁所说："文盲是站在政治之外的，……不识字就不能有政治，不识字只能有流言蜚语，传闻偏见，而没有政治。"① 资产阶级思想家，美国第三任总统托马斯·杰弗逊（Thomas Jefferson）在谈到公立学校对民主社会建设的意义时曾强调指出："如果一个民族想要在一片文明中无知地自由生活，那么这在过去尚没发生过，在将来也永远不可能出现。"② 列宁在十月革命胜利后谈到党和国家的民主政治建设时，又进一步指出：要克服官僚主义，需要有千百万个措施，需要每个人都识字，每个人都有文化，每个人都参加工农检察院。显而易见，无论是作为无产阶级性质的社会主义国家领导者的列宁，还是作为资产阶级性质的资本主义国家的杰弗逊，都从历史的高度看到了社会政治制度民主化与教育机会民主化的密切关系。也正是因为如此，列宁在十月革命刚取得胜利后的第三天，就立即宣布要大力开展扫盲运动，实行普及义务教育，提高全民的文化水平。列宁反复强调，这不仅是经济建设的需要，也是建设社会主义民主政治的需要，要把扫盲当做一件重要的政治任务来完成。而资产阶级的民主思想家、政治家杰弗逊，在其就任美国第三任总统期间（1801~1809年）也大力宣传天赋人权学说，并采取积极措施推动公立学校在美国的迅速发展。他提出只有民众普遍接受了教育，才是民主政治最稳固的靠山。

对于教育机会的平等对社会民主制度建立过程的影响，曾有许多思想家有过明确论述。杜威指出："学校为民主社会的一个雏形，未来民主社会中的健全公民，都是今日接受民主精神熏陶的儿童或青年，这是可以断言

① 上海师范大学教育系．列宁论教育［G］．北京：人民教育出版社，1979：293．
② 安德鲁·科潘．教育机会平等的再思考［M］．出版地不详：美国大学出版社协会，1974：144．

的。”英国大思想家罗素（Bertrand Russell）也认为：“要希望建设完善的民主政治，最切要的，是准备和训练，而准备和训练一定要着眼于政治。”此外还有人认为：“民主政治给人民以自由发展机会的智慧；而智慧的发展，有赖于平等的教育和自由的教育。”因此，在某种意义上说，实现教育机会平等本身也是一种政治现象。因为，教育机会平等的产生、发展及其实践过程，具有着十分重要的社会政治意义。实现教育机会平等过程中引起的一系列社会问题，往往都是社会政治问题。

总之，概括起来看，教育的机会平等对于社会政治民主制度的影响主要有两方面：第一，协助个人的政治社会化；第二，培养政治领导人才。前者的功能又具体化为三个方面：（1）认知方面，教育协助个人认识社会的政治理想及政治制度的性质；（2）情感方面，教育培养个人附同于政治制度的态度；（3）评鉴方面，教育培养个人参与政治活动的意识和能力。

三、文化发展与全民教育和教育机会平等①

民主不仅是人类社会经济、政治发展的产物，而且是人类文化的产物。民主与文化本身就有着密切的联系。忽略了文化与全民教育和教育机会平等的相互影响，就难以全面地把握全民教育和教育机会平等的历史条件。

文化对全民教育和教育机会平等的影响，集中表现在文化传统与文化变革对全民教育和教育机会平等的影响。

（一）文化传统

文化传统是指一个国家、一个民族或地区稳定的、独特的文化特征。文化传统特别表现在政治思想、价值观念、道德观念、风俗习惯、宗教传统等方面。文化传统对教育的影响已深为当代教育家所认识。20世纪70年代初期，联合国教科文组织国际教育委员会在其总报告《学会生存》中就强调指出：“教育体系是每个民族的民族意识、文化与传统的最高表现。”“每个国家都有它不同的地理、文化和社会——职业的环境以及语言上的差别。”②正是由于每个国家、地区以及民族的文化传统不同，往往造成在政治

---

① 文化是一个内涵非常广泛而又争论很多的概念，本书中的文化仅指狭义的文化。

② 联合国教科文组织．学会生存——世界教育的今天和明天［G］．上海师范大学外国教育研究室，译．上海：上海译文出版社，1983：235．

经济制度和社会生产力发展大致相同的国家，在促进教育机会平等进程中的差异。文化传统对教育机会平等的影响主要表现在以下方面。

1. 文化传统影响对“人的地位”的基本看法。从历史发展看，文化传统首先直接影响人们对“人的地位”的认识。人的地位如何认识，又直接影响人们民主意识的建立。如在中国几千年的文化传统影响下，天、地、君、亲、师的思想根深蒂固，人民没有地位。尽管春秋战国时一度有人提出“民本”思想，但在后来的几千年中，民本思想并没有得到发扬光大，更没有形成较强烈的民主思想。只是到了近代社会出现了资本主义生产方式，产生资产阶级和无产阶级，社会民主的思想才逐步深入广大民众之心，并且经过孙中山领导的资产阶级革命和中国共产党领导的无产阶级革命，“人的地位”才发生了较大的历史变化。宗教文化更对人的地位认识产生消极的影响，尤其是在欧洲中世纪，人民的地位被剥夺程度达到极限，在宗教文化影响下，人们心中至高无上的是“上帝”，是“神”。而到了文艺复兴运动之后，人的地位的观念发生了很大的变化，对人的受教育权也比以往更加重视。

2. 文化传统影响实施全民教育和促进教育机会平等进程。“价值观念”是文化传统的核心，是相对稳定和独特性较强的因素，每个国家、民族、家庭乃至个人的价值观都有一定差异。每个国家和民族的价值观念都在不同层次上影响对教育的目的、对象、任务、地位、作用、方式、方法及其内容的认识。而人们对教育目的、教育对象、教育任务、教育地位、教育作用等一系列问题的价值态度，又直接影响人们对教育的需求愿望，实际就从动力源上影响着教育机会平等进程。通过历史的考察更能看清楚这种影响的过程。比如，从旧中国教育发展历史来看，由于政治文化传统的影响，中国几千年来始终把教育纯粹看成为统治阶级服务的工具，在教育目的上以培养未来统治者为核心，所谓“学而优则仕”，这种单一性的教育目的始终占据统治地位。因此在教育对象上完全忽视了广大民众，对人民实行“愚民”政策，所谓“民可使由之，不可使知之”，就是这种政策的理论上的概括。孔子在奴隶社会的末期创办私学，对扩大社会上受教育人数，虽然作了一定的贡献，但在奴隶社会，“士”的培养成为教育的最高目的，孔子所说的“始乎为士，终乎为圣人”、“学而优则仕”成为受教育者追求的最高境界。进入封建社会，中国的政治文化传统受儒家思想影响很深，而且随着等级观念的强化，封建社会的教育制度涂上了严格的等级色彩（特征），其结果是对广大劳动人民的教育十分漠视，教育的机会也很不平等。对此，毛泽东同志1927年在《湖南农民运动考察报告》中就进行过深刻的剖析。也正是由于中国这种特殊的文化传统和长期封建社会制度的共同影响，特别是由于地主阶级残酷的压迫剥削和西方帝国主义的入侵，使中国资本主义生产方式和民族工商业难以迅速发展，新兴的市民阶层和资产阶级形成独立的政治力量出现的时间较晚等原因，使中国关于普及义务教育的思想和制度的正式形成比一些发达国家晚了三四百年。而从西方社会的发展历史来看，由于在古罗马时代早期，基督教人神同型的思想以及城堡爱国主义的信仰形成一定地位，并在此基础上形成了比较稳定的、强调人的地位与价值的文化传统，这一文化传统还深深为资本主义生产方式出现的文艺复兴时期代表资产阶级利益的人文主义所发扬光大。在某种意义上说，这与西方社会古罗马时代和文艺复兴时期大力倡导普及教育不无密切的关系。

3. 文化传统影响教育办学方式以及教育的内容，进而影响实施全民教育和促进教育机会的平等。办学的方式是文化传统的传递依靠的主要途径，在中国传统文化影响下，文化传递依靠的主要是以家庭教育为主的私塾教育和书院教育（宋代之后），而主要不是依靠学校教育。中国社会自古以来强调“天下之本在家”的文化学说，把“齐家”看作“治国平天下”的社会政治统治人才的必经的阶段、必备的才能。此外，中国的高等教育即历代由国家办的“太学”一类的学府，也主要设在宫廷门下，而且中国古代的各级教育与统治王朝控制的科举制度相关联，其功能仍然十分单一，具有鲜明的政治功利性。因此，严格地说，中国传统的私塾教育或书院教育的办学方式，和资本主义社会的学校相比较，也具有一定的保守性、政治性、单一性的特点，往往忽视自然科学知识的传授。它们的主要功能在于传递中国封建时代的传统政治文化，这种教育形式是非理性的，其结果只能造成千百年来封建主义的生产方式的稳定性和受教育机会平等的局限性，使教育对象的选择以封建地主阶级中极少数人的需求为目的，完全是为巩固统治阶级的统治利益服务的教育。但是中国古代教育传统与欧洲各国古代教育相比较有它的优点和特点，这就是中国古代教育无论是民办私塾、书院或官办的太学，一般都与宗教相分离，除个别少数民族地区外，一般都不受宗教或教会的制约，学生受宗教迷信思想影响相对地较少些，不像欧洲封建社会的经院式教育完全受宗教、神学的愚昧控制。因此中国古代的各类学校还能培养出一些能推动中国封建社会向前发展的政治、经济、科技、文化等类优秀人才。所以中国古代教育从春秋战国以后到明代中期以前，长达两千年左右，在世界历史上可以说是领先的地位。中国的学生特别是大学生们比较关心政治，关心国家的命运，有爱国主义的优良传统。从东汉太学生起来反对宦官的腐败统治到近代反帝反封建的“五四”运动，每当遇到国家危急存亡的关头，大学生们总是自发地起来反对统治阶级反动、腐败、黑暗的统治，进行公开批评、抗议，要求改革，表现出很大的爱国热情，具有一定民主性、进步性。但这与统治阶级的办学目的和意愿相违背，因此历代学生运动，总是受到统治阶级的镇压、迫害。只有在共产党领导下的社会主义新中国才能继承发扬我国这一光荣的爱国主义优秀文化传统，使教育更好地为社会主义现代化建设服务。

4. 文化传统对男女不同性别教育机会平等的影响，不同文化传统影响人们的妇女教育态度。传统的东方社会以及伊斯兰教传统的国家，“男主外、女主内”、“女子无才便是德”的文化观念根深蒂固，女子受教育的权利和机会受到较大的限制。即使在西方国家，也在不同程度上存在着妇女教育不受重视的现象。还有一些国家虽然上述文化传统的影响极少，但在女性教育的机会，包括入学机会、学习成就机会、社会就业机会的实际状况上，仍然存在着较大的不平等。联合国教科文组织1989年公布的数字表明，1987年世界初中、高中、大学三级教育的总入学率为56.2%，其中男性入学率为60.8%，女性为51.3%；女性初中、高中、大学三级的入学率分别为92.8%、42.9%、11.1%。发展中国家以上三级教育的总入学率为51.5%，其中男性入学率为57.1%，女性入学率为45.6%，而且女性教育中辍学率高，文盲居多数，目前世界上的近10亿文盲中，60%是妇女文盲。①

此外，关于职业性别差异问题上的传统文化也是影响女性受教育机会和权利平等的重要因素。

关于文化对教育机会平等的影响，斯托卡德（Stockard）等在《教育性

① 参见1990年3月6日《中国教育报》。

别不公平》一书中指出："学生在校因性别而有不同的成就典型，不同学校资源及课程，这些成就及安排并没有先天生理基础，而是因为重视男性，歧视女生的文化所做的安排及结果。"①

美国著名教育社会心理学家索里与特尔福德还指出：20 世纪 60 年代初期，美国政府采取的所谓使各族人民一体化，提供更多的福利、更好的学校、更胜任的教师等措施，并不足以使处境不利的少数民族获得教育机会的真正平等。他们认为：教育成就的平等，需要有效学习的基本先决条件的平等以及在教育机会上的平等。种族集体、小文化集体和社会阶层集体的学前经验造成了知觉上、认识上、态度上、动机上和语言上的不同特点，这些特点深刻地影响学校作业。②

（二）文化变革的影响

文化不是一成不变的，而是随着历史的发展，随着生产力的变化而变化。文化的变革对教育机会平等的历史进程往往产生剧烈的推动作用。众所周知的文艺复兴时期就是一个文化急剧变革的时代。恩格斯称赞文艺复兴"是一次人类从来没有经历过的最伟大的、进步的变革，是一个需要巨人而且产生了巨人——在思维能力、热情和性格方面，在多才多艺和学识渊博方面的巨人的时代。"文艺复兴运动以及与其重合的欧洲宗教改革运动的结果，是人文主义思想得以发扬光大。在教育的思想和实践中，教育民主思潮不仅得到社会的广泛支持，而且还创立了最早的普及义务教育制度。再从中国来看，20 世纪初的"五四"运动和新文化运动，都是文化上的重大变革，它们对中国教育民主所产生的直接影响便是平民教育思潮的兴起以及学制改革的产生。

四、社会阶层化

社会阶层化是一种社会现象，也是一种社会过程。自从阶级社会形成之后，社会阶层化广泛存在于人类各种社会形态之中，甚至有的学者认为"社会阶层化是一种不可缺少的社会制度"。③ 社会学理论中关于社会阶层化

---

① 中国教育的展望. 台北：复文图书出版社，1984：78.

② 索里，特尔福德. 教育心理学［M］. 高觉静，等，译. 北京：人民教育出版社，1982：57.

③ 林生傅. 教育社会学［M］. 台湾：复文图书出版社，1985：43.

的功能以及阶层的划分虽还没有形成统一认识，但关于社会阶层化对全民教育、教育机会平等影响的认识仍有较共同的方面。社会阶层化是影响教育机会平等的重要条件。

（一）社会阶层化影响教育的入学机会

社会阶层化过程影响教育入学机会的平等。大量研究表明，来自不同社会阶层的子女接受教育的机会不同。中上社会阶层的子女在其受教育的机会上要优于中下社会阶层子女，尤其在不发达国家这种不平等尤为突出。

（二）社会阶层化影响教育的成就机会

社会阶层化不仅影响教育的入学机会，更影响学生在学期间的成就机会。前面已经提到的实证主义研究，如弗拉德、哈尔西、道格拉斯、怀斯曼、科尔曼、詹克斯、默顿几乎都一致认为不同社会阶层家庭对教育机会均等发生着主要的作用。弗拉德、哈尔西等在英格兰南部的哈德福夏（Hertfordshire）的调查研究表明，家庭的规模、父母教育水平、教育态度及其成就感是影响学生学业成就机会的主要因素。道格拉斯把社会阶层分为中产阶级（即资产阶级）上、下层和无产阶级上、下层。他通过语言性、非语言性测试研究认为，不同社会阶层家庭是影响学生智力成就和学习兴趣的主要因素。道格拉斯指出，社会经济地位低下的家庭，子女因受物质条件的限制及缺少父母的关怀，其智力、学习成就偏低，教育机会也就较少。邓肯的研究发现：家庭成员过多，父母没有足够的时间照顾子女，也缺乏足够的资源供子女受教育，因此其受教育成就均偏低。科尔曼认为，以社会阶层为背景的环境是影响教育机会的绝对条件，詹克斯强调不同社会阶层家庭，给予儿童的早期影响是最有影响力的因素。法国学者鲍顿关于“教育与社会流动”的深入研究，把阶层的不平等认作影响成就不平等的两个根本因素之一。卡利诺斯基和斯隆认为，在家庭环境影响这一类变量中，对儿童的学业成就最有影响的变量，不是家长的社会经济地位，而是家长的言行。布鲁姆也指出，在每个家庭中，都存在着特有的课程与教育风格，这些特有的课程与教育风格，可以解释儿童为学习活动所进行的准备为何有所不同，并可以解释儿童在学习期间受到的影响为何有所不同。上述学者虽国别不同，研究对象有差异，文字表述也不同，但结论都趋于一致，比较集中地认识到社会阶层在教育成就机会中的作用和影响。关于社会阶层对教育成就机会的影响，我国台湾学者林生傅在各种研究基础上作了较为集中的概括，他认为，社会阶层对教育机会的影响主要表现在以下方面：第一，影响家庭结构的大小类型、稳定状态，进而影响学生的学业成就。第二，社会阶层影响教育的价值观取向。第三，社会阶层影响教育方式。第四，社会阶层影响语言的发展。① 苏联社会学家卢特凯维奇在20世纪70年代末期分析了妨碍入学机会均等的各种阻力。他认为，在苏联的各加盟共和国，工人阶级中的高技能阶层同在工业部门中工作的工程技术方面的知识分子之间，仍然有着不平等的问题。菲里波夫也指出，就形式而言，来自不同社会背景的人们都在接受一种一致的教育，但实际上，教育质量是不相同的。例如，在城市学校与农村学校之间，全日制学校与夜校之间，这种矛盾的存在使消灭社会差别的过程中又产生新的差别，尽管消灭差别占据着主导的地位。我国学者厉以贤教授等关于“家庭诸因素与学生学业成绩关系的主成分分析”的研究也发现，家庭中父母的文化程度，对子女所采取的教育措施，家庭的环境等因素对学生学习成绩的影响很大。②

（二）社会阶层化影响社会就业机会

社会阶层化过程，不仅影响不同阶层子女入学及成绩的机会均等，而且影响教育后就业机会的均等。关于就业机会的大量研究表明，上、中社会阶层的子女在就业机会和条件上往往有较大的自主机会，而社会低阶层则条件不利。

总之，到目前为止，各种不同性质的社会，都存在着一定的社会阶层，作为一个比较稳定的社会现象，对教育机会平等的影响是十分突出的。尤其是社会低阶层家庭父母对教育的漠视，普遍加剧了教育上机会的分化与恶性循环。社会低阶层的父母对教育的漠视往往只能使其子女获得低水平的教育、低收入的工作，这反过来又使得他们处于社会低阶层地位。对于这种恶性循环，美国学者埃弗里特·罗吉斯在其《乡村社会变迁》一书中

---

① 林生傅．教育社会学［M］．台湾：复文图书出版社，1985：58－65．

② 厉以贤，马树超，吴钢．家庭诸因素与学生学业成绩关系的主成分分析［J］．教育科学，1989（4）．

作了较好的图示。见图4－1。罗吉斯认为，社会各阶层可以将教育作为社会向上流动的途径之一，使个体流向更高的社会阶层。相反，缺乏教育将导致个体处于低社会阶层中，这种对教育的价值观决定着年青人是继续上学还是退学进入低地位的职业。这个圈在下一代又循环一次。年青一代是停留在恶性循环圈内还是向上流动，其关键在对教育的重视程度。①

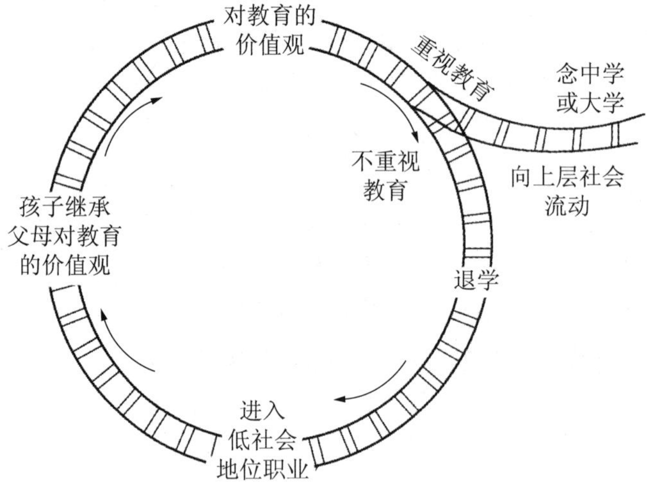

图4－1　教育与社会阶层分流图

五、人口发展变化与实现全民教育和教育机会平等

马克思曾经指出“人口是一个具有许多规定和关系的丰富的总体”。②人口的问题同样关涉到教育机会平等的历史进程。罗马俱乐部一度将人口问题看作当今世界的四大危机问题之一，认为人口的迅猛增长已给有限的人类资源带来了难以承受的压力。尽管有人认为罗马俱乐部的观点过于悲观，但人口增长速度过快给教育所带来的压力是不容忽视的。马克思主义政治经济学关于生产理论认为：人类自身的生产必须与物质资料的生产相

① 埃弗里特·罗吉斯，等．乡村社会变迁［M］．王晓毅，王地宁，译．宁波：浙江人民出版社，1988：104.

② 中共中央马克思恩格斯列宁斯大林著作编译局．马克思恩格斯选集（第2卷）［G］．北京：人民出版社，1972：108.

适应，否则就会造成物质生产与人口增长的不协调。具体看，人口的增长过速，必然增加教育经费的负担，影响教育普及的物质资源。其次人口迅速增长会造成师资不足。实践证明，人口众多的国家教育普及程度总体上低于人口少的国家。就我国现实而言，1982 年全国人口普查表明，全国平均人口自然增长率为 14.5‰，而在贫困地区则为 25‰，而且早婚、近婚、换婚的落后风俗增加了儿童中的痴呆病人，大别山区中有的村庄，傻、痴、拐、瘫、呆病人占全村人口的 15% 左右。我国人口的数量与质量现状，均给实现全民教育和教育机会平等的实践带来了巨大困难。尤其是当前中国的教育肩负着迎接国际竞争和实现现代化的任务，如何从中国的基本国情出发，建设中国 21 世纪的教育体系，这是一个亟待解决的命题。在 1989 年年底召开的“面向 21 世纪教育国际研讨会”上，中国教育专家指出，依靠有限的经济实力支撑庞大的受教育人口，这是中国教育发展的基本制约因素。人口多、要求扩大教育规模，而经济水平低，又限制教育规模的扩大；经济起飞，要求提高教育程度，人口多则制约教育程度的提高。在短时期内，中国大陆的教育将处于这种经济与人口的两极拉动的矛盾之中。摆脱这一矛盾境况，实现经济、教育、人口的良性循环，是确定中国 21 世纪教育发展的基本依据。所以节制人口增长率，实行计划生育的政策，不论从发展经济来看或者从普及义务教育提高全民族科学文化素质来看，都是必要的、正确的，是符合中国国情的。

综上所述，实施全民教育和促进教育机会平等过程所依赖的历史条件都不是孤立的，而是密切联系、相互影响的有机整体，是一个多维复杂的系统。正确地理解制约实施全民教育和促进教育机会平等进程的各种因素及其相互关系，是对教育改革进行协调的重要前提，也是实现我国社会主义初级阶段教育机会平等的根本保证。

第五章

新中国实施全民教育，促进教育机会平等的历史实践和成就

——兼论中国少数民族教育的伟大成就

第一节　新中国实施全民教育，促进教育机会平等的社会基础

一、社会主义制度的建立为实施全民教育和教育机会平等奠定了重要基础

我国是一个经历了较长时期封建社会制度的农业国家。尽管早在春秋战国时期就曾有过民本主义思想，但是几千年来，民本思想远没能够成为中国社会具有影响地位的思想。明末清初，黄宗羲等提出过倡导民主、限制君权的思想，但不可避免地被吞没在复古主义的浪潮之中。因此，在整个封建社会，广大劳动人民受教育的机会和权利受到极大的限制。“五四”运动前后发起的民主运动曾导致了平民教育运动的兴起，但不可能在根本上改变中国社会教育机会不平等的现实。因为，平民教育运动不可能动摇当时社会体制上的不平等，也不可能改变中国半殖民地、半封建的社会性质。国民党政府对发展中国教育采取了一些措施，但由于社会政治、经济条件的限制，也由于国民党的统治是代表封建地主、帝国主义、官僚买办资产阶级利益的反动统治，教育的民主只能是一些口号而已。直到中华人民共和国成立前的1949年，我国仍然是一个教育机会极为不平等的国家：学龄儿童的入学率仅有20%左右，全国文盲人口占80%，农村、少数民族

地区及妇女人口中文盲率就更高。

中华人民共和国的诞生，社会主义制度的建立，为实施全民教育和促进教育机会平等奠定了重要的社会基础。

第一，在政治上推翻了旧中国长期压在中国人民头上的三座大山，消灭了剥削阶级制度，建立了社会主义的人民民主专政的政治制度，劳动人民翻身当家做了主人，充分保证了人民政治地位的平等。

第二，在经济上建立了以公有制为主体的社会主义经济制度，从而保证了社会各阶层经济地位的相对平等。

第三，国家制定了保障每个公民的受教育权利的法律制度。国家通过宪法等从法律上确立了各族人民子女享有同等的受教育权利和机会，并采取了大量具体措施，来推动我国全民教育的实施和促进教育机会平等。

1949 年第一届中国人民政治协商会议制定的《共同纲领》中就规定：“要有计划、有步骤地实行普及教育。”1956 年最高国务会议通过的《1956～1967 年全国农业发展纲要（草案）》中具体规定：“从 1956 年开始，按照各地情况分别在七年或者十二年内普及小学教育。”与此同时，政府还号召各族人民群众广泛开始了大规模的扫盲运动。党的十一届三中全会以后，1980 年 12 月，党中央和国务院发出了《关于普及小学教育若干问题的决定》，提出全国要在 20 世纪 80 年代基本上普及小学教育的历史任务。1982 年 12 月，中华人民共和国第五届全国人民代表大会第五次会议通过并且颁布的《中华人民共和国宪法》第 19 条明文规定“国家举办各种学校，普及初等义务教育”，第 46 条又规定“中华人民共和国公民有受教育的权利和义务”。这种权利的享有，不受民族、种族、性别、职业、家庭出身、宗教信仰、财产状况等的限制，每个公民都权利平等。1984 年 6 月，江苏省通过了《江苏省普及义务教育条例》，率先迈开了国内省区范围内有步骤实施义务教育的步伐。特别是 1986 年《中华人民共和国义务教育法》的颁布实施，极大地推动了我国教育机会平等的进程。

1988～1992 年，我国又相继颁布了《扫除文盲工作条例》、《中华人民共和国残疾人保障法》、《中华人民共和国义务教育法实施细则》、《中华人民共和国未成年人保护法》、《中华人民共和国妇女权益保障法》和《禁止使用童工的规定》等与义务教育相关的法律和法规。这些法律和法规，也从不同的角度规定了保障少年儿童接受教育的措施，维护了儿童受教育的权利。1995 年 3 月我国又颁布了《中华人民共和国教育法》，明确地规定了“国家实行九年义务教育制度”。

第四，国家制定了特殊的优惠政策和制度，扶持和帮助少数民族地区和贫困落后地区发展经济和文化教育。

中华人民共和国成立以来，中国共产党和政府为了缩小城乡差别、工农差别、脑力劳动与体力劳动的差别，为了缩小少数民族地区与内地、贫困地区与发达地区之间的差别，进行了多方面的努力。

特别是 1986 年以来，党中央、国务院采取了一系列有力措施，投入资金（政府拨款和贷款 100 多亿元）支援和扶持老、少、边、穷及不发达地区发展经济。国家对有些少数民族采取了十分优惠的政策，如减轻负担、优惠投资、智力投资、扶贫包干等，并专门建立了少数民族温饱基金。政府还组织全国经济发达省、市支援全国各贫困地区包括少数民族地区进行经济建设。

此外，国家为在教育上扶持贫困地区，还规定了对落后地区青少年上学适当降分录取、设立助学金等办法。

所有这一切，都为中国实施全民教育和促进教育机会平等奠定了重要的社会基础。

二、新中国各级各类教育取得巨大成就

由于社会主义制度的建立以及各种社会条件的逐步完善，尤其在全国人民的努力下，中华人民共和国成立 40 多年来，我国教育机会平等已取得了巨大的成就。据统计，1997 年，全国各级学校在校生总数已达到 2.407 亿人，比 1949 年增加 10 多倍。各阶层人民的教育机会得到了扩大，在学总人数占人口总数的比例由 1949 年的 5.4% 增至 1996 年的 24.6%；旧中国遗留下来的城乡之间、男女之间以及各民族之间的教育机会上的差异得到了积极的改善。普及义务教育、农村教育、特殊教育、女童教育等都发生了可喜变化。

1997 年，全国有普通高校共 1020 所，比 1949 年增加了 778 所；全国现有研究生 18 万人，是 1949 年的 250 倍；普通高等学校在校本专科生 317 万人，是 1949 年的近 50 多倍。1997 年，全国有中学生 5739.68 万人，为 1949 年的 46 倍；小学生 13615 万人，为 1949 年的 5.3 倍多；特殊教育学校

学生32.11万人，为1949年的130多倍。此外，1997年底全国还有成人高校学生273万人，成人中等学校学生6018.59万人，成人初等学校学生673.14万人。据国家统计局统计调查表明，“八五”期间，我国人口的文化素质得到明显的提高。1995年，全国文盲率也由1949年的80%降至12.01%，其中15~45周岁青壮年中文盲率已下降到6.14%以下。1995年我国人口文化程度的构成与1990年相比有了显著变化。据调查“八五”期间全国文盲半文盲人口大量减少，九年制义务教育得到进一步普及。1995年全国15岁以上文盲半文盲人口为14505万人。与1990年相比，5年间文盲率下降3.87个百分点，文盲半文盲人口平均每年减少近700万人。到1997年底全国基本实现普及九年制义务教育和扫除青壮年文盲的省、市、区累计已达1882个，覆盖人口占全国人口总数的65%。在“八五”期间，我国人口文化素质的提高还表现在全国文化人口的数量比重上。“八五”期间，初中文化程度的人口由33.41%上升到35.87%，大专以上文化程度的人口由1612万人增加到2494万人，增加了54.71%，占全部有文化人口的比重也由2.04%上升到2.71%。①

表5-1 新中国成立以来各级普通学校学生数发展变化及文盲率情况

单位：万人

	1949年	1994年	发展倍数
普通高等学校学生	11.7	279.86	23.92
普通中等学校学生	126.8	5889.84	46.45
小学学生	2439.1	12822	5.26
特殊学校学生	—	—	88.9
少数民族学生	0.2320	1401.5	6.04
文盲率	80%	15.88%	减少64.12%

资料来源：根据《中国教育报》与《中国教育统计年鉴》整理。

① 我国人口文化素质明显提高［N］. 光明日报，1996-04-06.

表5－2　平均每万人口各级学校在校学生人数

<table>
<tr><th colspan="2"></th><th>1946年</th><th>1949年</th><th>1957年</th><th>1965年</th><th>1978年</th><th>1983年</th><th>1990年</th><th>1990年比1949年增长倍数</th></tr>
<tr><td colspan="2">高等学校</td><td>3.4</td><td>2.2</td><td>8.0</td><td>15.0</td><td>23.5</td><td>22.8</td><td>32.9</td><td>13.95</td></tr>
<tr><td rowspan="2">其中</td><td>普通高等学校</td><td>3.4</td><td>2.2</td><td>6.8</td><td>9.3</td><td>8.9</td><td>11.8</td><td>18.2</td><td>7.27</td></tr>
<tr><td>成人高等学校</td><td>—</td><td>—</td><td>1.2</td><td>5.7</td><td>14.6</td><td>11.0</td><td>14.7</td><td>—</td></tr>
<tr><td colspan="2">中等学校</td><td>40.7</td><td>23.4</td><td>109.2</td><td>197.4</td><td>689.5</td><td>452.2</td><td>450.3</td><td>18.24</td></tr>
<tr><td rowspan="3">其中</td><td>中等专业学校</td><td>8.3</td><td>4.2</td><td>12.0</td><td>7.6</td><td>9.2</td><td>11.2</td><td>19.8</td><td>3.71</td></tr>
<tr><td>普通中学</td><td>32.4</td><td>19.2</td><td>97.2</td><td>128.7</td><td>680.3</td><td>429.1</td><td>404.5</td><td>20.06</td></tr>
<tr><td>农业中学
职业中学</td><td>—</td><td>—</td><td>—</td><td>61.1</td><td>—</td><td>11.9</td><td>26.0</td><td>—</td></tr>
<tr><td colspan="2">小学</td><td>513.7</td><td>450.3</td><td>994.3</td><td>1602.0</td><td>1519.2</td><td>1324.8</td><td>1073.0</td><td>1.38</td></tr>
</table>

资料来源：根据《中国教育统计年鉴》整理。

第二节　青少年受教育机会和权利得到保障

一、党和国家历来重视青少年儿童的义务教育

在中国共产党领导下，早在20世纪30年代，就在广大革命根据地建立了新民主主义的教育制度，并在此后为义务教育的推行进行了长期不懈的努力。

1930年3月，闽西中央革命根据地的苏维埃政府在第一次苏维埃工农兵代表大会上就作出决定："各区乡应普遍开办高级、初级劳动学校，招收男女学生读书，除膳费外，一律免费"，"六岁以上十四岁以下之男女应入学校读书，父母不得阻止"，"各县教育经费至少要占全县收入的20%"。1930年8月，闽西苏维埃政府又明确规定："凡六岁至十一岁的儿童，有必须受小学教育的权利和义务。"1931年11月7日，中央根据地苏维埃政权通过的《中华苏维埃共和国宪法大纲》的第12条中也规定："中国苏维埃政权以保证工农劳苦大众有受教育的权利为目的。在进行国内革命战争所能做到的范围内，应开始施行完全免费的普及教育。"大纲还规定："工农

劳苦群众，不论男子和女子，在社会、经济、政治和教育上，完全享有同等权利和义务。一切工农劳苦群众及其子弟，有享受国家免费教育之权。”1932 年秋，闽浙赣省苏维埃代表大会文化工作决议案还规定：“实行免费的义务教育和统一的劳动学校制度，暂定七岁至十四岁为义务教育时期。”1933 年 10 月 24 日，《红色中华》发表中华苏维埃共和国中央文化建设教育大会通过的《苏维埃学校建设决议案》，其中规定：“对七岁至十三岁的儿童，施以免费的强迫教育。”上述法律和决议充分表明了中国共产党领导下的中央苏区对推行义务教育十分重视，成就也很大，1934 年已建立列宁小学 3052 所，学生 89710 人，学龄儿童的“入学与失学的比例为 60% 与 40%，而国民党时代，入学儿童不到 10%”。

抗日战争时期，陕甘宁边区革命政府也十分重视推行义务教育。1938 年 8 月 15 日，陕甘宁边区政府公布了《小学法》。1939 年 1 月，陕甘宁边区参议会首届会议又通过了《抗战时期施政纲领》。纲领正式规定：“实行普及免费的儿童教育。”接着，在一年以后，1940 年 3 月 29 日，陕甘宁边区政府又公布了《实施普及教育暂行条例》，规定 7 ~ 13 岁儿童，不分性别、成分，“均应一律就学，读毕小学课程”。还规定：“应入学之儿童，家长不送其入学者，应先向家长进行说服教育。经说服无效者，须由当地政府强制执行之。”1940 年 12 月，陕甘宁边区政府又公布了实施义务教育的办法。1942 年 12 月，陕甘宁边区政府更明确提出：“义务教育就是每个国民所必须接受的最基本的教育，一方面每个人都有受这种教育的义务；另一方面，国家有使每个人能受到这种教育的义务”，并规定：“义务教育年限暂定为初级小学三年”。由于上述政策以及相应的一些措施，陕甘宁边区的义务教育取得了很大的成就。一是学校数量有了较大增长。3 年间，5 年制完小由 12 所增加到 53 所，校数呈 4 倍增加。建立边区之前，只有小学 120 所，到 1937 年春，达到 320 所，是年秋又增长到 545 所。1938 年前半年是 606 所，后半年又增加到 773 所。增长速度很快，呈陡然上升趋势。到 1941 年 9 月，陕甘宁边区已有小学 1431 所。二是学生数量增多。据统计，1937 年是 5000 名儿童，到是年的秋天达到 10396 人，1938 年春是 14207 人，秋天增加到 16725 人，小学入学的学生一年内增加 3 倍。到 1941 年 9 月，陕甘宁边区已有小学生 41458 人。

在我国东北解放区，普及义务教育工作也在党的领导下取得了一定的成就。1946年，林枫同志在1月15日的《东北日报》上发表谈话，阐明党在教育方面的主张是："废除法西斯的奴化教育，发展新民主主义的文化教育，实行免费的普及教育。"1946年6月11日，在绥化召开的教育大会上提出，教育要普及化、大众化，并与新民主主义的政治结合起来。同时还提出免费入学的措施，人人有受教育的权利。1946年8月11日，东北各省联席会议通过了《东北各省市民主政府共同施政纲领》。纲领规定：废除法西斯的奴化教育，以民主为教育的中心内容，普及国民教育。1949年9月，在东北第4次教育工作会议上，董纯才同志在总结东北3年来教育工作的报告中指出："要有计划、有步骤地普及初等义务教育，培养有新民主主义文化教养的新国民。"还说："普及教育，提高人民的文化水平，培养建设人才，这是一个基本方针。"由于东北解放区的努力，1949年5月，东北解放区已有小学36061所，比国民党统治时增加142%。学生3692747人，比国民党统治时增加了153%。

中华人民共和国成立后，党和政府更加重视教育的普及。

1949年9月，中国人民政治协商会议通过的《共同纲领》明确规定：要"有计划有步骤地实行普及教育"。

1956年最高国务会议通过的《1956~1967年全国农业发展纲要（草案）》中规定："从1956年开始，按照各地情况，分别在7年或者12年内普及小学义务教育。"

1956年9月，刘少奇同志在中共第八次全国代表大会上作政治报告时指出：在财政力量许可的范围内，逐步地扩大小学教育，以求12年内分区分期地普及小学义务教育。

1958年，中共中央、国务院《关于教育工作的指示》要求：全国应在3~5年内，基本完成扫除文盲、普及小学的任务。

1959年以后，中共中央重新确定了教育工作的方针，要求在巩固、调整和提高的基础上有重点地发展。

1964年1~3月，教育部召开全国教育厅、局长会议，要求进一步贯彻两条腿走路的方针，逐步推行"两种教育制度"，提出在1965年和第3个五年计划期间，要积极发展小学，特别是简易小学，解决农村儿童入学问题。

1965年3~4月，教育部召开全国农村半农半读教育会议，要求农村实行全日制与耕读小学两条腿走路的方针。

“文化大革命”初期，各地学校先后“停课闹革命”，搞“串联”，学校教育瘫痪，小学教育工作者受到残酷打击和迫害。大批农村公办小学教师被迫回生产队领工分，家属及本人均转为农业户，教师的积极性受到严重挫伤。特别是“文化大革命”期间盲目发展中学教育，搞层层戴帽，小学教师编制、校舍又受到严重影响。

“文化大革命”期间，政治对教育的干扰达到了最严重的程度，教育科学、教育规律被否定，初等教育质量严重下降。

粉碎“四人帮”之后，我国普及教育逐步走上了正常轨道。

1978 年 12 月召开的党的十一届三中全会为普及教育的恢复和发展提供了基本条件和政治环境。

1979 年 11 月，中共中央批转了湖南省桃江县《关于发展农村教育事业的情况报告》。中央在批示中指出：四个现代化，关键是科学技术现代化。培养科学技术人才，基础在教育，而小学教育又是这个基础的基础。中央要求各级党政领导把普及小学教育当成一件大事来抓，要切实抓好。

1980 年 12 月 3 日，中共中央、国务院又作出《关于普及小学教育若干问题的决定》。

1982 年 12 月 4 日，全国五届人大五次会议通过《中华人民共和国宪法》。《宪法》第 19 条明文规定：“国家举办各种学校，普及初等义务教育发展中等教育、职业教育和高等教育，并且发展学前教育。”

1983 年 5 月，中共中央、国务院发出《关于加强和改革农村学校教育若干问题的通知》。该通知指出：力争 1990 年前在我国除少数山高林深，人口特别稀少的地区外，基本普及初等教育。该通知还强调，普及初等教育的规划和措施要落实到县和区、乡、社、队。普及初等教育的内容，要注意联系农村生产、生活实际。

1983 年 8 月 16 日，教育部又发出《关于普及初等教育基本要求的暂行规定的通知》。该通知提出，普及初等教育必须从我国实际出发，坚持统一性和多样性相结合的原则。学龄儿童入学率达到 75% 以上，条件较好的农村地区达到 90% 左右，其他地区达到 80% 左右，在 12 ~ 15 周岁的少年儿童中，初等教育的普及率达到 95%。

1985 年 5 月，《中共中央关于教育体制改革的决定》强调要大力克服教育体制中基础教育薄弱的状况，要变恶性循环为良性循环。该决定指出：

"现在我们完全有必要，也有可能把实行九年制义务教育当作关系民族素质提高和国家兴旺发达的一件大事突出地提出来，动员全党、全社会和全国各族人民，用最大的努力，积极地、有步骤地予以实施。"

1986 年 4 月 12 日，《中华人民共和国义务教育法》经第六届全国人民代表大会第四次全体会议通过，于 7 月 1 日正式颁布实施。

二、九年制义务教育取得显著成就

（一）九年制义务教育已在全国范围内取得了显著效果

我国实施九年制义务教育以来，由于全国各族人民的努力，尤其是在广大教育工作者的辛勤劳动下，普及九年制义务教育已经取得了显著成就。到 1994 年，全国共有小学校 66.67 万所，另有教学点 16 万个，在校学生 12822.62 万人，毛入学率为 108.7%，净入学率为 98.7%，其中女儿童入学率为 97.7%，分别比 1980 年提高了 5.77 和 7.4 个百分点。辍学率已降到历史的最低水平。小学毕业生升入初级中等学校的人数占毕业生总数的 86.6%，比 1980 年提高了 10.7 个百分点。据《人民日报》于 1998 年 1 月 12 日统计报道，到 1997 年底，全国小学在校生 13995 万人，小学适龄儿童入学率为 98.9%，在校学生辍学率为 1.01%，小学毕业生升学率为 93.7%。初中阶段入学率达到 78.4%。1997 年底全国已有 1882 个县（市区）实现两基，65% 的人口地区普及了九年制义务教育和基本扫除文盲。

《义务教育法》颁布以来，九年制义务教育不但在城市和经济发达地区取得了显著的成效，而且在农村，包括林区、牧区、山区等各不同区域都有不同程度的成效。据统计，1997 年，设置在县镇和农村的小学校已占全国小学校总数的 95% 以上，设置在县镇、农村的初级中学占全国的 90% 以上。此外，全国农村还有近 16 万个小学教学点。

（二）义务教育专任教师队伍发展壮大

实施九年制义务教育以来，国家把建设一支数量足够、质量合格、结构合理的教师队伍，作为实现普及教育的关键性问题予以高度重视。1986 年后，国家共拨出师范教育专款 13 亿元，利用世界银行贷款 2 亿美元，用于师范院校建设。目前，全国有专门培养小学教师的中等师范学校 948 所，在校学生 66.14 万人，其中民族师范学生占 10.1%；有小学教师进修学校 2061所，在校学生 46 万人，师资培养和培训能力已经能满足小学教育事业发展的需要。

伴随着我国师范教育体系的逐步完善，义务教育专任教师队伍也逐步发展壮大。1997 年全国已有小学专任教师 579 万名，中学专任教师 358.7 万名，特殊学校专任教师 2.85 万名，与实施九年制义务教育前的 1985 年相比，都有了较大程度的变化。

1997 年，我国小学有专任教师学历合格率达到 93%，比 1980 年提高了 43.6 个百分点。近 10 年中，国家通过培训，使 50 多万名合格的民办教师转成公办教师，使小学教师中的民办教师比重，从 1980 年占 57.7% 下降为现在的 17%。与此同时，国家采取措施提高教师的待遇，实行教龄津贴和班主任津贴制度，为教师增加 10% 的工资。1986 年，经国务院批准，把每年的 9 月 10 日定为教师节，同时成立了中、小、幼教师奖励基金会，每年表彰奖励一批优秀教师。广大教师忠诚于人民的教育事业，不辜负人民寄予的厚望，为普及教育作出了巨大的贡献。

教师队伍的壮大，使我国一些地区普及义务教育师资不足的矛盾得到缓解。

（三）义务教育经费不断增长，办学条件大有改观

我国普及义务教育实行地方负责、分级办学、分级管理的体制。自 1985 年以来，各级地方政府努力增加财政预算内的教育拨款，大多数省、自治区、直辖市基本做到了“两个增长”，据原国家教委等单位对全国 26 个省、自治区、直辖市的检查、督导，1985 ~ 1988 年，做到财政预算内教育拨款年均增长率高于同期地方财政经常性收入年均增长率的有 23 个，其中 18 个省、自治区、直辖市基本做到财政预算内教育拨款的增长逐年高于地方财政经常性收入的增长。①

与此同时，各地还采取多种形式、多种渠道筹措教育资金，并取得了显著的效果。

到 1996 年，我国小学教育预算内经费已达到 334.9 亿元，比 1981 年的

① 国家教育委员会. 关于中小学教育工作五项指导检查的报告［N］. 中国教育报，1990 - 06 - 23.

28.71亿元增长了11.6倍；小学生生均经费达到265.78元，比1981年的平均23.19元增长了11.07倍。1996年，我国多渠道用于基础教育的基本建设资金为96.99亿元，比1981年增加了5.3倍。我国山东和河南两个人口大省，仅1981～1991年，用于基础教育的多渠道集资分别为55亿元和102亿元。为普及小学教育取得突破性进展提供了资金保证。

由于在增加预算内教育投资的同时又依靠人民群众的支持，多渠道筹措教育经费，使普及义务教育经费得到一定的补充，有效地改善了普及九年制义务教育的办学条件。全国大多数地区做到了“校校无危房，班班有教室，学生人人有课桌凳”，从根本上改变了过去“黑屋子，土台子”的落后局面，广大农村呈现出“最好的房子是学校”的喜人景象。

此外，义务教育经费的增加，使中小学教师的工作条件和社会福利待遇有了一定改善。

（四）九年制义务教育的管理得到加强，管理体制逐步完善

首先，10年来普及九年制义务教育的“地方负责、分级管理”体系得到加强和进一步落实，充分调动了地方政府，尤其是乡、镇两级政府以及各界群众兴办义务教育的积极性。与此同时，一些地方人民政府还建立了政府首长对本地实施义务教育的目标责任制。

其次，从义务教育的宏观指导来看，也出现了多方面关心义务教育的好局面，尤其是国家教育督导体系的逐步形成，更推动了对普及义务教育的实际指导。1989年和1990年由国家教委同国家计委、财政部等组织的两次面向全国的联合指导检查工作以及全国人大组织的《教育法》执法检查，得到了广大教育工作者的支持和肯定，指导的效果非常明显。

第三节　妇女教育状况发生根本性变化

恩格斯在《反杜林论》中，曾引用傅立叶的话说：“在任何社会中，妇女解放的速度是衡量普遍解放的天然尺度。”妇女受教育权利的实现程度，是实施全民教育和促进教育机会平等的重要标志之一。旧中国，由于社会政治、经济、历史、文化、宗教等多方面的原因，妇女教育一直十分落后。

1949年以前，女童的入学率很低，女生在小学生总数中的比例最高时也只有25.5%。中华人民共和国成立后，中国妇女在政治、经济及社会、家庭等各个方面具有与男子平等的权利，在文化教育方面也不例外。40多年来，妇女受教育的比例和程度有显著的提高。1996年，适龄儿童入学达到98.81%，其中女童的入学率为98.63%；女学生在总数中所占的比重为47.5%。这种进步幅度在教育基础薄弱的发展中国家是少有的。同时，中等专业学校及高等学校中的女学生人数和比例也有了相当的增长（见表5-3）。

表5-3　中国各级各类学校女学生占学生总数的比重（%）

年　份	普通高等学校	中等技术学校	中等师范学校	普通中学	小　学
1951	22.5	31.9	26.0	25.6	28.0
1960	24.5	31.3	31.3	31.2	39.1
1975	32.6	34.4		39.3	45.2
1980	23.4	37.2	26.0	39.6	44.6
1990	33.7	45.4		41.9	46.2
1992	33.7	48.85		43.81	46.59
1996	36.43	55.06		45.92	47.50
1997	37.32	63.56		45.46	47.63

妇女成人教育和妇女职业技术教育发展也十分迅速。新中国成立40年，妇女累计脱盲人数为10886万，占全国脱盲总人数的70%。专门培养妇女干部和管理人才的妇女干部院校，自20世纪50年代初成立至20世纪90年代初已达27所。截至1990年底，全国已建立女子中等职业学校1679所，女子职业大学3所，开设了60多个适合妇女学习的专业；有1300万名妇女在成人高校学习，全国共有9500万名妇女于近几年参加了各类实用技术培训，其中60%以上的人掌握了一至两门实用技术。

中国妇女教育的发展，在一定程度上导致了妇女就业结构的变化，各类专业技术人员中的女性比例不断增长。1982年女性专业技术人员占总数的比例为24.4%，1987年为28.8%，1990年为45.1%。1988年，全国870多万名妇女干部，担任县处以上职务的有7万多人。1988年，中国全民所有制单位中的自然科学技术人员中，已有334万名妇女，她们几乎全部是由新中国培养的。中国妇女文化素质的提高，有效地扩大了她们的就业领域和参与社会活动的可能性。同时促进了她们的参政意识、独立意识、进取意识等的发展和价值观的转变，使她们在社会主义现代化建设中发挥着越来越重要的作用。

我国妇女教育事业的迅速发展，与广大女教师队伍的迅速发展以及她们的辛勤工作密不可分。1996 年，全国已有各级各类学校女教师 522.14 万人，比 1949 年增加了 10 多倍。

第四节　特殊儿童教育取得显著成就

一、残疾人教育一直受到政府的重视

长期以来，党和政府十分重视有计划地发展残疾人教育事业，切实保障残疾人受教育的权利，并作为政府和社会以及残疾人家长的共同责任。早在 1951 年，周恩来总理签署的《关于改革学制的决定》就把对有缺陷儿童的教育纳入了整个国民教育体系。该决定指出："各级人民政府应设立聋哑、盲目等特种学校，对生理上有缺陷的儿童、青年、老人施以教育。"此后几十年来，党和政府一直重视对残疾儿童的教育，特别是党的十一届三中全会以来，对残疾人的教育更加重视。1982 年，我国《宪法》规定："国家和社会帮助安排盲、聋、哑和其他有残疾的公民的劳动、生活和教育。"1985 年《中共中央关于教育体制改革的决定》中指出，在实行九年制义务教育的同时，还要努力发展盲、聋、哑、残人和弱智儿童的特殊教育。1986 年 4 月公布的《中华人民共和国义务教育法》进一步规定：地方各级人民政府要为盲、聋、哑和弱智儿童、少年举办特殊学校（班）。1991 年 5 月 15 日开始实施的《中华人民共和国残疾人保障法》，更加全面地规定了残疾人享有的受教育权利和义务。这些法律的颁布实施，从根本上保证了特殊教育事业的发展。

二、国家重视对特殊教育的经费投入

为了促进特殊教育的发展，国家设立了特殊教育专项补助，专门用于

新建和改办特殊教育学校、培养特殊教育师资等有关特殊教育项目，计划自1989年始至1995年共投入人民币1.6亿元。到1992年，全国已有近20个省、自治区和直辖市设立了地方特殊教育补助专款。此外，中央政府要求地方政府除安排特殊教育专项经费外，还应将所征收的教育费附加的一部分用于发展残疾儿童少年的义务教育。

三、国家重视特殊教育师资队伍建设

长期以来，中央和地方政府拨出相当的资金用于建立师资培训机构。目前除在部分重点师范大学开设特殊教育专业外，还有不少师范院校建立了特教师资培训中心。另外，为鼓励教师从事特殊教育工作，国家还规定实行特殊教育教师津贴。一些地方政府还自行制定了若干政策，对从事特殊教育的教师给予优先照顾。例如山西、北京等地规定，提高特殊教育教师津贴25%，并在职务聘任、住房分配、子女就业等方面给予优惠。

四、多渠道、多形式地开展特殊儿童教育

近年来，政府从国情出发，多种渠道、多种形式举办特殊教育，形成了以在普通学校附设特殊教育班和残疾儿童随班就读为主体，同时设立一定数量的特殊教育学校的中国特殊儿童义务教育的体系。北京、天津、上海、浙江、吉林等省、市合理确定特殊教育的布局，使有限的财力、物力和师资能相对集中，把这些学校建成当地发展残疾儿童少年教育的中心。这些特殊教育学校对本地区普通学校附设的特殊教育班和残疾儿童随班就读的教学工作兼有咨询、指导以及不定期培训教师的任务。另外，残疾幼儿班和学前班也在近几年以多种形式出现。1990年，仅社会开办的残疾幼儿班就有600多个。

由于采取上述措施，中国的特殊教育事业不断发展，特别是近10年来，取得了显著的成效。据统计，全国盲、聋、哑和弱智儿童学校已从1949年的42所发展到1997年的1440所，在校生由1949年的2322人发展到34.06万人，同时还有更大量的残疾儿童少年在普通小学、中学随班就读。另外，有近千名残疾青年进入大学学习，有数百名残疾学生通过高等自学考试取得了大专文凭。

为了加快特殊教育的发展，有关部门确定了发展特殊教育的基本方针：

即着重抓好初等教育和多种形式的职业技术教育，积极开展学前教育，逐步开展中等教育和高等教育；发展残疾儿童少年时教育，遵循地方负责、中央给予指导的原则；实行多种渠道、多种形式办学；残疾儿童少年实行义务教育的年限，原则上与当地健全儿童相同，条件不具备的地方先普及5年或6年初等教育。

第五节　成人教育发展的多样化及其成功经验

成人教育是中国教育事业极为重要的组成部分，它不仅向广大在业人员充分提供再教育的机会，而且对那些在青少年时期失去良好学习机会的成人提供各种补偿性的教育机会。目前全国已形成了包括扫盲、初等、中等、高等不同教育层次，学历教育与非学历教育并存，长短期并存，办学和教学形式多样并与普通教育有机衔接的成人教育体系。

一、中国扫盲教育取得显著成就

文盲问题是长期以来严重困扰我国经济和社会发展的难题之一。旧中国，文盲占总人口的80%以上。在长期的革命和建设中，党和政府一直把扫盲作为确保公民受教育机会和权利，改进生活质量的前提以及社会经济发展的重要条件来加以重视。

早在新民主主义革命时期，中国共产党就在其领导的革命根据地，开展了群众性的识字运动，取得了很好的效果。毛泽东同志在1945年明确指出，在80%的人口中扫除文盲将是新中国的一项重要工作。

中华人民共和国成立后，中国共产党和人民政府又进一步采取了各种措施，在广大工人农民中开展扫盲识字教育，取得重大成效。

40多年来，全国已累计扫除文盲1.8亿。我国总人口中的文盲率逐年下降，1990年第四次人口普查，文盲率为15.88%；15～45岁青壮年文盲率已下降到10.4%以下。1995年，文盲率已下降到12.01%，15～45岁青壮年文盲率又下降到6%。

回顾40多年来我国扫盲工作的历程，主要分为三个阶段。

（一）从 1949 年新中国成立至 1966 年夏

这一阶段的主要特点是，扫盲规模大，动员面广，年平均扫除文盲的人数较多。中华人民共和国成立后，我国政府立即在全国动员扫盲，1949 年 12 月教育部发出《关于开展一九四九年冬学的指示》，要求在全国农村普遍开展扫盲。1950 年 9 月召开第一次全国工农教育会议，明确提出“开展识字教育，逐步减少文盲”。为了加快扫盲进度，1952 年 11 月成立了中央扫除文盲工作委员会。

1956 年 3 月 29 日中共中央、国务院发出了《关于扫除文盲的决定》，该决定要求“大张旗鼓的开展扫除文盲运动”。1959 年，中共中央、国务院《关于在农村中继续扫除文盲和巩固发展业余教育的通知》中又重申要贯彻执行好中央扫除文盲的决定。1949 ~ 1965 年，全国累计扫除文盲 10272.3 万人，年均扫盲 604.3 万人。

（二）1966 年夏至 1976 年 10 月

这一阶段的主要特点是，由于“文化大革命”的破坏干扰，我国大部分地区扫盲教育基本停顿，新文盲大量产生，1966 ~ 1976 年，全国只有 1765.9 万人脱盲，年均扫盲 160.5 万人。

（三）1976 年 10 月至 1996 年

这一时期扫盲工作重新得到重视，扫盲工作机构得到恢复，扫盲工作与我国经济建设的中心任务紧密地结合了起来，全国扫盲工作达到一个新的历史高潮。

1976 年底以来，特别是 1978 年党的十一届三中全会以后，我国实行改革开放政策，工作重点转移到以经济建设为中心的轨道上来，明确提出经济建设必须依靠科技进步和提高劳动者素质。我国政府再次号召在全国进一步扫除文盲。1978 年国务院颁布了《关于扫除文盲的指示》，提出了“一堵、二扫、三提高”的基本方针。1988 年 2 月国务院又颁发了《扫除文盲工作条例》。为贯彻落实该条例，1988 年以来，原国家教委连续 5 年召开全国扫除文盲工作会议，总结交流经验，表彰扫盲先进单位和个人。特别是 1988 年的全国扫盲工作会议，制订了全国扫盲规划的总目标：到本世纪末或稍长一些时间内基本扫除15～40周岁人口的文盲、半文盲。为实现扫盲总目标，提出了：加强立法，将扫盲与普及义务初等教育统筹安排，同步实施；统一规划，分类指导，全国大体分为三类地区不同要求；建立政府统一领导，各有关部门齐抓共管，社会力量积极参与的管理体制等对策。为推动妇女妇盲，国家教委和全国妇联共同设立了“巾帼扫盲奖”。1990年是国际扫盲年，原国家教委等10个中央部门联合召开了迎接国际扫盲年全国电话会议。1991年10月，原国家教育委员会又签发了《关于进一步扫除文盲工作的意见》，提出了高标准扫盲的要求。要求在青壮年非文盲率达到85%的地方，继续扫除剩余文盲，使青壮年非文盲率达到95%。1990年以来全国扫盲出现了新的高潮，1991年和1992年脱盲人数分别达到530万人和523万人。1994年全国扫除文盲486.2万人。1995年又扫除文盲476万人。使全国的总人口文盲率由1990年的15.88%下降到12.01%。

由上可见，我国的扫盲工作一直是随着政治经济形势的发展变化波浪式前进的。40多年来，我国扫盲工作走过的道路是曲折而艰难的，但成就也是显著的。我国文盲率由解放初的80%降到1995年的12.01%，从一个文盲包围非文盲的国家变成一个非文盲包围文盲的国家。应该说这是历史性的巨大变化，是我国对整个人类文明的特殊贡献。我国扫盲工作的成就得到了国际组织的高度评价。近年来，我国接连荣获了“野间扫盲奖”、“娜杰达·克鲁普斯卡娅扫盲奖”、“国际阅读协会扫盲奖”等。

表5－4　新中国四十多年扫盲人数统计

年　度	扫除文盲数（万人）
1949～1953	701.0
1954～1965	9571.3
1972～1976	1265.8
1977～1994	7005.31
合　计	18543.11

二、中国扫盲工作取得重要经验

回顾总结40多年来扫盲工作的历程，取得的成功经验有以下几点。

1. 各级政府必须重视和加强对扫盲工作的领导，把扫盲任务列入当地经济和社会发展规划。

2. 必须努力通过制定扫盲法规，推动扫盲工作的实施。新中国成立以来，颁布了大量的法规，产生了积极的作用。1988 年，国务院又颁布了《扫除文盲工作条例》。1990 年，国家教委还下发了《关于农村中小学参加扫盲工作的通知》。1993 年 3 月，中国国家级全民教育大会通过《中国全民教育行动纲领》（草案）。上述法令、条例和规定的颁发，为我国扫盲工作的具体实践，提供了法律和政策依据。

3. 广泛开展扫盲的社会宣传动员工作。扫盲是一项社会性、群众性很强的工作，必须动员有关部门、群众团体及社会力量关心、支持、参与扫盲。特别要注意用与人们切身利益密切相关的事实，来动员宣传群众重视扫盲，提高大家对扫盲在经济与社会发展中特殊作用的认识。重视发挥各部门和社会团体在扫盲中的作用。

4. 必须重视建立扫盲的组织管理和实施机构。为了加强对扫除文盲工作的具体领导，早在 1952 年 11 月 15 日，中央人民政府第 19 次会议通过决议，成立中央扫除文盲工作委员会。现在国家教委成人教育司设有扫盲教育处，省、地、县教育部门也都设置了成人教育管理机构，乡镇配备了扫盲成人教育专职干部，村里指定了干部、教师负责扫盲工作，从而使扫盲工作层层有管理。

5. 坚持普及初等教育、扫盲及扫盲后教育的统筹规划，同步实施，也就是说要坚持“一堵二扫三提高”的方针。“一堵”就是抓好普及小学教育，采取多种形式，组织学龄儿童入学，真正达到小学毕业程度，堵住产生新文盲的主要漏洞；“二扫”就是将 15～40 岁的少年、青年、壮年中的文盲基本扫除；“三提高”就是对已脱盲的要继续组织学习，进一步巩固和提高。总之，要求在大力扫除青壮年文盲的同时，抓紧普及初等教育，提高学龄儿童入学率、巩固率，堵住新文盲的产生；同时还抓紧抓好扫盲后的继续教育，广泛开展多形式、多层次的农民文化技术教育。

6. 在扫盲教学中，坚持学文化与学技术相结合，与生产生活的实际需要相结合。近十几年来，我国努力发展经济，改善人民生活，广大农民迫切要求在学习文化的同时学习技术，发展生产，脱贫致富。目前，已形成了学文化与学技术相结合的扫盲机制，其主要特点是：扫盲教材中增加生产技术和生活常识的内容；编写以学技术为主的扫盲教材，举办技术扫盲班；组织脱盲学员继续学习生产实用技术，巩固扫盲成果。

7. 做好筹集经费、师资培训和教材建设工作。这是扫盲工作必须具备的条件。扫盲经费采取分级负责、多种渠道筹集，主要由县、乡财政拨款，国家和省级财政给予补助，乡、村根据当地的情况，从企业和农村教育经费中筹集一部分。扫盲教师主要从农村中小学教师和知识青年中选聘，由地方教育部门组织培训后任教。

8. 因地制宜，从实际出发开展扫盲工作。我国地域广阔，民族众多，对扫盲教学内容的要求也各异。各省根据国家教委制定的《扫除文盲教学大纲》的要求，编写、审定扫盲教材。地、县、乡再编少量的补充教材。教材的种类以文字教材为主，也有声像教材，如中国教育电视台制作了《汉语扫盲》教材，通过卫星向全国播放。有语言文字的少数民族则编写少数民族文字教材，仅新疆维吾尔自治区就编写了6种语言文字的扫盲教材。

此外，建立评估、验收、表彰、奖励制度，加强扫盲教育的科学研究，积极开展国际交流与合作等工作，对我国扫盲工作的深入开展也起到了积极的作用。

三、各级各类成人教育发展迅速

（一）各级各类成人学校数量发展迅速

1997年全国成人初等学校达16.31万多所，在校生763.14万人；成人中等学校46.30万多所，在校生6119万人；成人高等学校1107所，在校生273万人。成人中等和成人高等学校的校数均已大大超过了普通中学（7.86万所）和普通高等学校（1020所）的校数。

（二）岗位培训得到大力开展

自从1987年国家颁布的《关于改革和发展成人教育的决定》中提出了成人教育的重点要由学历教育逐步转向岗位技术培训以后，此项工作发展迅速。据不完全统计，1987～1990年，全国职工参加岗位培训累计9309.3万人次，其中1990年为2699.9万人次，占当年职工参加各类学习总人数的86.3%。农村成人教育为农村发展培养了大批急需的人才。

1991 年全国各类农民技术学校结业人数为 3564 万人，占乡村劳动力总数的比例为 9.8%。

（三）利用远距离教育手段，开展成人教育

改革开放以来，远距离教育受到重视。现在，教育电视网络覆盖全国。中国教育电视台每天播出 30 小时的教育节目。到 1990 年，已累计播出 3.6 万小时，收看人数近 2000 万人。目前全国除中央广播电视大学外，各省、自治区、直辖市及 654 个地级市、1500 多个县也都建起了广播电视大学，共有教学班 1 万多个，已逐步形成了一个具有中国特色的现代化远距离高等教育体系。到 1992 年底，全国各级广播电视大学已经招收 200 多个专业的大专生 210 万人，有毕业生 157 万人，85% 以上的用人单位对电大毕业生比较满意。1990 年原国家教委还在中央广播电视大学内设立了中国燎原广播电视学校，几年来已有数万名农民收看了燎原学校提供的农村实用技术教育节目。

（四）成人自学考试发展迅速

1988～1997 年，自学考试共培养本、专科毕业生及中专毕业生达 173 万多人，遍及 30 个省、自治区、直辖市及港澳台地区。面向社会的及行业、部门委托开考的专业已达 425 种，涉及理、工、农、医、财经、法律、政治、外语、文史、教育等学科。仅 1997 年全年报名人数就达 500 多万人。成人自学考试普遍受到社会各界的欢迎，人们称成人自学考试是一所没有围墙的学校。

第六节　农村与贫困地区教育状况发生深刻变化

一、农村教育发生了深刻变化

中国是一个有 8 亿农民的农业大国。在半封建、半殖民地的旧中国，劳动人民创造的文化为封建地主阶级所掌握，而广大劳动人民却始终处于愚昧、落后的社会生活中。旧中国历来只是地主有文化，农民没有文化。旧中国的教育在数千年的历史上也只是封建统治阶级的工具和专利，中国的

农民几乎没有权利享受任何专门的教育。人民在艰难、漫长的生活中，只能凭借最为原始的手耳相传的非理性形式，使年青一代获得极少量有限的文明知识。新中国的成立，使劳动人民翻身当家做了主人，从而获得了受教育的平等权利。新中国成立初期，毛泽东同志多次强调，要努力发展农村普及教育，缩小城乡差别。并且指出，发展农村教育，要根据农村的实际特点，根据人民的需要和自愿的原则，办学形式应当多样化。周恩来总理也为发展农村普及教育事业付诸大量心血。在20世纪80年代初农村经济体制改革浪潮的推动下，中央及时提出了农村教育改革的新思路，并采取了一系列重要措施，使中国农村地区教育发生了深刻变化。

1. 实行“科教兴农”、“农科教统筹”。政府要求做到依靠科技和教育来振兴农业和农村；在农村地区，发展农业要与科技、教育统筹安排。原国家教委根据上述方针明确提出了农村教育发展和改革的指导思想，即农村教育主要为当地经济发展和社会进步培养人才，农村教育要与农村的建设和农民的生产、生活需要紧密结合，为促进农村经济、社会发展和农民勤劳致富服务。在农村教育的培养目标方面，不仅强调要提高受教育者的思想道德素质和科学文化素质，而且强调要使他们掌握一定的发展农村经济所需要的技能技巧及科技知识。

2. 实行“三教结合”。即在农村地区，把基础教育、职业技术教育和成人教育三者统筹规划和协调。在加强基础教育的同时，大力发展多形式多层次的职业技术教育和成人教育。目前农村教育发展特别是技术教育发展的规模和速度是前所未有的。据1997年统计，全国农村学龄儿童入学率已达到97.94%。农村（包括县、镇）已有近70万所普通小学，7万多所普通中学，6千多所职业技术中学。成人教育初步形成由扫盲到小学、初中的文化教育和由初、中级技术教育到农民大中专学历教育的多层次、多形式、多渠道的县（市）、乡（镇）、村三级培训网络。全国农村每年大约有3000万农民接受各种形式的技术培训；“绿色证书”（农民资格证书）制度已在一些地方实行，农业部已在“八五”期间将这一计划由点到面推开；全国已有80%以上的乡、40%以上的村办有农民文化技术学校，有的省已有70%以上的村有农民学校。

3. 实施“燎原计划”。为推动全国农村教育的改革与发展，使教育更好地为当地农村的建设和发展服务，原国家教委在全国范围内选择若干地区进行教育综合改革的试点工作。“燎原计划”是农村教育综合改革的重点内容，也是一项重要措施，它是1988年8月由国务院批准实施的。“燎原计划”的实质是，通过发展和改革农村教育，大面积提高农村劳动者的文化技术素质，增强农村吸收和运用科学技术的能力，促进农村经济与社会的发展。与此同时，经国务院批准，中国人民银行自1988年开始，已发放燎原贷款2.4亿元，扶持了2700多个燎原项目，培训了500多万城镇青年和农民，推广1000多项实用技术，创利税2亿多元。到1997年底，全国实施“燎原计划”的县已有近2000个，约占全国总县数的80%；实施“燎原计划”的示范乡近10000个，约占全国总乡数的25%。

中国农村教育的深刻变化，促进了农村经济的发展。

二、贫困地区儿童受教育机会得到很大改善

中国是一个人口众多、地域辽阔的发展中国家。由于历史、文化、自然环境等多方面的因素，地区间表现出明显的差异性和不平衡性。从1986年开始，由国家和各省、自治区扶持的贫困县有近600个（集中在老、少、边、穷地区）。这些地区的农业人口有2亿多人，农业劳动力近1亿人。大部分地区人均年收入不足400元。经济发展基本上是在“解决温饱”的水平上迈进。到1997年底仍有约5000万人口没有解决温饱问题集中在全国592个县内。其中大约有121个县处于极其贫困的状况，人均收入不足200元。由于贫困，有的地方只有1/3的学龄儿童入学。至“八五”末期，全国尚未普及初等教育的300多个县，其中90%以上在这些地区。长期以来为了帮助贫困地区的儿童创造更多的入学机会，政府和社会采取了许多有力措施。

第一，经济上采取特殊优惠的扶贫政策。从1985年起，政府每年拨出1亿元作为普及小学教育基建补助专款。在牧区、山区和贫困地区寄宿中小学普遍实行助学金制度。

第二，积极与联合国有关组织协作，加强贫困地区的小学教育。从1986年开始，甘肃省参与联合国教科文组织亚太地区发起的“提高小学教育质量联合革新计划”（简称JIP计划）。该计划在解决学生“进得来、留得住、学得好”的目标方面取得了成功经验。现在云南、贵州、河南和河北等省近千所小学也开始实施JIP计划。同时原国家教委与联合国儿童基金

会于1989年共同提出了“加强贫困地区小学教育项目”的计划，旨在探索贫困地区普及初等义务教育的路子。目前，该项目活动已在陕西、甘肃、宁夏、青海、云南、贵州、四川、广西等10个省（自治区），101个县的896所学校全面展开，使近万名教师和30多万名小学生受益。

第三，动员发达地区支援少数民族贫困地区。从1992年开始，原国家教委等部门还组织动员了全国有关省、市对143个少数民族贫困县进行对口支援协作，帮助其发展教育事业。目前这项工作已取得初步成效，已有22个省、区、直辖市参与了对口支援协作工作。各地通过建新校舍、提供实验教学设备、培养师资和管理干部等多种形式支援少数民族贫困县发展教育。

从1992年开始，国家还通过与世界银行合作，正在实施“世行贷款贫困地区基础教育第一、第二两个项目”。总投资2亿多美元扶持200多个贫困县推动普及教育事业的发展。

第四，发动社会各界支援贫困地区。1989年10月，由团中央中国青少年发展基金会发起实施“希望工程”，旨在通过社会集资、建立基金，使贫困地区一些因家庭困难而失学的孩子重返课堂，并为一些贫困乡村小学改善办学条件。“希望工程”得到国内各界，港、澳、台同胞和海外华侨的热情支持，仅拿1996年来说，就获得捐款2.86亿元，兴建了1560所希望小学。7年来，希望工程已累计接受捐款9.78亿元，援建希望小学3634所，资助失学儿童154.9万名。

政府、各种民间团体和社会机构还以其他各种形式和途径，对老、少、边、穷地区的儿童教育给予热情的关怀和支持。如向中小学教师赠送图书，开展义务讲学，大学师生到贫困县进行智力扶贫，帮助创造经济效益等。

第七节　新中国少数民族教育事业取得伟大成就

新中国社会主义全民教育和促进教育机会平等实践进程的一个十分重要的内容，就是大力发展少数民族教育，这是实现各民族的平等、互助、团结、合作和共同繁荣的社会主义民族关系的重要组成部分。

中国是一个统一的多民族国家。除汉族以外，有55个少数民族，人口为9120万，占中国人口总数的8.2%，民族区域自治地方的面积占全部国土的64%。中国政府认为，少数民族和民族地区的教育发展，对各少数民族自身的繁荣、幸福，对各民族的团结以及国家全局的安定、现代化建设的发展有着至关重要的影响。

一、长期以来，党和国家十分重视少数民族的教育发展

（一）党和国家尊重少数民族平等权利和民族自治权利

《中华人民共和国宪法》明确规定，中华人民共和国各民族一律平等。国家保障各少数民族的合法权利和利益，维护和发展各民族的平等、团结、互助关系。《宪法》还明确规定，要维护和发展各少数民族的优秀传统文化，大力发展少数民族的教育文化事业。1951年9月，在北京召开的第一次全国民族教育工作会议，根据民族地区实际，确定了发展民族教育事业的方针。会议指出：少数民族教育必须是新民主主义的教育，即民族的、科学的、大众的教育，并采取适合于各民族人民发展和进步的民族形式。会议还指出，“各地人民政府除按一般开支标准拨给政府经费外，并按各民族地区的经济情况及教育工作，另拨专款，帮助解决少数民族学校的设备、教师待遇和学生生活等方面的特殊困难”。此后的几十年里，党和政府不断增加对少数民族教育的经费投入，特别是党的十一届三中全会以来，为了适应少数民族和民族地区经济社会各项事业发展对人才的需要，1984年全国人民代表大会通过的《中华人民共和国民族区域自治法》中又进一步明确规定：“民族自治地方的自治机关根据国家的教育方针，依照法律规定，决定本地方的教育规则，各级各类学校的设置、学制、办学形式、教育内容、教学用语和招生办法”；“自主地发展民族教育，扫除文盲，举办各类学校，普及初等义务教育，发展中等教育”；“招收少数民族学生为主的学校，有条件的应当采用少数民族文字的课本，并用少数民族语言讲课；小学高年级或者中学设汉文课程，推广全国通用的普通话”。1995年3月我国颁布了《中华人民共和国教育法》，其中规定：“国务院及县级以上地方各级人民政府应当设立教育专项资金，重点扶持边远贫困地区、少数民族地区实施义务教育。”这些规定，是少数民族地区自主发展民族教育的有力的法律保障。

（二）党和国家坚持从少数民族的实际出发，采取特殊措施，发展民族教育

新中国成立前，在反动统治下，我国绝大部分少数民族社会经济发展十分缓慢，教育事业极为落后。据1950年统计，在全国高等学校、中专和中小学在校生总数中，少数民族学生分别仅占0.9%、0.4%和2%左右，远远低于同期少数民族人口占全国总人口6%的比例。有的少数民族教育被寺庙所垄断，群众中文盲充斥，现代教育几乎一片空白。还有的少数民族仍处于刻木结绳记事的状态。全国没有一所正规的民族高等院校。

中华人民共和国成立后，党和政府关心和重视民族教育事业的发展，先后于1951年、1956年、1981年和1992年召开了四次全国民族教育工作会议，制定了一系列特殊的政策措施，加速了民族教育事业的发展。这些政策措施主要是：

（1）从1951年起，中央和各省（区）财政单列发展少数民族教育的专项补助经费；中央向地方下拨的各项教育专款中，对民族地区给予照顾。

（2）动员大批内地教师和高校毕业生支边，并有计划地开展内地与少数民族地区院校之间的对口支援协作。

（3）在办学条件较好的高等学校举办民族班、预科班，在山区、牧区举办寄宿制民族学校（班）。

（4）积极编译出版民族文字教材，开展少数民族语言文字和汉语言文字的双语教学。

（5）高等学校和中等专业学校招生时，在相近条件下，优先录取当地少数民族考生；国家每年划拨一定的研究生、出国留学生或进修生指标，向少数民族地区定向招生，为民族地区培养急需的高级人才。

（6）在中央和少数民族人口较多地区的政府机构中，建立各级民族教育行政管理机构，加强对民族教育工作的领导。

（三）党和国家一直把发展西藏教育作为少数民族教育发展的重点加以扶持

根据西藏的特殊情况，中央于1987年和1993年先后两次召开了智力援藏会议，国家拨出专款，扶持西藏发展教育，动员各省（市）支援西藏教

育，并在部分省（市）举办内地西藏班（校）。实践证明，这些措施有力地促进了西藏教育事业的发展（关于西藏教育的巨大成就，下一节详述）。

（四）国家对民族区域自治地方长期给予人力、物力、财力上的大力扶持

目前，国家每年对少数民族地区 8 个省、自治区的财政定额补助近 80 亿元，其中给予西藏的达 12 亿元，内有 1.45 亿元以上专门用于发展教育事业。

国家还长期设立了专项资金扶持少数民族地区，如民族教育专项补助费、支援不发达地区发展基金、民族地区补助费、边疆基本建设专项投资、边境建设事业补助费等，每年共补助 6 亿多元。由于国家的帮助和当地人民的努力，全国贫困地区和少数民族地区的经济建设有了较大的发展。

（五）党和国家对少数民族公民就业方面采取优惠政策

劳动就业政策直接影响受教育者的成就机会。在劳动就业政策方面，党和政府也采取了照顾少数民族的政策。政府规定，凡是在少数民族地区的企业，要优先招收当地少数民族公民进入企业工作，各民族地区政府应有计划地从农牧区招收少数民族农牧民进入国有企业做工等。这些政策为逐步实现少数民族农牧民学生受教育后的就业机会平等创造了条件。

以上所有这一切都充分显示了我国社会主义制度的优越性，显示了社会主义教育机会平等有着坚实的社会基础，它是理想和现实的统一，展现了社会主义的美好未来。

二、新中国少数民族教育取得的举世瞩目成就

由于党和国家的重视，40 多年来，民族教育发展取得了巨大成就。

（一）基础教育得到迅速发展，少数民族在校学生大幅度增长

长期以来，为了发展少数民族地区教育，党和政府还从少数民族的特点和民族地区的实际出发，根据“统一性与多样性相结合的原则，全面规划与地方相结合的原则”，采取了多种办学形式。如在少数民族人口聚居区和少数民族人口较多的散杂居区单独设立民族小学、民族中学；在少数民

族人口稀少、居住分散、交通不便的边远山区、牧区和林区，举办寄宿制或半寄宿制民族中小学；在一些受传统观念和宗教影响较深、女童入学比较困难的地区开设女童班、女子小学、女子中学等。从少数民族实际出发，多种形式办学，促进了少数民族基础教育的发展。

长期以来少数民族地区普及教育的效果十分显著。

表5－5　1996年全国民族教育发展概况　　单位：万人

学校类型	少数民族学生		民族教职工		少数民族专任教师	
	人数	占学生总数的比重（%）	人数	占学生总数的比重（%）	人数	占学生总数的比重（%）
普通高等学校	19.68	6.51	4.71	4.55	2.20	5.46
中等技术学校	21.05	6.29	2.33	5.42	1.22	5.98
中等师范学校	9.02	10.25	0.98	8.68	0.60	9.53
普通中学	370.19	6.45	30.45	6.88	23.34	6.74
职业中学	24.57	5.19	2.62	5.81	1.82	5.91
工读学校	0.03	5.44	0.006	2.05	0.004	2.47
小学	1251.07	9.19	61.11	9.57	51.55	8.99
特殊教育学校	1.11	3.47	0.23	5.88	0.16	6.08
幼儿园	88.32	3.31	4.61	3.92	3.32	3.74

资料来源：据国家教委计划司1996年报表统计。

1996年，全国少数民族学生数已达到1782.34万多。其中小学生在校生的人数增长到1251.07万人，小学教师队伍也由1985年的32.9万人增加到1996年的51.55万人。内蒙古、广西、西藏、新疆等少数民族自治区义务教育也有较大的发展和普及。1992年新疆维吾尔自治区的学龄儿童入学率已达到96.97%，超过全国平均水平。西藏和平解放前只有几所普通小学，在校人数只有1000余人，到1985年已增加到2315所小学，学生125400人；到1996年，小学校数增加到3000余所，在校小学生284350人。

1996年，全国少数民族普通中学生为370.19万人，是1949年的70余倍；少数民族职业中学生24.57万人。全国中小学在校少数民族学生均比解放初有了较大的增长，1996年是1949年的十多倍。

（二）高等教育从无到有，发展迅速

新中国成立前，全国没有一所少数民族高等院校。截至 1990 年，在全国少数民族自治区已建成大专院校 75 所。此外，在原国家教委、中央部委和部分省区所属的高等院校创办了民族班、预科班，全国办有 12 所民族学院，专门招收少数民族学生。每个大中专院校在招生时，对少数民族考生实行在同等条件下优先录取或适当放宽录取分数线以及定向培养的办法，尽可能多地招收少数民族学生入学，加快培养少数民族地区迫切需要的大量初、中级技术人员和部分高级专业人才。据 1996 年统计，全国高等学校少数民族在校学生为 19. 68 万人，是 1950 年的 100 余倍。

此外，少数民族妇女教育、特殊教育、成人教育也都有了较大的发展。1992 年，在全国 2. 345 亿多各级各类普通学校在校学生中，有少数民族在校学生 1782. 34 万人，占全国在校学生总数的 7. 7%。

（三）少数民族教师队伍不断成长壮大

在旧中国，民族教师的数量很少。中华人民共和国成立以后，为了满足民族教育发展对各类师资的需求，全国各地陆续建立了 94 所民族中等师范学校、40 所民族高等师范学校，为各级各类民族学校培养了一大批新型教师。1996 年，各级各类学校少数民族教职工的总数达到 93. 1 万名，占全国 1349 万名教职工总数的 7. 59%。与此同时，大批内地教师和高校毕业生响应党的号召，奔赴少数民族地区，与当地的人民群众和教师打成一片，齐心协力，为发展民族教育事业奉献了青春和力量，许多人做出了可歌可泣的业绩，受到了兄弟民族的欢迎和爱戴。

（四）少数民族文字教材的编辑出版和民族教育科学研究取得了丰硕成果

在旧中国，民族文字教材的种类和数量很少，民族教育科学研究几乎是空白。中华人民共和国成立以后，全国先后有 10 个省、自治区建立了民族文字教材编译机构；在原国家教委指导下 5 省区藏文、3 省区朝鲜文中小学教材协作组，负责编审跨省区使用的民族文字教材。目前，已有蒙、藏、朝、维、壮、哈等 23 个民族的近 600 万名学生，使用 29 种民族语言文字进

行学习，同时在一定年级学习汉语文；每年出版的民族文字的中小学教材近1800种，总印数达5000万册以上。在我国，学习和使用各民族的语言文字不仅受到普遍尊重，而且得到了法律的充分保障。

教育科学的发展与繁荣，是教育事业兴旺的重要标志之一。现在，除成立了全国性的民族教育研究会外，有越来越多的省、自治区、地、州、县、市和院校，重视研究民族教育领域的重大课题，初步形成了民族教育科学研究的网络，取得了一批优秀科研成果，出版了一批在国内外较有影响的论著和期刊，不仅活跃了学术空气，培养锻炼了一支以马克思主义理论为指导的理论研究队伍，而且保证了民族教育沿着正确的方向发展与改革。

（五）内地与民族地区高等院校之间开展的对口支援协作和智力援藏工作取得了明显成效

目前，全国有70多所高等院校，同新疆、内蒙古、宁夏、广西、西藏、云南、贵州、青海、甘肃等省区的高等院校建立了对口协作关系。自1980年以来，除按国家计划从边远地区正常招收少数民族学生入学外，通过办民族班、委托代培等形式，为上述地区多培养了6000多名少数民族学生；接收了5300多名高校教师进修提高；派出了3100多名教师到上述地区讲学；支援了价值数百万元的教学用品和图书资料；广泛开展了教学与教育管理的经验交流，加速了边远地区人才的培养和教育水平的提高。

（六）造就了一大批热爱祖国、忠于马克思主义、有现代科学知识的少数民族干部和知识分子队伍

中华人民共和国成立40多年来，民族教育事业的发展，不仅提高了少数民族普通劳动者的素质，而且培养了200多万名少数民族干部和专业技术人才。他们当中的绝大多数人已经成为各条战线的骨干，为民族地区和国家的现代化建设，为增进各民族的团结、边疆的稳定、祖国的统一，作出了重大的贡献。

第八节 西藏教育的巨大变化及其人权和民主化意义

一、西藏教育的巨大变化

由于特殊的社会和自然环境背景，发展西藏教育，成为中国少数民族教育的重点和难点。新中国建立后，党和政府关心支持西藏这一特殊地区发展教育事业，已取得了显著的成效。这是我国教育机会平等历史实践的重要方面。

西藏解放前是极为落后的农奴制社会，人民饱受帝国主义、农奴主、宗教主的残酷剥削和压迫，也曾经是世界上侵犯人权较为严重的地区。在“政教合一”的封建农奴制度下，广大农奴不仅在政治上受压迫、经济上受剥削、法律上受迫害，而且在文化教育上无任何权利可言。尽管早在1200多年前藏民族就创立了文字并在寺院建立了“妙法学校”，但是直到和平解放前，学文化受教育的权利仍然完全垄断在极少数贵族和喇嘛手中，占人口95%以上的贫苦农牧民都是文盲。即使是在文化相对集中的寺庙内部，文盲率也很高。1949年在西藏哲蚌寺（三大寺庙之一）的洛色林仓的一项调查表明，近4000名僧人中，就有80%是文盲。和平解放前，西藏没有一所现代学校，只有少量私塾和官办学校，学生千人左右，学龄儿童入学率不到1%。学校教学内容以佛经和语言文字为主，近现代科学知识与技术教育远远谈不上。寺庙教育中仍然沿袭着个别授课的落后方式。可以说，和平解放前的西藏学校教育无论在普及程度还是教学内容上都处于非常落后的境况。对于广大农牧奴来说无受教育权可言，受教育权只是极少数人的专利。

和平解放后，特别是民主改革后，在中国共产党的领导下，西藏百万农奴在政治上摆脱了被统治和被主宰的地位，成为西藏的主人；在经济上改变了原始落后的农牧业生产方式，人民生活水平大幅度提高，人口数量迅速增长，人均寿命延长近一倍，人民体质大大增强。百万农奴的人权状况得到根本性的改变。

在教育方面，西藏和平解放后，中央人民政府十分重视改善西藏各族人民的受教育条件，尽可能使广大藏族群众充分享有受教育的权利。早在

1949年初，毛泽东同志就命令进藏的中国人民解放军，要大力帮助西藏发展语言文字、文化和学校教育。中央人民政府和西藏地方政府签订的《关于和平解放西藏办法的协议》第九条规定，“依据西藏实际，逐步发展民族的语言、文字和学校教育”。40多年来，西藏各级各类教育都得到迅速发展，如今广大劳动人民群众及其子女享受到了前所未有的受教育机会和权利。长期以来还采取了大量的特殊措施。1990年，西藏人口文盲率已由和平解放前的95%下降到44.43%。学龄儿童入学率由和平解放前的不到1%提高到54.54%，1995~1996学年，又进一步提高到73%。目前，西藏已有各类学校3500多所，在校学生219971人。其中幼儿园37所，附设学前班172个，入学幼儿6800人；小学3477所，在校生258651人；中学80所，在校生32701人；大学4所，在校生3878人；中专、中师14所，在校生4713人。

中央政府发展西藏教育事业采取的主要政策和措施有：

——选派大批教育工作者进藏，帮助发展教育事业。自1956年以来，全国各地选派援藏教师共6640余人次。

——内地高校为西藏培养教师。仅从1976年到1982年，内地大学共为西藏代培中学教师1325人并先后毕业分配到西藏工作。1987年以来，原国家教委继续依托西北师范大学和辽宁、山东、安徽、上海、江苏、天津等地有关院校为西藏培养师资。

——在党中央和国务院直接领导下，开展全国范围的智力援藏。1987年9月，国务院召开第二次援藏工作会议专门研究西藏的教育发展和智力援藏问题。并根据西藏的实际和特点，在进一步实施“全国支援西藏”方针的同时，又提出了“加强基础教育，优先发展师范教育，积极发展职业技术教育和成人教育，巩固提高高等教育”的方针。“智力援藏”的重点是帮助西藏发展教育事业和培养各种人才。会议决定扩大援藏教育项目，如扩建西藏4所中等师范学校，在西藏大学内建立中学藏语师资培训部，在西北师范大学建立藏族师资培训和藏文教材教学研究中心，改善西藏边境县中小学的办学条件，充实内地办西藏中学班（校）的办学条件，为西藏教育部门配置教学服务用车以及建立电视卫星上行站等。国家共为此安排了6000万元专款。1993年3月，国务院又委托原国家教委召开全国支援西藏工作会议，国家计委、财政部、国家教委共拿出4100万元进一步支持西藏教育发展。

此外，国家还在北京、天津、上海等26个省、市设立西藏中学或各类西藏班，免费招收藏族学生，利用内地优越的办学条件进行培养，以便加速西藏教育的发展。从1985年到现在的近10年间，内地西藏班（校）已累计招生10000余人。目前各类内地西藏班（校）共有在校学生9600余人，分布在26个省、市、自治区和19个部委的120多所学校学习；各类中专班和中师班有在校学生2750人，分布在26个省市的52所学校学习。

1991年以来，西藏全区年度教育经费不断增加。为了扶持西藏基础教育，中央还决定从1985年起在西藏农牧区对学生实行“三包”（包吃、包穿、包住）政策。

显而易见，和平解放40多年来，西藏教育发生的变化是巨大的。这种变化在旧中国是不可能实现的。进行横向比较，这种发展速度，在世界教育发展史上，也是不多见的。

二、西藏教育巨大变化的人权与民主化意义

第一，充分表明在我国社会主义制度下，各少数民族不仅享受共同的社会政治地位，而且享有平等的受教育权利。摆脱了帝国主义侵略和“政教合一”封建农奴制度的西藏百万农奴，不仅获得了政治上的解放和人身的自由，而且得到了充分的受教育机会和权利。西藏人民的人权状况得到全面的改善，充分体现了我国社会主义制度下人权的广泛性。同时，体现了我国教育机会的民主和平等。

第二，西藏教育的巨大变化还表明，和平解放40多年来，在中国共产党的领导下，全国人民为改变各少数民族人权地位，消除各民族间事实上还存在的不平等，进行了长期不懈的努力。特别是内地各发达地区和民族对藏族人民进行了各方面的大力援助，充分体现了我国各民族的团结、友爱和人权的平等性。

事实表明：我国各族人民人权地位的改善，是建立在各兄弟民族相互支援、相互帮助的平等人权基础之上的。

第三，西藏教育巨大变化的大量事实充分表明，中华人民共和国成立40多年来，西藏人权状况得到不断的改善，具有真实性。国外反动势力一贯攻击我国西藏人民没有人权，这纯属违背基本历史事实的胡言乱语。任

何一个了解西藏历史和现实并尊重事实的诚实人，都不会得出西藏没有人权的结论。某些西方反动势力诬蔑我国西藏没有人权，是为了挑拨我国民族团结，分裂西藏并在西藏复辟农奴制和恢复帝国主义的控制，最终达到颠覆社会主义中国的目的。事实上，他们的所作所为才是违背和践踏人权的行径，应该受到谴责和批判。

第四，西藏教育的巨大变化和取得很大进步的成绩，是不可抹杀的事实。但从发展的角度来看，目前存在的问题和差距仍不容忽视。这同时表明，完全改善我国少数民族的教育现状，还是一个长期的十分艰巨的任务。特别是由于西藏特殊的社会历史、自然条件，进一步提高教育发展水平，还须要进行艰苦的努力。

第九节　新中国对在押罪犯公民的国民教育实践及其民主化意义①

在押罪犯是我国的一部分特殊公民。长期以来，中国政府十分重视对在押罪犯公民及轻微犯罪青少年的教育。

中国法律规定，罪犯的劳动改造必须同法制、道德、文化、技术教育结合起来。罪犯一般年纪较轻，文化程度偏低，法律意识差，这使得帮助罪犯摆脱愚昧，增强法律意识和道德观念，提高文化水平和劳动技能，成为改造工作的重要任务。为此，中国司法机关在实践中创造了开办特殊学校这一具有中国特色的改造罪犯的形式。可以说这是中国社会主义教育机会平等实践的重要组成部分之一。

中国政府从 1981 年开始把在押罪犯的教育纳入国民教育计划，要求有条件的监狱、劳改场所均应设立专门的教育机构，建立相应的教育制度，使对罪犯的法制、道德、文化和技术教育正规化、系统化。截至 1991 年年底，全国监狱、劳改场所已建成特殊学校的占总数的 72.82%。

① 本节部分内容根据国务院新闻办公室：《中国政府改造罪犯的状况》公布的资料编写，特此说明。详见 1992 年 8 月 12 日《光明日报》。

一、重视进行法制和道德教育

劳改机关对罪犯进行法制、道德教育，重点是进行认罪伏法、道德修养和人生观教育。目的是使罪犯知法、守法、服法和提高道德水平。

法制教育主要是组织罪犯学习《宪法》、《刑法》、《刑事诉讼法》、《民法通则》、《民事诉讼法》等法律，以使其了解公民的基本权利和义务，犯罪的刑事责任等刑法的基本内容，刑事诉讼制度，以及关于婚姻、家庭、人身和财产权利等民事基本法律。在此基础上使他们分清合法与违法行为的界限，犯罪行为与非犯罪行为的界限，充分认识犯罪行为的危害性和法律责任，从而认罪伏法，自觉接受改造。

道德和人生观教育主要是抓住与罪犯切身利益最为密切的问题，如理想、幸福、良知、苦乐、荣辱、前途、婚恋、家庭等问题，教育他们懂得什么是正确的社会公德和价值观念，从思想上划清光荣与耻辱、文明与野蛮、高尚与卑劣、美好与丑恶的界限。同时密切联系本人的情况，总结他们犯罪的教训，进行个别的、有针对性的教育，有效地转化罪犯的思想。

据 1991 年统计，罪犯中参加法制、道德教育的占 98.92%。

二、进行文化知识教育

对罪犯进行文化知识教育以扫盲和普及初中教育为主，同时鼓励文化程度较高的罪犯参加社会上开办的函授大学、业余大学、电视大学等学习。

为做好对罪犯的文化知识教育，中国司法机关定期对罪犯的文化成绩进行测验，分年级编班并设置与社会教育相应的课程，要求初中文化程度以下的罪犯都要参加文化学习。

监狱、劳改场所设立的特殊学校的校长由监狱、劳改场所的主要负责人兼任，此外还设有教导主任、教研室，每个学期每个年段都有教学计划和教学大纲。罪犯每天学习两小时左右，每星期学习 12 课时左右。罪犯参加文化学习，经当地教育部门考试合格的，可获得与社会教育机构同等效力的学历证书。

据统计，1991 年底，全国监狱、劳改场所共开办各种文化学习班 1.2 万余个，参加文化学习的罪犯达 51.8 万余人，入学率占应参加学习犯人的 92.35%，其中参加刊授大学、函授大学、业余大学、电视大学学习的有

5300余名，参加高等教育自学考试的有4000余名。近6年来，获得各类文化结业、毕业证书的累计达90.2万余人次。

三、开展职业技术教育

技术教育是中国对罪犯实施教育改造的一项重要内容。据1991年统计，罪犯中已有56.1万余人参加各类技术培训班，占应接受技术教育犯人的83.18%。累计有54.6万余人次经社会劳动部门考核合格，获得技术等级证书。

为了加强对罪犯的技术教育，监狱、劳改场所设有技术教研室、教室、实验室，农业单位设有试验田，对罪犯无偿提供各种技术教育的教材和资料。教员一般由司法机关的工程技术人员和农艺师等担任，同时也根据需要邀请社会上的技术人员或院校的教师讲课。根据罪犯刑满后的不同去向和社会需要，重视开展一些实用性强、周期短、见效快的综合职业技术培训，如家用电器维修、剪裁缝纫、烹饪、理发、家禽饲养、木工、瓦工、电工、农具维修等，使罪犯在服刑期间掌握一种或几种技能，为刑满就业创造良好的条件。

对罪犯进行系统的法制、道德、文化、技术教育，致力于把监狱、劳改场所办成教育人、改造人的特殊学校，这是中国劳动改造工作的一项重要改革，也是中国社会主义法制建设的新发展。实践证明，这是提高改造罪犯质量，促进社会治安良性循环的有效途径，已成为具有中国特色的一项司法制度，也是中国实现教育机会平等的重要历史实践。

四、重视教育和挽救轻微犯罪青少年学生

长期以来，我国对12~17周岁有违法和轻微犯罪行为、不适宜留在原校学习但又不够劳动教养、少年收容教养或刑事处罚条件的中学生（包括那些被学校开除或自动退学、流浪在社会上的17周岁以下的青少年）实行工读教育。我国工读学校的学生与普通中学的学生一样有受教育的权利，人格不受侵犯，民主权利、进步要求得到尊重。学生入校后首先接受法制教育然后进行文化学习，既学习普通文化知识又学习职业技术知识和技能，并有一定的劳动时间。学习年限一般为2~3年。实行学生集体食宿、集中管理、定期放假等强制性保护措施及分层次管理教育。学校由所在地的公安、司法、教育、劳动、财政等政府机构及工读学校校长组成的工读管理

委员会领导。学生结业或毕业后转入原校学习或报考其他学校或劳动就业，其出路同普通中学和职业技术学校的学生一样。

据 1991 年统计，全国共有工读学校 97 所，在校学生 5000 多人。从 1977 年至 1991 年，各地工读学校共招生 40000 余名。从学生毕业或离校后的情况看，重犯罪错的比例较低，教育的成功率一般为 85% ~95%。不少工读学校学生经过教育后表现很好。例如上海市 1977 年以来，结业于工读学校的 15700 名学生中，有 3400 名学生（21.7%）进入了高一级学校学习，其中 19 名考入高等院校；10000 多名参加工作的学生中，有的成了先进工作者，还有的担任了厂长、工程师、车间主任等职务。

工读学校具有保障有违法和轻微犯罪行为的青少年享受教育权利的意义和作用。在预防青少年的犯罪，指导社会、家庭和学校教育好违法和轻微犯罪的学生，矫治青少年的心理缺陷、行为偏差和保护未成年学生等方面有着重要的作用。

中国对犯罪在押公民及轻微犯罪青少年学生所进行的教育，充分体现了人道主义和教育机会平等的精神，是具有深远意义的历史实践。

上述成就说明，中国政府以高度的责任感，满腔的热情，为发展教育事业，保障每个公民都有受教育的权利，做出了不懈的努力。《世界全民教育宣言》倡导的“人人受教育”的目标正以前所未有的规模在中国付诸实施。

第十节 在促进青少年身心的全面健康发展上取得重大成就

以上关于新中国教育事业的发展成就，在数量上反映了中国教育机会平等的实现程度。事实上长期以来，党和国家还十分注重教育机会平等的质量问题，即促进青少年一代身心的全面健康发展。

一、坚持实施德智体全面发展的教育方针

1982 年 12 月 4 日，第五届全国人大会议通过的《中华人民共和国宪法》规定：“国家培养青年、少年、儿童在品德、智力、体质等方面全面发

展”。中国政府始终不渝地坚持执行上述规定。在进入社会主义现代化建设和改革开放的新的历史时期以后，政府又一再重申上述规定。邓小平同志对教育工作十分重视，作了很多重要指示，1983 年他为景山学校题词，“教育要面向现代化，面向世界，面向未来”，十分精辟地论述了我国教育的任务和发展方向。1990 年 12 月 30 日在党的十三届七中全会通过的《中共中央关于制定国民经济和社会发展十年规划和“八五”计划的建议》中强调，“继续贯彻教育必须为社会主义现代化服务，必须同生产劳动相结合，培养德、智、体全面发展的建设者和接班人的方针”。1993 年 2 月，中共中央和国务院印发的《中国教育改革和发展纲要》重申了这一方针；1995 年 3 月颁发的《中华人民共和国教育法》中第五条，将这一方针作为法律定下来即“教育必须为社会主义现代化建设服务，必须与生产劳动相结合，培养德、智、体等方面全面发展的社会主义事业的建设者和接班人。”这是关于我国教育方针最完整的表述，深受全国人民的欢迎和拥护。这一教育方针是马克思主义、毛泽东教育思想的继承和发展，也是建设有中国特色社会主义教育理论的组成部分。为了认真贯彻执行上述教育方针，长期以来我国政府采取了一系列重要措施。

（一）不断强调端正教育思想

片面追求高分和升学率，忽视德育、体育和劳动教育，一直是长期以来贯彻执行全面发展教育方针在教育思想上的主要障碍。为了端正教育思想，中央教育主管部门反复强调全面贯彻教育方针，制定了纠正片面追求升学率倾向的有关规定，采取了改革升学制度和考试制度，改革课程教材，加强劳动教育和社会实践活动，加强德育工作，确立科学的学校评估标准和制度，改革教育结构，加强职业指导等措施。

（二）注重加强德育工作

为了改变德育薄弱状况，中共中央及有关部门曾多次提出加强德育工作的意见。1983 年中共中央宣传部、中共中央书记处研究室发布了《关于加强爱国主义宣传教育的意见》，1985 年中共中央发出《关于改革学校思想品德和政治理论课程教学的通知》，1987 年中共中央发出《关于改进和加强高等学校思想政治工作的决定》，1988 年中共中央发出《关于改革和加强中小学德育工作的通知》等。同时，国家教委还下发了《小学德育纲要》和《中学德育纲要》（试行草案）。1991 年，国家教委又下发了《小学生日常行为规范》。

政府和教育主管部门在党中央的领导下，为贯彻上述精神，在努力确立德育的战略地位，建立健全德育工作组织领导系统，贯彻实施“德育大纲”、“学生守则”、“学生日常行为规范”等可操作的德育工作规范性文件，改进大学、中学、小学政治课设置和教学内容，拓宽德育工作渠道，加强德育工作队伍建设等方面，做了大量的工作。

（三）重视学校体育卫生工作

为了确保青少年学生身体正常发育，增强学生的体质，提高学生的健康水平，国家制定了学校体育工作法规。1990 年经国务院批准颁布施行《学校体育工作条例》。与《条例》配套的文件有《大学生体育合格标准》和《中学生体育合格标准》。上述《条例》、《标准》的推行，大大促进了学校体育工作的开展。此外，还建立了中学生和大学生的军训制度。

学校卫生工作也不断得到加强。政府为了使学校卫生工作更科学、更有效，经国务院批准制定和发布了《学校卫生工作条例》。

该《条例》是中国学校卫生工作的基本法规，是指导学校卫生工作的重要依据。为促进《条例》的贯彻落实，原国家教委下发了《中小学卫生室器械与设备配备目录》。此外，针对中小学学生近视眼发病率较高的状况，原国家教委于 1988 年下发了《中小学学生近视眼防治工作方案》，并积极推广眼保健操，教育学生懂得保护眼睛和注意眼睛卫生。政府还采取一些措施，严禁中小学学生吸烟，积极劝阻大学生吸烟，严禁大学生在禁烟区吸烟，提倡教师自觉戒烟，不许在有学生参加的教育、教学活动场所吸烟等，并提倡在学校开展不吸烟活动，要求学校把控制学生吸烟作为全面贯彻教育方针、进行思想品德教育、促进社会主义精神文明建设、保障学生身心健康的大事纳入学校工作计划。

（四）加强生产劳动和社会实践活动

为改变学生脱离生产劳动、脱离社会实际的状况，政府和教育部门采取多种措施加强生产劳动教育和社会实践活动。把这两项教育内容正式列入各级学校教学计划，并规定了时间、内容，制定了有关规章制度，培养培训了教师，建立了劳动、活动基地。全国已有24个省（自治区、直辖市）编写出版了小学劳动课教材，22个省（自治区、直辖市）编写出版了中学劳动技术课教材，全国约有30%～40%的中小学设有劳动基地。1990年，全国中小学勤工俭学总产值为227.5亿元，纯收入为40.8亿元，校办产业基地有近62万个。高等学校的生产劳动和社会实践活动也被列入了教学计划。生产劳动及社会实践活动在引导学生坚持社会主义道路和向人民群众学习、加强与工农群众的联系等方面，发挥了重要作用。

（五）积极开展艺术教育

艺术教育对于引导学生和谐、全面发展具有重要意义，近几年有长足的进展。为使艺术教育长期地健康地发展，原国家教育委员会专门成立了艺术教育委员会。该委员会协助国家教委制定了《全国学校艺术教育总体规划》以及与此《规划》相配套的《全国艺术师范教育改革与发展规划》。各级各类学校艺术教育的开展，不仅活跃了学校生活，还陶冶了学生情操，提高了学生的审美趣味，促进了学生思想品德和身心健康的发展。

二、坚持面向全体学生，大面积提高教育质量

1985年《中共中央关于教育体制改革的决定》指出：教育改革的根本目的在于提高全民族的思想道德素质和科学文化素质。因此，近年来，各级政府和教育行政管理部门，针对有些地方在中、小学教育方面存在的只注意培养少数升学有望的"尖子"学生，忽视对大多数学生的教育，只集中力量抓毕业班，忽视其他年级教学的错误做法，响亮地提出了"要面向全体学生"的口号，并采取了一系列有力的政策措施，从而使广大学生在学业成就上有了广泛的、平等发展的机会和权利。

（一）大力改革教材，提倡课程教材的多样性

我国政府历来十分重视各级学校教材的编写工作，注重教材质量的不断提高，注重教材的多样性和理论联系实际。1977年，邓小平同志在《关于科学和教育工作的几点意见》一文中指出："关键是教材。教材要反映出现代科学文化的先进水平，同时要符合我国的实际情况"。这一指示，就成为我国各

级学校教材编写的总的指导方针。为改变统得过死，教材“千人一面”的弊端，1988 年原国家教委依靠教育科学研究制定并颁布了新的中小学课程方案，使教学内容更好地结合我国各地区社会主义现代化建设的实际需要，改变了以升学为中心的课程模式。新的课程方案在课程形态上，分为学科型课程、活动型课程；在课程修习上，分为必修课与选修课；在课程管理上，分为国家、地方和学校三级管理；在教材的编写上，1988 年 8 月原国家教委发布了《九年制义务教育教材编写规划方案》，由过去只委托人民教育出版社一个出版社编写一套教材变为委托 8 个省市和高等院校编写 8 套初中教材、9 套小学教材，供各地选用。同时，大力提倡各地自编乡土教材。

（二）注意推广先进教改经验

原国家教委近年来十分重视推广大面积提高质量的先进教学改革经验。近年来向全国推广了上海市青浦县顾泠沅数学教改实验组关于大面积提高数学教学质量的经验、吕敬先小学生语文能力整体发展实验的经验、李吉林实现全面提高小学语文教学质量的经验等；还召开全国会议推广黑龙江小学“注音识字，提前读写”的经验和北京等地的“愉快教育”经验等。一些研究单位如中央教育科学研究所和三算教学研究会的“三算（口算、笔算、珠算）结合”教改实验也得到国家教委领导的支持，其实验教材已经由有关部门批准印发全国，其实验班已达到 2.4 万个，遍及 29 个省、市、自治区。先进教改实验成果的推广，对减轻学生课业负担，打好基础，发展智力，培养能力，提高全体学生的学习质量，产生了积极的作用。

（三）大力加强薄弱学校

由于“文化大革命”的干扰，学校教育受到严重破坏。为尽快恢复学校和提高教育质量，20 世纪 70 年代末国家提出举办重点学校的政策。重点学校在恢复正常教学秩序、提高教育质量方面起到了骨干作用，对推进全国教育事业的健康发展作出了贡献。但由于一些地方出现了只抓重点学校，忽视或削弱一般学校的现象，使大面积中小学学生质量的提高受到影响。1986 年《中华人民共和国义务教育法》颁布以后，为了更好地执行九年制义务教育并保证教育质量的提高，政府和教育主管部门明确提出在办好示范性重点学校的同时，进一步采取措施，加强薄弱学校，面向广大学生，大面积提高教育质量。1987 年召开的全国初中工作会议，要求各地作出规划，分期分批把薄弱初中办好。会后各地在加强学校领导班子建设、教师队伍建设、德育工作和教学工作，教育改革，以及调整学校布局等方面采取了有力措施予以解决，并制定了改变薄弱初中面貌的规划，使广大农村初中教育质量明显提高。

三、改革教育结构和办学模式，培养多方面人才

（一）改革教育结构

长期以来中等教育存在结构单一化的问题，不仅与国民经济发展的需要严重脱节，而且不利于未能升学的广大青少年施展自己的才能。

早在 1978 年 4 月，邓小平在全国教育工作会议上就指出："教育事业必须和国民经济发展的要求相适应"，"应当考虑各级各类学校发展的比例，特别是扩大农业中学、各种中等专业学校、技工学校的比例。" 1980 年 10 月，国务院批转教育部、国家劳动总局《关于中等教育结构改革的报告》明确指出：要提倡各行各业广泛举办职业（技术）学校，适当将一部分普通高中改办为职业（技术）学校、职业中学、农业中学；在普通高中要逐步增设职业（技术）教育课；根据发展生产和服务行业的需要，广开学路，举办各种职业（技术）学校。此后，各类职业技术学校便发展起来。1985 年《中共中央关于教育体制改革的决定》发布后，职业技术教育得到了进一步发展。到 1990 年，我国中等教育阶段职业技术学校的在校生数占整个高中阶段在校生总数的比例，已由 1978 年的 7% 增长到 46%。1991 年，全国高中阶段职业技术学校招生数已占高中阶段招生总数的 50.3%。中等教育结构单一的局面已得到根本改变。

《义务教育法》公布以后，政府明确提出，根据中国的国情，在义务教育的初级中等教育阶段，从当地实际出发，可以举办初级中等职业技术教育。因此，一些地方的初级中等职业技术学校（班）也发展起来，成为普及九年制义务教育的一种形式。

教育结构的改革，为不能升入高一级学校的大多数普通中学毕业生和具有某些特点更适宜接受职业技术教育的青少年，开辟了另一条德智体全面发展的成才之路。

（二）改革办学模式

由于经济建设的发展，教育结构的变化，办学模式呈现出前所未有的多样化，尤以普通教育最为明显。在初中阶段，既有普通初中，又有初级中等职业技术学校；在普通初中里，既有三年制的，又有四年制的；在三年制的普通初中里，有初三“分叉”（初中三年级分为普通班和职业班两类班级），又有初二“分叉”；在四年制的普通初中里，有“三加一”初中，即三年普通教育加一年职业技术教育，又有“三加X”初中，即三年普通教育加时限不等的职业技术教育。在高中阶段，除各类职业技术学校［中专、技工学校、农（职）业中学等］以外，普通高中办学模式也开始呈现出多样化：有类似初中的二年“分叉”、三年“分叉”、“二加一”以外，还有综合中学，即在一所学校内从一年级开始既办普通班又办职业技术教育班，还有强化某门学科的外国语中学以及培养某方面特长的附设在高等院校内的音乐附中、美术附中等。多样化的办学模式，使各类学生得到了更加广泛的全面发展的机会。

四、不断改革升学、考试制度，建立和完善平等的人才选拔制度

考试制度和方法对学校教育质量和学生的健康成长具有重要导向作用，是影响教育机会平等的重要因素之一。通过近几年的改革，我国现行升学考试制度不仅在形式上，而且在实质上比过去更加科学和公平。

目前小学招收新生是采用就近入学的方法，按照《义务教育法》所规定的年龄，不分性别、民族、种族等，将儿童招收进小学学习。

在已经普及初中教育的地区，小学升初中不再举行升学考试，小学毕业生按初中所在地划片就近直接升入初中。

20世纪90年代，原国家教委对初中毕业生升高一级学校的考试制度改革正在总结典型经验，力图变升学竞争为办学水平的竞争，把学校引导到努力提高全体学生全面发展的轨道上来。

从1985年开始，原国家教委还进行了普通高中会考制度的试点工作。普通高中会考与高考是两种不同性质的考试，前者是国家承认的省级普通高中文化课毕业水平考试，后者是选取一部分优秀学生进入高等学校深造

的选拔考试。两项考试分开，有利于摆脱高考“指挥棒”对中学教育、教学产生的一定的负导向作用。根据试点经验，国家已决定从 1993 年起，在全国逐步推开高中毕业会考制度。

高等学校的招生考试是由国家举办的全国统一的选拔性考试。由于青少年考生众多，高等教育规模又有限，考试的竞争十分激烈。为了更好地体现德、智、体全面考核、择优录取的原则，国家对高考制度进行了多次改革。招生计划已经从完全的指令性计划改为国家计划和调节性计划两种形式，新生录取方法和录取体制也进行了改革，使学校能够在比较大的范围内选拔德智体全面发展的新生。还试行了招收中学保送生制度，以保证德智体一贯优秀或品德、身体较好、智力突出的应届高中毕业生能够直接升入大学。另外，目前在高考报名信息采集、考场考号编排、招生计划管理、阅卷、录取等各环节都不同程度地使用了计算机，使高考招生工作更为准确、公正、迅速。

此外，国家在以上各类招生考试中都对残疾学生、少数民族学生和女生采取了保护政策。

五、努力为广大青少年的成长创造良好的校园文化和社会育人环境

校园文化一方面包括学校规定学生所必须掌握的知识、技能、思想观点、行为规范等，另一方面是指校园建筑、文化设施、文化生活、环境的绿化和美化以及校风、教风、学风、人际关系、心理气氛等。校园文化对儿童青少年的人格塑造，促进其形成正确的人生观、价值观、道德观等具有一种潜移默化的陶冶作用。长期以来，政府提倡学校要发扬尊师重教、尊师爱生的优良传统；主张师生员工都要积极参与民主管理学校；主张每所学校都应建成整齐、清洁、美丽的校园。

良好的社会育人环境直接影响青少年一代健康成长。为此，政府不断加强重视青少年教育的社会宣传，提倡社会各界都来关心青少年一代的成长。不断加强思想文化建设，增加文化设施。倡导良好的社会风尚。充分发挥社区的作用，建立学校与家庭、社会有机结合的一体化教育网络。

由于政府对青少年一代的成长采取了正确的方针政策和一系列有力的措施，广大青少年在德、智、体几方面发展得都比较好。在道德行为方面，

大部分学生懂得自尊，尊重父母、老师和他人，能遵守社会公德。

在知识水平方面也在不断提高。据中央教育科学研究所 1991 年组织初中一年级学生参加美国 ETS 组织的“第二次国际教育成就评价”测验的成绩分析，与 21 个国家和地区比较，我国数学测试平均正确率为 80%，居 21 个样本之冠，韩国和我国台湾均为 73%；我国科学教育四科（物理、化学、生物和地理）测试平均正确率为 66.6%，居 20 个样本中第 15 名，与美国成绩接近。特别是中国中学生在 1985 年首次参加国际奥林匹克学科竞赛以来，在国际数学、物理、化学、信息科学等学科的 25 次奥赛中，10 次获团体总分第一名，在参赛的 115 人次中，共夺得金牌 61 枚、银牌 30 枚、铜牌 20 枚。中国“奥赛”选手优异成绩的取得，在一定程度上反映了中国理科教育的成绩。

从广大青少年学生的体质健康水平来看，近 10 年来在逐步提高，据原国家教委会同原国家体委、卫生部、国家民委等共同协作进行的 1979 年、1985 年、1991 年三次全国性的大规模调查结果表明，学生身高、体重明显增长，城乡学生的胸围也均有增长。

总之，中华人民共和国成立 40 多年来，教育事业的发展取得了巨大的成就。特别是在实施全民教育和教育机会平等方面的成绩得到了世界的公认。在 1993 年 3 月召开的中国全民教育国家级大会上，联合国教科文组织总干事马约尔高度称赞说：“几十年来，中国在教育方面成绩斐然，而西方工业化国家走完同样的路却花了二百多年的时间。自 1949 年以来，小学入学人数大幅度增长，几乎所有适龄儿童都能入学。但诸位不要忘记，15 岁至 40 岁年龄组的人口中，非文盲率已超过 90%。在中国，非文盲需要掌握几千个字，而不是仅仅掌握拼音文字中的 26 个字母。中国这些成就中给我留下深刻印象的是：男女差别稳步缩小，地理因素造成的教育发展不平衡现象日趋减少。正如在所有传统习惯影响较深的国家中一样，妇女教育问题向来困难重重。然而，在 15 岁至 40 岁年龄组中，男女差异减小到 10%。从前，消除妇女受教育中的不平等现象实为难以想象，然而在今天的新中国，这一点很快就将成为现实，曙光就在前面。”

马约尔还指出：“全球文盲率的下降，在很大程度上归功于中国所取得的辉煌扫盲成就。”同时，马约尔还认为，“正是由于中国对今后全世界全民教育运动的积极参与，使得所有参加这一重大历史战役的人心中充满了无限希望。”

与此同时，联合国儿童基金会执行主任格兰特高度称赞说：“中国在教育方面的成就是引人注目的。中国在过去40多年为人民办教育中取得了值得称道的进展。中国尤其在帮助处境不利的群体和使学习适合学习者生活及处境方面，创造了许多成熟且富有想象力的经验。中国15岁以上年龄人口的扫盲率达到78%，这表明，低收入并不妨碍提高文化水平。”

此外，世界银行考察团早在1982年3月发表的考察报告《中国：社会主义经济的发展》中也曾高度评价中国建设社会主义包括在教育民主化方面的成就。报告中写道：“30年来，中国经济发展的努力，一直是朝着两个基本目标进行的。第一，工业化，特别是建立重工业基础；第二，消除贫困的各个最坏的方面。虽然有曲折，产生过一些经济上的剧烈波动，但在达到两个目标方面取得了巨大进展。”“虽然平均消费水平增长很慢，但过去30年中最明显的成就，正是在基本生活需要方面，使低收入的群众比大多数其他穷国同类人好得多。他们都有工作，他们的口粮是有保证的，大多数的孩子受到比较好的教育，大多数的人都能享受基本的卫生医疗和节育服务。”

中华人民共和国成立40多年来，在实现全民教育和促进教育机会平等的进程中，取得的成就是巨大的。这是在中国共产党领导下，全国各族人民和广大教育工作者共同努力的结果，也是对整个人类社会实现全民教育的重大贡献。

第六章
中国实施全民教育，促进教育机会平等面临的现实困难

社会主义政治制度、经济制度、法律制度的建立和完善，为我国实施全民教育和促进教育机会平等奠定了重要社会基础，极大地推动了中华人民共和国成立40多年来我国全民教育和教育机会平等的历史进程，取得了举世瞩目的成就。但是，在我国社会主义建设的初级阶段，充分实现全民教育和教育机会平等仍然是一个长期、复杂而又艰巨的历史任务。我们必须客观、准确地认识当前我国全民教育和教育机会平等历史实践中所面临的种种困难。这对于推进全民教育和我国教育机会平等的进程，无疑具有重要意义。

第一节　我国实施全民教育，促进教育机会平等面临的问题与困难

一、教育机会不平等现象存在的客观必然性

新中国成立后，我国建立了社会主义制度，从党的十一届三中全会以后，我国又进入了改革开放和社会主义现代化建设的新时期，我们正在建立以公有制为主体多种经济成分共同发展的社会主义市场经济体制。如今，我国改革开放和现代化建设取得了伟大的历史成就，成功地走出了一条建设有中国特色的社会主义的道路。但在前进中还存在着一些矛盾和困难，需要我们今后在相当长一个时期内认真加以解决。这些矛盾和困难主要是：

经营管理比较粗放，经济素质不高，经济效益较差；国有企业生产经营困难较多，管理体制和经营机制不适应社会主义市场经济要求；农业基础薄弱，不适应人口增加、生活改善和经济发展的需要；在经济快速增长和经济体制转换过程中，通货膨胀压力依然较大；国家财力不足，宏观调控实力不强；在全国经济发展和人民生活普遍提高的同时，地区发展差距扩大，部分社会成员之间收入差距悬殊；在经济和社会生活中，有些腐败现象有所滋长，社会主义精神文明和民主法制建设面临不少新的问题。①这些矛盾和困难不少是关系到全局的重大问题，有些将在社会主义初级阶段长期存在，需要经过今后社会主义现代化建设中和建立完善社会主义市场经济体制过程中不断加以解决的。正是由于这些困难和矛盾的存在，以及由于工农差别、城乡差别和脑力劳动与体力劳动的差别等将长期地存在，在社会主义初期阶段或者在相当长的时期内，仍将存在着不同集团之间利益差别关系或存在着不同社会阶层。对此，中国共产党十三届二中全会曾指出："在我国社会主义社会，人民内部仍然存在着不同利益集团的矛盾。"江泽民同志在1995年9月党的十四届五中全会上发表的《正确处理社会主义现代化建设的若干重大关系》的重要讲话中也明确地指出："在社会主义初级阶段，社会成员之间收入存在一定程度的差别，是难以避免的。但如果差距悬殊，而且任其扩大，就会造成多方面的严重后果。我们必须坚持允许和鼓励一部分人先富起来，最终实现共同富裕的政策。要在发展经济的基础上，逐步增加城乡居民收入。同时要把调节个人收入分配、防止两极分化，作为全局性的大事来抓。"

承认我国社会不同阶层或不同利益集团的现实存在，不仅反映了马克思主义的历史唯物主义态度，而且具有重要的现实意义。第一，有利于国家根据不同社会阶层的状况和需要更加科学地制定有关政策，有效地协调和解决不同社会阶层之间的矛盾，促进我国社会的稳定、发展和进步。第二，有助于我国广大社会科学工作者，尤其社会学工作者，加深对社会发展现状及其规律的认识。第三，在我国今后贯彻科教兴国的战略时，为了加快教育发展应采取相应的措施，解决贫困地区、贫困人口子女就学接受教育的实际困难，以保证国家九年义务教育制度的全面实现。

---

① 中华人民共和国国民经济和社会发展"九五"计划和2010年远景目标纲要［N］. 光明日报，1996-03-20.

二、我国高等教育机会不平等状况的有关研究

社会阶层的存在必然反映出各种利益与机会上的差别和不平等，教育机会的不平等是其重要的显现指标之一。社会阶层不仅影响教育的入学机会，而且影响学校教育的成就机会以及义务教育之后的就业机会。关于我国社会阶层教育机会的不平等问题，目前尚缺乏比较系统的专门研究。但笔者认为一些与此相关的研究仍可以在一定程度上反映我国不同阶层教育机会还有些不平等。

1. 关于高等教育入学机会。有关学者 1983 年对北京农业大学、北京大学、北京师范大学、北京化工大学、北京医科大学等 5 所院校学生家庭背景情况的调查表明，工人、农民、干部、知识分子各阶层家庭背景的比例有较大的差别，如果按其人口总数的比例作为参照系数，各阶层的教育机会还存在一定程度上的不平等。

表 6－1　北京五院校 1980 届学生家庭背景抽样统计①

家庭出身	农　民	工　人	干　部	知识分子
占抽样比例（%）	20.2	25.0	15.5	39.3

尽管这项调查面比较小，抽样过于集中，阶层分类也比较笼统，但仍然在一定程度上反映出了我国不同阶层接受大学教育机会的差异性。

2. 关于学业成就机会。20 世纪六七十年代之后，西方教育机会均等的概念的最重要突破在于这个概念已扩展到取得学业成就的机会均等。因此，不同阶层与其子女学业成就之间的差异的相关研究，也被纳入教育机会均等问题的研究之中。南京师大丁瑜关于家庭诸因素对学生学习和品德的影响的研究，对 450 名学生的调查结果表明，父母的职业性质对子女学业影响极其显著。不同家庭背景，学生的学业成绩很不相同，其中知识分子子女的成绩普遍高于干部、职员类父母的子女；干部职员类父母的子女，其成绩又高于工人、农民子女的学习成绩②（详见表 6－2）。

① 刘惠珍．教育社会学［M］．沈阳：辽宁教育出版社，1987：123.

② 丁瑜．家庭诸因素对学生学习品德的影响［J］．南京师大学报（社会科学版），1985（4）.

表 6-2　家庭背景与学习成绩的关系①

成绩 类别	成绩分段（数学、语文、外语）					合计人次
	0～60	60～120	120～180	180～240	240～300	
知识分子	0	1 1.6%	4 6.3%	30 47.6%	28 44.4%	63
干部职员	0	8 4.3%	45 24.2%	94 50.5%	39 21%	186
工人农民	1 0.5%	52 25.9%	102 50.7%	38 18.4%	8 4%	201
统计结果	df＝8，x^2＝168；差异极其显著					450

此外，北京师大厉以贤教授等关于《家庭诸因素与学生学业成绩关系的主成分分析》及西安师专马淑英同志关于《家庭教育对小学生成绩影响的调查》等研究也都进一步表明，不同阶层的家庭子女学业成绩的差异性很大。

为了配合该研究的进行，作者对西安地区的 11 所不同类型高校 89 级 1991 名大学生的家庭背景进行了抽样问答调查，同时还对西安市雁塔区的 1088 名初中毕业班学生（九年义务教育的最后一年）的学业成绩与社会阶层的关系进行了调查，结果比较清楚地反映了社会不同阶层其子女受教育机会的不同情况（详见第八章）。

三、关于我国城乡教育机会不平等现象

我国是一个以农业为主体的工业农业国，农业人口比例极高。据 1990 年人口普查，全国农业人口占全国总人口的 79%，其中农村劳动力达 3 亿以上，占全部劳动力的 80%。我国现有的近 2 亿中小学生中的 80% 也在农村。而我国城市人口只有 3 亿多，占全国人口总数的 21%。我国城乡所存在的各种差别由来已久，是一个历史问题。新中国成立初期，毛泽东主席多次强调，要努力缩小城乡差别，周恩来总理为之也倾注大量心血。但是由于多方面的原因，尤其是历史遗留和经济发展不平衡等方面的原因，我国城乡差别仍然悬殊，表现在教育的机会上，不平等状况仍然非常突出。

---

① 丁瑜．家庭诸因素对学生学习品德的影响［J］．南京师大学报（社会科学版），1985（4）．

1. 义务教育阶段。据国家教委统计，1987 年全国城镇小学（7 ~ 11 岁）适龄儿童的入学率为 99.88%，而农村（7 ~ 11 岁）儿童的入学率则为 96.59%，① 比城市同一指数低了 3.41 个百分点。换言之，我国农村 7 ~ 11 岁适龄儿童有近 269.9 万人不能按期正常入学。1993 年，我国农村学龄儿童入学率仍然比城镇低 1.63 个百分点。

再从我国初中入学率的城乡差别看，入学机会的不平等更为显著。据原国家教委统计，1983 年我国农村小学毕业生人数为 1631.1 万人，升入中学的却只有 970.6 万人，仅占总数的 59%。而同年我国城镇只有小学毕业生 346.6 万人，升入中学的就有 346.5 万人，升学率高达 99%。城镇与乡村入学率竟相差了 40 个百分点。而且，从 1988 年以来的统计看，我国城镇与乡村小学与初中阶段的入学率的差距与不平等仍然严重存在。

1996 年，农村适龄儿童占全国适龄儿童总数的 80% 以上。全国 13615 万小学生中，农村学生为 9487 万，占总数的 69.7%。1996 年，全国的初中生为 4970 万人，而农村仅有 2818.8 万人，仅占 56.7%。可见，越往高一级阶段，农村青少年儿童就学的数量越少。

2. 义务教育后阶段城乡学生升学机会的不平等。在义务教育后阶段我国城乡升学机会的不平等比义务教育阶段严重。在我国现有升学制度下，义务教育后的高中与大学的升学率在某种程度上反映了不同情况下学生的学习成就机会。

从初中毕业生升入高中的比例来看，1983 年，我国农村初中人数为 651.4 万人，升入高中的只有 87.1 万人，占总数的 13%；而同期我国城镇共有初中毕业生 308.9 万人，升入高中的有 172.7 万人，占总数的 56%。城乡相差 43 个百分点。近年来，我国城镇与乡村初中升高中的比例比 1983 年都有增长，但城镇与乡村二者之间升学率也仍然存在很大的差距。1996 年，全国有在校高中生 769 万人，其中农村高中在校生为 118 万人，占总数的 15.34%。

再从高等学校入学机会来看，我国城镇与乡村的不平等最为突出。前面已提到的有关同志对北京农业大学、北京大学、北京师范大学、北京化工大学、北京医科大学等 5 院校学生家庭背景的调查表明，我国农村学生的高等教育入学机会远远低于城镇。按 1982 年人口统计，占 72.2% 的农民人

---

① 国家教育委员会计划财务局. 中国教育统计年鉴（1987 年）. 北京：北京工业大学出版社，1988.

口的子女在上述高校中所占的比例只有 20.2%，而占总人口数只有 27.98% 的城市人口的子女比例却达到 79.8%。①

表 6－3　1996 年我国城乡中小学生在校生比例

学　校	全国总人数	农村学校人数	农村/城市（%）
小　学	13615 万	9487 万	69.7
初　中	4970 万	2818.8 万	56.7
高　中	769.2 万	118.4 万	15.4

资料来源：《中国教育事业发展统计简况》（1996 年）。

作者在 1990 年对西安地区 11 所高校的抽样调查也得出了大致相同的结论（详见表 6－4）。

表 6－4　1981 名大学生的生源分布状况

		省城	地区级城市	县镇	乡	村	偏远工矿企业
	总人数	人数	人数	人数	人数	人数	人数
西北大学	201	46	39	48	14	48	6
西北工业大学	125	44	18	12	11	21	19
西安电子科大	300	63	65	70	27	65	10
西北农大	107	7	14	24	11	49	2
西安医科大学	200	39	32	50	6	32	19
西北政法学院	153	39	32	50	6	32	19
陕西财经学院	80	32	19	12	5	12	0
西安外语学院	151	73	26	23	5	11	13
陕西师范大学	279	47	43	78	27	78	6
西安矿业学院	265	35	32	43	29	112	13

① 刘慧珍．教育社会学［M］．沈阳：辽宁教育出版社，1988：133.

续表

		省城	地区级城市	县镇	乡	村	偏远工矿企业
	总人数	人数	人数	人数	人数	人数	人数
西安石油学院	120	16	20	18	13	50	3
总　计	1981	439	329	408	168	553	94
百分比		22.16	16.52	20.49	8.44	27.67	4.72

3. 义务教育前阶段的受教育机会不同。我国学前儿童受教育的机会也同样存在着较大的差异性。1993年，全国有幼儿园数165197所，在园儿童25525380人，而农村的幼儿园只有104901所，在园儿童15349523人，占全国的60%左右。该比例与农村学龄前儿童总数占全国总数近80%的比例不协调。

4. 义务教育后就业机会不平等。从整体看，我国农村各级学校毕业生社会就业的机会远远低于城市。这里既有客观条件方面的原因，也有人为的政策上的原因。最主要的有两点：一是我国农村经济结构本身比较单一，能为各级学生提供的非农业性就业机会较少；其二是农村教育普及程度及其质量都很低，职业技术教育又不发达，青少年的科学文化素质较低，谋求和承担非农业生产的能力较弱，因而不易获得就业机会。

5. 城乡文盲人口分布的状况与教育机会不平等。由于上述我国城乡教育机会的不平衡，尤其是义务教育机会的不平等，其结果直接导致了我国城乡人口文化素质的差异（当然这里还有历史遗留的原因）。这集中表现在文盲人口的分布上。到1995年底全国仍有1.45亿人口为文盲，文盲率为12.01%。目前我国文盲和半文盲主要集中在农村。1987年，在我国文盲半文盲人口总数的2.38亿中，有2.19亿是在农村，占90%以上。又据1987年1%人口抽样调查，我国文盲半文盲人口比例超过30%的省份大多都是农业大省，如江西省为30.67%，河南为30.90%，福建省为32.32%，安徽为38.74%。而三个直辖市的文盲半文盲人口比例都在20%以下，其中北京为13.40%，上海为14.72%，天津为15.17%。再以各省内部分布来看，江苏省半文盲人口比例为27.62%，而农村文盲率高达40.58%。上海郊县的文盲比市区高出8.5个百分点。① 我国贫困地区农村文盲率更高，达50%以上。

6. 城乡教育资源的不平衡。城乡教育资源的不平衡既是造成上述城乡教育机会不平等的重要原因之一，同时本身也是教育机会不平等的表现形式之一。

第一，城乡教育资金来源及数量的不平衡。我国城镇教育的资金来源渠道一般多于农村，数量也多于农村。而由于我国农村目前仍然处于解决温饱问题为中心的低收入阶段，大部分农村用于发展教育的资金都十分有限。据统计，1987年，我国农民人均农村社会总产值为1100.4元/人，但分布不平衡。低于1000元/人的有1400个县，占全国总县数的59.9%；同年全国农民人均纯收入为462.55元，其中200~400元/人的却有973个县，占全国总数的41.5%，所拥有乡村人口3.5446亿人，占全国乡村人口总数的42%。此外，还有1.2765亿农民人均纯收入在200~300元之间，有210个县处于绝对贫困线以下，人均收入不足200元，占全国总县数的8.9%，人口6105万，占全国乡村人口总数的7.1%。② 到1995年底，全国仍然还有6500万农民没有解决温饱问题。由此可见，我国农村还有很多地区温饱问题仍然没有解决。教育的经费资源十分匮乏。

第二，教师资源（数量与质量）的不平衡。我国城乡师资状况存在着较大的差距。从教师数量、质量以及稳定性来看，农村远不如城镇。就教师数量来看，1988年全国平均每10万人口中拥有教员956人，而农村贫困地区不到600人。从质量来看，1994年全国农村仍有13.41%的中学教师和36.16%的小学教师达不到国家规定的学历标准。而且已通过学历标准的教师大多又面临年龄老化的趋势。③ 农村教师队伍存在的另一问题是代课教师数量比例大。在全国737310名中小学代课教师中，农村中小学就有620536人，占84.2%。早在1989年（陕西汉中）召开的全国15省区农村教育研究会第二届年会上，与会代表一致认为农村教师特别是占一半以上的民办教师队伍因其素质低、生活待遇差、地位低而流失十分严重。这种师资状况将直接造成农村教育质量的下降，严重地影响农村学生学业成就的机会。现状表明，这种影响已经对农村教育产生了较大的冲击。

---

① 陈冰，等．论我国文盲人口［G］//四川社科院、社会科学参考资料，1989（21）：11.

② 国家统计局农村社会经济统计司．中国农村统计年鉴［M］．北京：中国统计出版社，1988.

③ 国家教委计划建设司．教育统计报告［R］．1995（1）.

当前，农村教师队伍面临的又一个最为严重的问题，就是教师工资被拖欠，给农村和贫困地区教师本来就不富裕的生活带来了更大的困难。拖欠教师工资虽然是暂时现象，但有深刻的社会原因。

第三，城乡学校办学条件不平衡。城乡教育经费来源的不平等，直接影响到教育条件的差异。具体表现在教育设备的齐全状况、危房多少及桌椅是否配套等方面。据1987年统计，全国共有危房2916万平方米，其中农村就占了2492万平方米，比例高达81.5%。到1992年，全国普通中小学仍有危房1995万平方米，其中农村为1449万平方米，仍占全国危房总面积的72.6%。经过近几年中央和各级政府的努力以及广大群众捐资办学，到1995年底，目前全国中小学基本解决了“一无两有”（无危房，有教室、有课桌），但危房仍有2%左右尚待解决。另据国家教委有关方面分析，由于缺乏经费，目前全国农村中学理、化、生物及小学自然实验仪器配备严重不足，按有关标准，中学缺额量在80%左右，小学严重不足或一无所有的占90%左右。

第四，城乡教育信息资源机会的不平等。我国城市一般来说交通发达、通信技术设备要优于农村，因此在信息资源的获得以及传播上都比农村有利，这样便造成了城乡在教育信息资源机会上的差距。在现代教育中，信息资源与传播对于教育质量有较大的影响。

四、关于我国男女受教育机会的差异

男女不同性别教育机会平等的程度是当今世界各国密切关注的客观指标，也是实现教育机会平等的难点。早在50多年前，人民教育家陶行知先生就针对当时中国基础教育的现状明确指出：中国的普及教育问题，大半是女子教育问题。如果不能解决女子教育问题，无论什么方法，都是枉费心血。女子教育是普及教育运动中最大的难关。中华人民共和国成立以来，我国女子教育虽取得了重大成就，但现有资料表明，我国女性与男性相比，教育机会平等的实现程度仍有一定的差距。

（一）各级学校女性入学率低

1. 小学学龄女童入学率低，辍学现象严重。根据全国儿童抽样调查，1983年我国小学学龄女童入学率只有63.3%，初中只有12.5%；女童到14岁已有43.9%不在校学习。又据《中国教育统计年鉴》的统计来看，1990

年全国7~11岁学龄儿童入学率为97.94%，女童入学率仅为96.37%。全国未入学的200.5万学龄儿童中，有女童168.5万，占未入学儿童总数的84.03%。到1990年底，全国还有300多个县没有达到原教育部1983年规定的普及初等教育的基本要求，其中最主要的因素之一是学龄女童入学率提高缓慢。经过近几年的努力，我国女童入学率已有较大提高，据统计，1995年全国小学适龄女童入学率为98.2%，男女性别差为0.7个百分点，女在校生比例占47.3%。

域区学龄女童就学难的问题在经济、文化不发达的西部地区表现得尤为突出。1985年和1990年统计资料表明，西部8省（区）小学学龄女童入学率低于全国平均水平，更低于华东地区平均水平（见表6-5）。

表6-5　我国小学学龄女童入学率的地区比较

区　域	1985年学龄女童入学率（%）	1990年学龄女童入学率（%）
全国	93.52	96.37
其中：		
华东地区	95.24	96.66
西部地区	84.67	89.37

注：华东地区指：上海、江苏、浙江、安徽、福建、江西、山东；西部地区指：广西、四川、贵州、云南、陕西、甘肃、青海、宁夏。

西部8省（区）中宁夏、贵州、甘肃未入学学龄女童占未入学学龄儿童总数的比例高达80%以上，其他地区除陕西、青海两省外，都高于70%。1987年中国儿童情况抽样调查资料表明，云南省被调查的4452名不在校儿童中，从未上过学的儿童有2578人，其中女童占57.3%。宁夏、广西、贵州等一些少数民族地区女童就学难的现象也相当普遍。①

西部地区女童不仅入学率低，而且女童辍学现象严重。

女童辍学高峰集中在二、三年级。1990年对宁夏10所农村小学619名学生抽样调查表明，二、三年级辍学人数占全部小学阶段辍学人数的57%，女童辍学人数几乎是男童的1.7倍。甘肃省的调查得出，已入学的女童中，

① 吴书琦，等. 中国西部八省区女童教育研究［J］. 宁夏教育科研通讯，1991（3）.

有80%左右不能完成小学学业。

1996年我国女童入学率低于97%的省区，主要是西北和西南地区的少数民族聚居省区和经济不发达地区。如西藏、甘肃、青海、宁夏、广西、四川、贵州等。抽样调查研究也表明，少数民族地区的女童入学率低于非少数民族地区。1987年中国儿童情况抽样调查资料表明，云南4~16岁汉族儿童在校率为74.5%，少数民族儿童在校率只有59.8%，40%以上的少数民族儿童没有接受学校教育；宁夏6~14岁儿童在校率为65.7%，女童为61.1%，回族女童为57.5%。1989年甘肃全省20个少数民族县学龄儿童入学率为82.79%，女童入学率为71.1%。女童入学率在60%以下的有5个县，占少数民族县总数的25%。

2. 我国大、中、小学中女生在校生比例较低。关于大、中、小学内部男女学生比例的国际比较，也充分显示出我国女性教育落后于男性教育，二者之间的差异程度高于国际平均数（见表6-6）。

表6-6 我国各级教育女性入学率的国际比较*（%）

		小学教育		中学教育		大学教育	
		男	女	男	女	男	女
世界平均	1990年	104.7	92.3	57.3	46.7	15.0	11.9
发展中国家	1988年	105.5	90.4	50.3	(37.5)	10.1	6.5
中　国	1988年	142 (98.7)	126 (97)	(50)	(37)	(2.0)	(1.1)

* 括号内数字为纯入学率，其他为毛入学率。

资料来源：联合国教科文组织. 世界教育报告［R］. 北京：人民教育出版社，1992.

（二）女性文盲率较高

由于各级各类教育中女性人口入学率低以及历史的原因，我国女性文盲与半文盲人口比例较高。1990年在全世界10亿多文盲中，中国占了1/5还多，约有2.04亿文盲人口，其中又大多是妇女。

1990年，第四次人口普查结果表明，我国女性文盲率仍然居高不下，高于国际平均水平和周边国家。

表6－7　若干国家女性文盲*率比较（%）

	中　国	世　界	发展中国家	菲律宾	南　韩	缅　甸	泰　国	越　南
普查时间	1990年	1990年	1990年	1990年	1990年	1990年	1990年	1990年
女　性	38.2	34.6	45	10.5	6.5	27.7	10.1	16.4
男　性	15.9	19.4	24.1	10.0	0.9	10.9	3.9	8.0

＊ 文盲、半文盲按15岁以上人口计算。

资料来源：联合国教科文组织. 世界教育报告［R］. 北京：人民教育出版社，1992：98.

（三）我国人口中男女公民受教育程度差别较大

据1982年人口普查，我国每万人口中只有32个女大学生，而男大学生为88人。与国外相比，男女大学生的比例差距更大。

表6－8反映的是我国1990年6岁以上人口中各类文化程度男女差别。可以看出，学历层次越高，女性所占的比例越低，男女之间的差距也越大。大学本科层次，男女之间差别为42.96个百分点；大专层次男女之间相差36.31个百分点；小学文化程度之间，男女只差4.82个百分点。而在文盲方面，女性文盲又比男性高出36.72个百分点。

表6－8　1990年全国6岁及以上人口文化程度男女性别差异

文化程度	总计（100%）	男	（%）	女	（%）
	994089929	510365844	51.34	483724085	48.66
大学本科	6138484	4418514	71.98	1719970	29.02
大学专科	9618959	6559621	68.19	3059338	31.89
中　专	17283681	10130670	58.61	7153011	41.39
高　中	72603846	44632787	61.47	27971059	38.53
初　中	263384863	159569272	60.58	103815591	39.42
小　学	420205292	220236874	52.41	199968418	47.59
文　盲	204854804	64818106	31.64	140036698	68.36

资料来源：中国第四次人口普查统计资料［R］. 北京：中国统计出版社，1993.

（四）男性女性就业机会不平等

由于传统文化观念以及上述男性女性教育的长期不平等，造成了女性素质普遍较低的状况。因此，在就业机会上，女性往往低于男性。特别是现代科学技术的迅猛发展，更要求就业女性具备较高素质，而目前女性教育的落后与这种要求相脱节，给女性就业带来实际困难。根据 1982 年人口普查，我国男性女性就业的分布情况极不平衡，女性大多数都分布在第一产业或服务性行业，而从事脑力劳动和管理部门领导工作的相对较少。

女性就业机会少于男性，还不仅仅是因为文化素质低，而且还受到传统文化观念的影响。我国近年来出现的女研究生、女大学生毕业分配难的不正常情况的重要原因之一就在于此。

五、我国不同民族受教育机会仍然很不平衡

我国是一个多民族的国家，共有 56 个民族。新中国成立前，我国各少数民族人民长期处于阶级和民族的双重压迫之下，少数民族经济极端落后，少数民族教育也处于十分不发达的状况，而且各少数民族之间教育的发展严重不平衡。许多少数民族尚未达到近代教育发展水平，有些少数民族甚至处于刻木结绳记事的原始状态，到 1949 年全国少数民族的中小学生只占全国中小学生总数的 2% 左右。新中国成立后，党和政府针对少数民族教育的落后状况，采取了一系列措施，以缩小不同民族间教育机会的不平等，使得各民族教育的权利和机会都有了很大的发展。从历史对比的角度看，55 个少数民族教育机会平等的成就巨大。截至 1991 年，全国有少数民族在校小学生 1782. 34 万人，比 1951 年增长了 10 多倍。

新中国成立后，我国少数民族教育虽然有了较大的发展，但是，由于历史和现实的原因，我国少数民族与汉民族教育之间、各少数民族教育之间教育发展的不平衡比较突出。

（一）少数民族入学率、巩固率低

与全国平均水平相比，我国少数民族各级各类学校入学率、巩固率较低。

1. 有相当一部分少数民族地区的小学生入学率大大低于全国的平均数。

1992 年，全国小学入学率平均为 97.95%，其中有 121 个县低于 90%，其人口占总人口的 1.95%。这些县主要分布在四川、青海、甘肃、贵州、云南、宁夏等 6 个少数民族人口聚居的省、自治区。这些地区内部的少数民族学龄儿童入学率就更低。据统计，1992 年，甘肃省 6 个民族贫困县的儿童入学率还不到 70%，青海的玉树州只有 22%。

2. 有相当一部分少数民族地区的小学一年级留级率高于全国平均数。1992 年，全国小学各年级平均留级率为 4.96%，其中一年级为 10.02%，青海、甘肃、宁夏、海南超过 20%。

3. 我国少数民族地区不仅入学率低，而且流失率很高。如西藏 1990 年小学毕业的学生数仅是 1985 年招生时的 20% 多一点，流失率近 80%。湖北鄂西州的流失率为 53.94%，广西东兰县中学生流失率为 11.74%。

（二）人均文化程度低，文盲率高

我国少数民族人口的文化程度普遍较低。据 1982 年统计，我国少数民族每千人口中达到高等教育水平的只有 3.78 人，每千人中达到高中文化程度的只有 45.4 人，12 岁以上人口文盲率和半文盲率占 12 岁以上总人口比例的 42.54%，与全国平均水平差距很大（见表 6-9）。

我国少数民族文化程度不仅与全国平均程度及汉民族相比不平衡。而且各少数民族之间的发展状况也不平衡。根据 1982 年和 1990 年两次人口普查统计看，有的民族教育发展较快，条件较好，人口文化程度普遍较高，受教育的机会多于其他一些少数民族。有的情况则很不理想，表现出较大的差距。表 6－10 反映了全国 1990 年人口普查中有关少数民族之间的人口文化程度差异以及教育机会的现实状况。其中朝鲜、回、蒙、满等少数民族的大学文化程度人口比例已超过全国平均水平，而藏等民族的比例又落后于其他少数民族。

表 6－9　少数民族与全国及汉族文化程度比较

	每千人中各种文化程度人数				12 岁以上人口中文盲数占其人口的百分比
	大　学	高　中	初　中	小　学	
全　国	6.0	66.3	177.5	353.9	31.87
少数民族	3.78	45.4	122.3	302.0	42.54

续表

	每千人中各种文化程度人数				12岁以上人口中文盲数占其人口的百分比
	大 学	高 中	初 中	小 学	
汉 族	6.18	67.8	181.5	357.7	31.16

资料来源：杨一星、张天路. 中国少数民族人口研究［M］. 北京：民族出版社，1989：179.

（三）少数民族男女教育机会不平等程度显著

表6-10 1982年百万以上人口少数民族女性文盲比较*

民 族	12岁及12岁以上人口中文盲半文盲的百分比			民 族	12岁及12岁以上人口中文盲半文盲的百分比		
	合计	男	女		合计	男	女
全 国	31.87	19.14	45.23	布依族	55.53	33.43	77.69
少数民族	42.54	29.66	55.35	朝鲜族	10.50	4.69	16.07
其中：蒙古族	28.26	21.05	36.41	满 族	17.02	11.89	23.13
回 族	40.71	29.45	52.29	侗 族	44.59	25.14	65.84
藏 族	74.31	60.88	86.78	瑶 族	46.91	30.48	64.26
维吾尔族	42.18	38.87	45.69	白 族	41.27	20.81	61.61
苗 族	58.11	39.54	77.69	土家族	33.38	19.91	48.21
彝 族	61.65	45.74	77.75	哈尼族	70.12	56.08	84.38
壮 族	31.37	15.73	46.99	汉 族	31.16	18.46	44.52

资料来源：杨一星、张天路. 中国少数民族人口研究［M］. 北京：民族出版社，1988：175.

1. 女性文盲率过高。1982年人口普查，我国12岁以上人口中有文盲半文盲人口2.38亿，占我国12岁以上总人口比例的31.8%。其中妇女文盲率达到45.32%。与全国相比，我国少数民族女性文盲率更高，平均达到55.97%。其中还有8个少数民族女性文盲率达到80%以上，他们是哈尼族（84.38%）、傈僳族（85.63%）、拉祜族（86.93%）、水族（85.63%）、东乡族（96.2%）、布朗族（84.02%）、撒拉族（92.54%）、保安族

(91.81%) 等。① 通过表6－10还可以看出我国1982年百万人口以上少数民族的女性文盲率之差别。

1990年进行的第四次人口普查表明，我国少数民族人口文化程度比1982年有了较大的提高，但还未从根本上改变文化程度低于全国平均水平的状况。特别是女性的文化程度与男性文化程度的差别还相当大，差别高于全国平均水平。在1990年全国6岁及6岁以上人口中，各种文化程度中的男性公民所占比例均高于女性。在大学本科层次，男性公民所占比例比女性高出38.53个百分点；大专层次中高出36.38个百分点；中专与高中层次分别高出了30.88和23.94个百分点；初中高出24.06个百分点；小学高出10.02个百分点。

2. 少数民族女生入学率低，流失率高。据国家统计局1987年统计，除个别省区外，我国大多数少数民族自治区以及少数民族比较集中的省区，学龄女童的入学率均低于全国平均水平。表6－11反映了我国1992年少数民族比较集中的省区小学学龄女童（7～12岁）入学率情况，由此表我们可以看出少数民族与全国平均水平之间的不平衡状况。

表6－11　我国部分少数民族人口聚居省区小学女童入学率比较（1992年）

地　区	校内外适龄女儿童数	在校适龄女儿童数	女学龄儿童入学率（%）
全国总数	47488984	46054912	96.98
其中：宁　夏	250858	225373	89.84
西　藏	130547	62090	47.56
贵　州	1599541	1380677	86.32
云　南	1634820	1539687	94.18
广　西	2272813	2194205	96.54
青　海	184081	148841	80.86

资料来源：根据1992年《中国教育事业统计年鉴》整理。

① 李成瑞．中国人口普查和结果分析［M］．北京：中国财政经济出版社，1987：127．

六、我国残疾儿童教育机会相对缺乏

早在1951年，周恩来总理签署的《关于改革学制的决定》就已把缺陷儿童的教育纳入了整个国民教育体系。《决定》指出："各级人民政府应设立聋哑、盲目等特种学校。对生理上有缺陷的儿童、青年、成人施以教育。"1982年，我国《宪法》规定"国家和社会帮助安排盲、聋、哑和其他有残疾的公民的劳动、生活和教育。"1985年，《中共中央关于教育体制改革的决定》指出，在实行九年制义务教育的同时，还要努力发展盲、聋、哑、残和弱智儿童的特殊教育。1986年4月公布的《中华人民共和国义务教育法》又进一步明确规定：地方各级人民政府为盲、聋、哑和弱智儿童、少年举办特殊学校（班）。由于政府的高度重视，新中国成立40多年来，我国特殊教育事业得到较大发展。到1988年年底，全国已有盲、聋、哑及弱智学校867所，学生85000人，比1948年增长了近23倍；教职工达到16056人，比1948年增长44.6倍。到1993年，全国已增加到1123所特殊学校，有在校生168585人。① 尽管如此，我国残疾儿童的特殊教育与正常人教育相比较，仍然存在着极大的机会不平等。

（一）入学机会不平等

1996年，我国特殊教育学校虽有在校学生321063人，但只占我国特殊儿童总数的2%左右，这与同期我国正常儿童教育的入学率相比，形成了极大的差异（小学98.80%，初中83%），不仅远远低于发达国家特殊儿童教育的入学率，而且也低于许多发展中国家。

（二）我国特殊儿童受教育的条件相对不足

与我国正常儿童教育的条件相比，我国特殊教育仍然有很大的困难。主要表现在：

1. 教师少。1996年我国仅有特殊学校教师27016人，这远远不能适应数百万残疾人和特殊儿童教育的需要。有人认为，如果要使我国特殊教育事业达到亚洲中等水平，还需增加特教教师38000名。我国特殊学校教师不

---

① 中国教育事业统计年鉴（1992年）[M]. 北京：人民教育出版社，1990.

仅数量不足，而且质量也不高，大多数教师有待于专业学校训练和进一步提高。造成我国特殊教育师资数量不足、质量不高的重要原因之一，是我国特殊教育师资培训力量十分薄弱，全国目前仅有一所特殊教育师范院校，难以适应我国特殊教育事业发展的需要。

2. 特殊教育机构少，分布不平衡。我国现有各类残疾儿童 817.35 万人。卫生部有关负责人在 1989 年 4 月召开的“中国优生优育协会”成立大会上曾指出，“当今中国，每 20 个人中就有 1 个残疾人，其中聋哑病呆、综合残疾和精神病患者占绝大多数。”面对如此众多的残疾人口，我国特殊教育机构显得十分薄弱。到 1993 年，全国有 1123 所特殊教育学校，但与残疾儿童数量比，仍少得可怜。另外，现有的特殊学校绝大部分集中在城市、县镇，而广大农村、边区、少数民族地区极少。如新疆、宁夏、青海、甘肃、云南、海南等 6 省区合计仅有 33 所特殊教育学校，平均每省才 5 所多一点。此外西藏自治区至今没有特殊教育学校。这种状况严重影响着儿童的受教育机会。

七、各地区之间教育发展不平衡

（一）普及义务教育的地区差异较大

以普及义务教育来分析，我国各地区发展很不平衡。1991 学年初，我国 53.0% 的 7 ~11 岁未入学儿童和 42.6% 的小学辍学学生分布在西部地区，而该地区学龄儿童数却仅占全国的 21.6%。据全国 29 个省、市、区（暂缺西藏）统计，共有 121 个县的学龄儿童入学率低于 90%，其中大部分是在西部地区。这 121 个县的学龄儿童数仅占全国的 3.4%，但未入学的学龄儿童却占全国未入学儿童总数的 1/3（见表 6 -12）。

表 6 -12　1991 年我国小学入学率低于 90%的县地区分布　　单位：万人

省、区	县数（个）	入学率低于 90% 县数（个）	人口合计	入学率低于 90% 县人口	入学率低于 90% 县人口占总人口比例（%）
全国合计	2183	121	115362	2248. 59	1. 95
其中：四川	181	37	10897	540. 75	4. 96
青海	39	28	454	154. 95	34. 13

续表

省、区	县数（个）	入学率低于90%县数（个）	人口合计	入学率低于90%县人口	入学率低于90%县人口占总人口比例（%）
贵州	80	20	3315	775.26	23.39
甘肃	75	16	2285	268.38	11.75
云南	123	12	3782	291.09	7.70
宁夏	18	3	480	78.92	16.44
广西	83	2	4324	43.48	1.01
江西	84	2	3865	14.87	0.38
河南	118	1	8763	72.56	0.83
吉林	41	1	2509	8.33	0.33

资料来源：全国教育科学规划领导小组办公室、上海市智力开发研究所合编：《教育研究信息》，1993年第6期。

再从各省的发展情况看，全国学龄儿童的入学率低于97%的省、区也大都主要集中在少数民族聚居的新疆、西藏、宁夏、甘肃、青海、贵州等地。

1993年9月，原国家教委基础教育司在调查研究的基础上，对当时我国基础教育发展的不平衡状况作了以下分析：

我国基础教育发展程度依经济发展水平，可划分为四类地区：

发达地区。约200多个县，主要分布在山东半岛、珠江三角洲、苏南地区、三个直辖市郊县。特点是：市场经济起步早，乡镇企业发达，人均收入千元以上。办学条件达到标准。小学辍学率几乎为零，初中辍学率2%左右。这些地方正在积极普及或基本普及了九年义务教育。

中等发达地区。约1000多个县，已按1983年普及初等教育“四率”要求验收达到标准。特点是：市场经济有所发展，乡镇企业不稳定。小学普及，但流失率在2%左右。校舍基本解决，但设备不足。初中办学形式单一，教育质量有待提高。打工潮对小学冲击不大，对初中冲击较大，初中出现高入学率、高流失率。这些地方正在充实初等教育的基础上，准备普及九年义务教育。

困难地区。约400个县。分两类：一类勉强宣布了普及小学教育，约200个县；另一类，人均收入在300~400元，小学入学率低，尤其是女童入学率更低，按时完成率只有40%~50%。危房多，民族问题多，宗教干扰多。“八五”、“九五”期间的重点仍然是普及小学教育。

特困地区。有121个县，多分布在西藏和民族地区。小学入学率都在90%以下，且内部悬殊很大，有的牧区小学入学率只有17.7%。这类地区办学条件差，教师水平低，尤其是发展现代文化教育的社会环境较差。

（二）地区间受教育程度差别较大

从少数民族地区的比较来看，根据第四次人口普查结果的统计分析，目前我国各省区文盲率高于全国平均水平（15.88%）的7个省区，主要分布在少数民族集中的地区，其中宁夏、西藏、青海、甘肃、云南都在25%以上。四川和贵州分别达到16.24%和24.27%。另外，从每万人中拥有的各种文化程度看，新疆、广西、宁夏、西藏、青海、甘肃也都低于全国水平。

（三）办学条件的地区间差异较大

1. 有相当一部分少数民族地区的办学条件达标率，大大低于全国平均数。从理科仪器配备达标情况看，1992年，全国中学达标率平均为29.5%，其中上海达到91%，北京为52%，天津为65.2%，而广西、海南、西藏、青海等省不到10%。1992年，全国小学仪器配备达标率平均为12.7%，上海为62.9%，全国有12个省达标率不足5%，其中广西、海南、西藏、宁夏、新疆等5省区不足1%。

再从全国中小学校实验教学普及达标情况看，各地区也很不平衡。达标最高的是北京、上海等地，均在80%以上，达标最低的在10%以下，青海和宁夏中小学达标率平均不到5%，小学是0（详见表6－13）。

表6－13　全国中小学校实验教学普及达标情况（1992年）　　单位：所

项目 地区	学校总量		达标学校数		达标比率（%）		达标县（市、区）数	
	中学	小学	中学	小学	中学	小学	中学	小学
北京市	774	3296	645	2858	83.3	87.6	5	6
天津市	625	3091	331	956	53	31	7	1
河北省	5314	48189	2024	33137	38.1	68.8	9	41
山西省	3452	41396	1738	16356	50.4	39.5	18	17
内蒙古自治区	2032	14505	614	2637	30.2	18.2	5	3

续表

项目 地区	学校总量		达标学校数		达标比率（%）		达标县（市、区）数	
	中学	小学	中学	小学	中学	小学	中学	小学
辽宁省	1593	12242	1274	6121	80	50	60	30
吉林省	1151	8018	1029	5576	89. 4	69. 5	28	13
黑龙江省	2456	15291	1188	4117	48. 4	26. 9	3	1
上海市	690	2257	608	1882	88. 1	83. 4	10	4
江苏省	4960	26933	4246	18853	85	70	10	10
浙江省	3168	25632	2830	8066	89	31	53	12
安徽省	4284	35390	126	635	2. 94	1. 79	8	9
福建省	1503	13528	813	4733	54	35	24	25
江西省	2359	26831	991	10196	42	38	21	21
山东省	5377	46708	2208	12472	41. 1	25. 6		
河南省	4884	36498	3433	8972	59	57. 2	23	23
湖北省	2965	22080	1666	9910	56. 2	44. 9	2	
湖南省	4586	48383	1660	7356	36. 2	15. 2	18	18
广东省	422	1912	419	1800	99	94	11	11
广西壮族自治区	2834	15819	425	1852	15	10		
海南省	342	3641	62	453	18	12. 4		
四川省	52025	75025	6727	25068	12. 9	33. 4	48	48
贵州省	1632	20597	1195	2916	73. 2	14. 2	22	22
云南省	2242	26041	1127	2604	50. 3	4. 3	18	9
西藏自治区								
陕西省	1739	19371	889	8949	50. 1	46. 2		
甘肃省	1171	11418	738	4137	63	36. 1	18	9
青海省	486	3610	38	0	7. 8	0	10	7

续表

项目 地区	学校总量		达标学校数		达标比率（%）		达标县（市、区）数	
	中学	小学	中学	小学	中学	小学	中学	小学
宁夏回族自治区	445	4215	9	0	2	0	0	0
新疆维吾尔自治区	2248	7132	637	1222	28	17	8	6

2. 各地区的危房状况有较大的差异。1992 年，全国共有危房 14862330 平方米，其中中学占 5939529 平方米，占校舍总面积的 2.08%；小学有危房 8362582 平方米，占小学校舍总面积的 1.89%。全国 30 个省、市、自治区中，吉林、上海、河南、四川、福建、广东等 6 省市的中小学危房比率都在 1% 以下，而海南、贵州、新疆、西藏等 4 省区高达 8% 以上，其中新疆、海南高达 10% 以上。

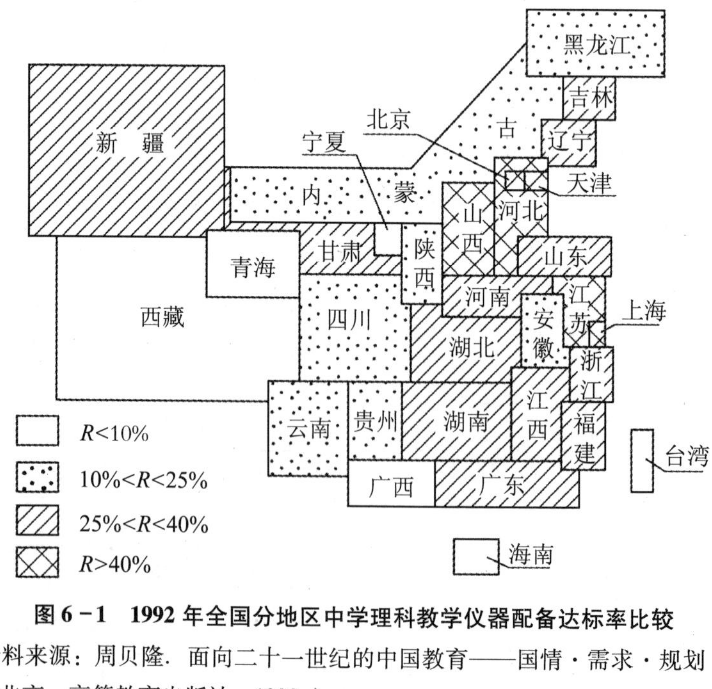

图 6－1　1992 年全国分地区中学理科教学仪器配备达标率比较

（资料来源：周贝隆. 面向二十一世纪的中国教育——国情 · 需求 · 规划 · 对策［M］. 北京：高等教育出版社，1990.）

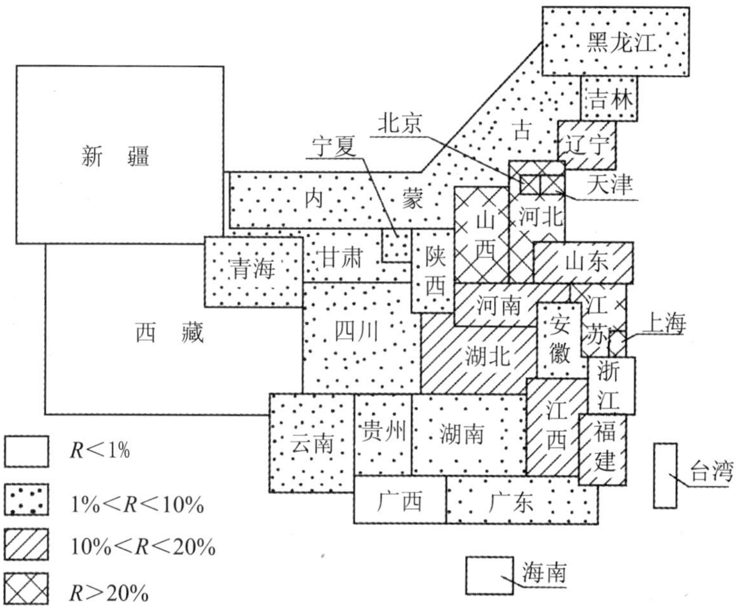

图 6－2　1992 年全国分地区小学理科教学仪器配备达标率比较

（资料来源：周贝隆．面向二十一世纪的中国教育——国情·需求·规划·对策［M］．北京：高等教育出版社，1990.）

第二节　有关我国实施全民教育，促进教育机会平等的教育质量分析

以上六个方面，主要探讨和分析了我国教育机会不平等在入学机会方面的数量表现。事实上，我国教育机会的不平等还体现在质的方面。

由于教师条件、教育设备、文化背景、经济开发程度等原因，我国城乡地区、汉族地区与少数民族地区、内地与边远山区、经济发达地区与贫困落后地区之间在教育质量也有着悬殊的差别。就是各个方面的儿童的义务教育入学机会相同，但取得的学业成就差异仍然很大；同样的教材，使用的最终结果仍不同；相同的教育年限，但最终在学生知识的掌握程度，技能的形成，智力的发展方面仍产生较大程度的差异性。

教育机会存在不平等状况，在质量方面的表现与在数量上的表现有相

似之处，即表现在不同地区之间、性别之间、民族之间及不同学校之间，同时也表现在同一地区的同一学校的不同班级和个人之间。这里有着非常复杂的情形及其制约因素。

下面重点对在各种因素制约下，全国及边远地区和少数民族地区教学质量上的差异性进行初步的分析。

就全国而言，虽然7~11周岁儿童的入学率已达到了97.95%的较高比例，但全国很不平衡，特别是辍学率及学生考试成绩不合格率高的现象还很严重，反映出教育质量程度上还存在很多问题。

1992年中小学学生考试成绩和留级情况统计结果表明：小学考试全科合格率为78.9%，留级率为4.7%；初中考试全科合格率为56.9%，留级率为1.6%；特别是小学一年级留级率偏高，达到10.01%（见表6-14）。

表6-14　1991~1992学年普通中学、小学生中留级生情况

	高　中	初　中	小　学
	留级生占参加考试人数的%	留级生占参加考试人数的%	留级生占参加考试人数的%
合　计	0.45	1.64	4.73
北京市	0.41	2.30	1.24
天津市	1.05	2.39	2.46
河北省	0.44	1.93	4.74
山西省	0.19	1.86	3.60
内蒙古	0.13	1.58	4.32
辽宁省	0.07	0.42	0.84
吉林省	0.20	1.31	1.88
黑龙江	0.25	2.25	3.28
上海市	1.66	2.25	1.92
江苏省	0.85	1.61	3.89
浙江省	0.62	0.56	1.41
安徽省	0.68	2.38	9.30
福建省	0.65	1.31	2.89

续表

	高　中	初　中	小　学
	留级生占参加考试人数的%	留级生占参加考试人数的%	留级生占参加考试人数的%
江西省	0.86	1.86	4.31
山东省	0.06	0.44	2.48
河南省	0.83	3.08	5.91
湖北省	0.28	1.46	4.08
湖南省	0.46	1.18	2.99
广东省	0.10	0.81	3.74
广　西	0.42	2.43	8.12
海南省	0.50	1.60	9.83
四川省	0.20	0.87	2.19
贵州省	0.00	2.97	8.22
云南省	0.25	2.08	6.76
西　藏	2.76	3.36	10.29
陕西省	0.37	2.08	6.20
甘肃省	0.19	3.12	14.39
青海省	1.00	3.38	15.09
宁　夏	0.31	2.34	13.93
新　疆	1.39	3.27	8.27

再从辍学率看，按每年初中辍学率5.8%、小学生辍学率2.19%的比例，每年共辍学中小学生498.5万人。再加上小学毕业和结业未能升入初中的384.5万人，每年就有883万名达不到初中或小学毕业水平的少年儿童流入社会。

由此可见，我国教育普及过程中，质量问题仍十分突出。

我国边远地区及少数民族地区教学质量与全国平均水平的差异性，主要表现在以下方面。

一、在校生留级率高

1991～1992学年，全国小学留级生平均占参加考试人数的4.73%，而多数少数民族聚居地区在其两倍以上。如新疆为8.27%，宁夏为13.93%，青海为15.09%，甘肃为14.39%，西藏自治区为10.29%，广西为8.12%，海南、贵州分别为9.83%和8.22%，以上8省区小学留级率平均为11.02%。

再以初中为例，全国平均留级生占参加考试人数的1.64%，而新疆、宁夏、青海、甘肃、西藏、广西、海南、贵州等8省区平均数为3.06%，高出近两倍（详见表6－14）。

全国各地区学生考试成绩及留级状况不平衡。1992年有5个省、区小学一年级留级率超过20%，这些地区提高教学质量的任务更为艰巨。

二、毕业生升学考试合格率低

表现之一，初中考试合格率较低。有相当一部分少数民族地区的初中考试合格率大大低于全国平均数。1992年全国初中考试合格率平均为56.9%，其中青海、甘肃、云南、贵州4省，低于35%。

表现之二，高校招生考试中，成绩合格率明显偏低。1986年作者曾参加新疆喀什地区中小学教育调查组，入少数民族地区进行“关于少数民族与汉族高考成绩的质量评估调查”，进一步探讨了民汉教育质量上的不平衡情况（见表6－15）。

表6－15　新疆喀什地区1985年民汉学生高考数学成绩对比

（据全国统一考试试卷统计）

民族参考人数 分数分段	少数民族		汉　族	
	2306人		1067人	
	人　数	%	人　数	%
91～100	0	0	7	0.7
81～90	0	0	12	1.1
71～80	0	0	28	2.6
61～70	0	0	51	4.8

续表

民族参考人数 分数分段	少数民族 2306 人		汉 族 1067 人	
	人 数	%	人 数	%
51 ~ 60	0	0	95	8.9
41 ~ 50	0	0	142	13.3
31 ~ 40	0	0	191	17.9
21 ~ 30	44	1.9	206	19.3
11 ~ 20	439	16.85	190	17.8
0 ~ 10	1823	79.05	145	13.6

资料来源：新疆教育科研所.《喀什地区中小学教育现状调查报告［R］. 1986.

新疆师范大学教育系黄家庆副教授曾对新疆 1979 年至 1991 年民、汉高考学生的学科成绩作了对比研究，也较明显地反映了该地区民族教育在教学质量上的差距（详见表 6 - 16）。

表 6 - 16 新疆 1987 年高考少数民族学生与汉族学生各学科部分成绩比较统计

类 别	学 科	考试人数	60 分以上		20 分以下	
			人 数	占总人数（%）	人 数	占总人数（%）
理科（汉族）	政 治	24497	17146	70	195	0.08
理科（汉族）	语 文	24497	20243	32.5	36	0.04
理科（汉族）	数 学	24497	7927	32.3	2365	10
理科（汉族）	物 理	24497	637	2.6		
理科（汉族）	化 学	24497	10113	41.3		
理科（汉族）	生 物	24497	72	0.29		
理科（汉族）	外 语	24497	3775	35.8		
理科（民族）	政 治	10176	24	0.24	5976	58
理科（民族）	语 文	10176	3578	34.3	40	0.04
理科（民族）	数 学	10176	6	0.06	9240	90
理科（民族）	物 理	10176	31	0.3		

续表

类别	学科	考试人数	60分以上		20分以下	
			人数	占总人数（%）	人数	占总人数（%）
理科（民考汉）	政治	945	197	20.8		
理科（民考汉）	语文	945	367	33.8		
理科（民考汉）	数学	945	44	4.6		
理科（民考汉）	物理	945	3	0.32		
理科（民考汉）	化学	945	72	7.6		
理科（民考汉）	生物	945				
理科（民考汉）	外语	945	34	8.9		

1987年高考全区报名8万人，预选参加统考的49566人，其中：汉族考生32125人，民族考生15941人，“民考汉”（民族学生采用汉文试卷考试）1500人。占报名的60%，淘汰38%。

表6－17反映的是1992年西藏自治区高考招生时各科考生的学习成绩情况。

表6－17　1992年西藏高考各科成绩平均分数统计

文科				理工农医			
	人数	总分	平均		人数	总分	平均
全区总计	894	199616	223.28	全区总计	583	169893	291.41
其中民族	405	76412	188.67		240	54415	226.72
政治	894	32249	86.07	政治	283	22882	39.24
	民：405	9091	22.44		240	5693	23.72
语文	894	50616	56.61	语文	583	34800	59.69
	民：405	20088	49.60		239	13010	54.43
数学	893	22051	24.69	数学	583	24240	41.57
	民：404	6278	15.53		240	5775	24.06
历史	894	27195	30.41	物理	583	18340	31.45
	民：405	6825	16.85		240	4851	20.21

续表

文　科				理工农医			
	人数	总分	平均		人数	总分	平均
地　理	892 民：403	25712 6581	28.82 16.33	化　学	583 240	17676 4184	30.31 17.43
英　语	894 405	23289 9053	26.05 22.35	英　语	583 240	17010 5336	29.17 22.23
藏　文 全部民族学生	373 372	18504 18496	49.60 49.72	藏　文	230 230	12461 12461	54.71 54.71
				生　物	583 240	12484 3105	21.41 12.93

注：根据西藏教委招生办公室提供数据整理，仅供参考，不得引用。

从表6－17可以看出，在西藏无论是少数民族考生还是汉族考生，各科考试成绩的及格率都很低，从总体平均看，各科均在60分以下。其中少数民族考生的成绩更低一些。

三、师资队伍状况之间的地区差距较大

1992年我国普通中小学专任教师队伍总计866.76万人，比上年862.15万人略有增加。学历合格教师增加了24万人，中小学教师队伍整体素质有明显提高。但从各地情况看，发展还不平衡。内蒙古、浙江、贵州、云南、西藏5个省、区小学专任教师学历合格率还低于75%；河北、山西、内蒙、山东、河南、陕西6个省、区初中专任教师学历合格率还低于50%。

四、贯彻全面发展教育方针的情况有一定差异

部分地区教育思想不端正，片面追求升学率，忽视学生的全面发展，从而使面向全体学生的全面发展素质教育受到影响。

有的地方，特别是老、少、边、穷地区，或是由于教师队伍结构不合理，或是由于办学条件差，教学设备不足等原因，学生的音乐、体育、艺术等教育得不到保障，对学生全面发展教育也有不同程度的影响。

教育质量的差异还存在于同一地区，甚至同一学校、同一班级中。笔者1990年所进行的调查表明，同一个城市（西安），同一所学校，教师的

教学质量，学生的学业成就，仍然很不一样，存在着不平衡。对于学生个人来说，学业成就的不平等既有家庭背景、社会地位的影响，也有受不适当的教育影响的问题。由此可见，促进教育机会平等的实践受制约于复杂多样的条件，其过程既有量的变化也有质的变化。

第三节　关于我国教育机会存在不平等状况的几点思考

中华人民共和国40多年实施全民教育和促进教育机会平等的进程虽然取得了令人瞩目的成就，但是教育机会存在不平等状况的客观现实仍然严重。社会主义政治制度的建立，虽然从制度上为教育机会平等创造了优越的政治条件，但它并不能一蹴而就地完全解决教育机会平等问题。如何在我国社会主义初级阶段更快地推动教育机会平等的进程，如何在社会主义市场经济建设中，既保证效益优先又尽可能地考虑教育的公平发展，仍然是一个有待在长期的历史实践中加以解决的问题。当前首要任务之一是对社会主义初级阶段教育机会不平等的社会原因以及实现过程的基本特征进行深入的思考。

一、造成我国教育机会存在不平等状况的原因分析

（一）我国目前社会主义初级阶段教育机会不平等状况的存在，有其深刻的社会原因

新中国成立后，推翻了三座大山，人民翻身当家作主人，共产党的领导，社会主义制度的建立，人民民主专政的巩固，以公有制为主体多种经济成分共同发展经济体制的建立和发展，从而消灭了最深刻的社会不平等和阶级压迫，大大缩小了整个社会的不平等差距。但是由于以下种种原因，还不可能完全消除不平等。

第一，我国社会还存在着阶级和阶层，不同阶级和阶层之间的差别还相当突出。工农差别、城乡差别、脑力劳动与体力劳动的差别乃至各种职业之间的差别在相当大的程度上影响着人们劳动就业机会、选择机会及各个方面机会平等的实现。

第二，我国长期实行按劳分配原则，由于各地区经济发展的不平衡及

某些制度的不健全等原因，还不可避免地会造成社会分配中的一些“事实上的不平等”。

第三，我国社会生产力发展的落后状况，是造成我国教育机会不平等的重要原因。人类实践已充分证明，社会不平等的消除，不仅依赖于私有制和剥削阶级的消除，而且还需要社会生产力的高度发展。我国的社会主义制度是在旧中国半封建、半殖民地社会基础上建立起来的，原有社会生产力基础十分薄弱，而且自然经济占主要地位。1949 年，全国的粮食产量只有 1 亿吨左右，比美国 1876 年的产量还少 4000 多万吨；棉花产量 40 多万吨，相当于美国 1866 年的产量；钢产量仅 16 万吨，只相当于英国 1870 年、法国 1873 年、美国 1832 年的产量；原油产量只有 12 万吨，不到美国 1861 年至 1865 年平均产量的 1/2；原煤产量为 3200 万吨，只相当于法国 1898 年的产量；发电量 433 亿度，只接近英国 1913 年和美国 1902 年的水平。由此可见，旧中国的社会生产力水平相当低下。新中国建立后的 40 多年，我国社会生产力获得了巨大的发展，但当前我国社会生产力发展水平仍然落后于发达国家，与我国社会主义民主建设的需求不相适应，根据世界银行 1994 年发展报告提供的数字，如果按人均产值计算，中国只能排在 132 个国家和地区的第 105 位。全国尚有 5800 万贫困人口。我国资源虽然丰富，但人均占有量大大低于世界平均水平，淡水、耕地、森林、草地的人均占有量，分别只有世界平均水平的 28.1%、32.3%、14.39% 和 32%。从经济发展的人均占有量看，中国与发达国家的差距还很大。我国的谷物、钢、石油产量均列世界前茅，但人均占有量分别只占世界平均水平的 9.6%、38%、20%。经济发展水平的差距，使我国教育机会平等的实现程度受到一定制约。

第四，教育机会平等与整个社会的民主建设密切相关。特别是与民主政治建设密切相联系。但是长期以来我国政治生活中“左”的错误干扰、破坏太大。《中共中央关于社会主义精神文明和物质文明建设指导方针的决议》曾经指出，我国社会主义建设的一个重要历史教训，就是没有切实加强民主政治建设。民主政治建设得不够，对社会主义各方面的民主建设也都产生重要影响。

第五，我国人口众多，出生率高，曾经很长一个时期缺乏有效的计划生育，也给我国教育机会平等造成客观上的困难。

第六，我国地域辽阔，民族众多，各地经济发展不平衡，各民族文化差异很大，这些也是造成我国教育机会不平等的因素之一。仅就农村经济发展而言，我国东部、中部和西部地区，在经济发展上存在很大的差距。以1987年人均纯收入为例，东部地区的农民人均纯收入比中部地区高出134元，比西部地区高出210元。从人均纯收入的增加额看，东部地区为中部地区的2倍，为西部地区的2.4倍；从人均纯收入的增长速度看，东部地区比中部地区高出5.3个百分点比西部地区高出5.4个百分点。[①] 近年来，这种差距仍有拉大的趋势。

毋庸讳言，随着农民收入水平的普遍提高，收入差距相对拉大，以国际上通用的基尼系数[②]表示，我国农民收入的基尼系数1978年为0.2124，1986年上升为0.2800，呈现扩大的趋势。这主要是由于人们所处的经济环境不同，加之劳动技能、文化程度、经营能力及家庭负担人口等差异所致。

（二）我国教育机会不平等有教育制度本身的原因

我国社会主义初级阶段教育机会不平等状况不仅与上述诸多社会因素有关，而且与我国教育制度存在缺陷有着密切的关系。

1. 教育结构单一，脱离群众实际。长期以来，我国教育体制的单一化，特别是以升学为主要目标的普通教育模式，难以调动广大人民群众的入学积极性。教育在相当长的一个时期里不仅脱离了社会主义经济建设的需要，而且也脱离了广大人民群众的生活需要。近年来，在教育体制改革中注重了体制的多元化，尤其是重视了职业教育的发展，在一定程度上促进了教育机会的扩展。

2. 招生与分配制度不合理。在各级各类学校招生与分配制度上，也仍然存在着许多不公正的因素，各级各类学校入学率的城乡差别就是最充分的反映。尤其高等学校毕业生分配中过去多年实行的“以学生来源为主要依据”的分配政策本身既不符合机会平等的精神，也不利于调动广大学生学习的积极性，在理性上也是反民主的。我国高校毕业生分配制度还有待进一步完善和改革。

3. 教育投资与及其分配制度不完善。从我国教育经费分配制度来看，

① 中宣部理论局. 激荡中国农村的变革［M］. 北京：光明日报出版社，1988：12.

② 基尼系数是用来衡量社会收入在社会成员之间分配的不平等程度的。它的值的范围从0到1，0表示完全平均，1表示所有收入属于1人。

长期以来我国教育经费投资不仅总量不足，而且教育经费内部分配比例也极不合理。尽管近年来已逐步扭转这一不正常趋势，但在一些地方政府还没有完全落实好。表现在：

（1）投入不足。我国教育投资由于受经济发展水平低、财政困难的限制，长期投入不足。

第一，生均经费低。每个学生的平均教育经费的多少，是一个国家学生消费水平高低的标志，它反映了一个国家的经济水平、教育经费的多少以及对教育事业的重视程度。

我国生均教育经费增长的速度低于同期人均国民生产总值增长的速度。如我国生均教育费 1960 年为 36.1 元人民币，1981 年为 55.6 元，增长了 0.5 倍。而同期人均国民生产总值分别为 220.4 元和 453.8 元，增长了 1 倍。可见，在此期间我国生均教育费用增长速度低于国民生产总值增长的速度，教育投资占国民生产总值的比重低于世界平均水平。而 1961 ~ 1981 年世界生均费用增长了 4.9 倍，同期世界人均国民生产总值仅增长了 4.2 倍。

表 6 - 18　公共教育经费（国家财政性教育经费）及在国民生产总值中的百分比

年　份	1992 年	1993 年	1994 年	1995 年	1996 年
公共教育经费总数（亿元）	728.8	867.76	1174.74	1411.52	
占国民生产总值比例（%）	2.73	2.54	2.52	2.46	2.44

资料来源：中国教育经费年度发展报告、国家教委、国家统计局《全国教育经费执行情况统计公告》。

第二，人均经费低。按人口平均教育费用的高低，也是反映一个国家经济发展水平和教育投资水平的重要标志。

我国 1952 年至 1985 年的人均教育费用由 2 元增加到 21.16 元，提高了 98 倍，其中教育事业费由 1952 年的 1.56 元增到 1985 年的 17.49 元，提高了 10.2 倍，平均年递增率为 7.6%。

第三，公用经费低。教育投资不足，首先危及的是公用经费部分。因为在有限的经费下，首先要保证教职工的生计，然后要顾及师生的安全，所剩部分才是公共费用。在这种情况下，我国各类学校的公用经费历来少得可怜。近些年，我国教育经费从绝对数上看确实增长不少，但主要用于人员经费的增加，一些地方学校公用经费在事业费中的比例不但没有上升，反而呈下降趋势。

学校公用经费在事业费中的比例不断下降。1990 年比 1984 年由 40.35%下降到30.31%，下降了 10 个百分点。其中，中学由 35.31%下降到24.40%；小学由24.73%下降到16.49%。这样的下降幅度是惊人的。如果扣除物价上涨因素，我国各类学校的公用经费下降的幅度，远非数据能够明显反映出来的。

第四，各地发展不平衡。由于各地的经济状况不一，领导和群众对教育投资的认识程度不一，所以有的地方教育经费相对解决得好一点，有的地方则不然，投资渠道仍然单一，教育经费仍然靠国家投资。比如一些经济文化欠发达地区，群众的温饱尚未解决，没有集资、捐资的可能；地方财政非常困难，自身的维持还要靠国家的补贴，即便中央有政策，也是心有余而力不足，拿不出钱办教育。《义务教育法》的“两个增长”在这些地区难以得到落实。

（2）分配不合理。教育投资就整体而言投入不足，但这有限的经费还存在分配不合理现象。据世界银行和联合国教科文组织的有关资料表明，各国教育经费在各级教育中的分配情况是随着本国社会和经济的发展而变化的。在经济和教育发展的初级阶段，教育投资的重点是初等教育。随着经济和社会的发展，教育的结构发生变化，初等教育得到普及，中等和高等教育的投资比例逐步提高。随着国民生产总值的提高，三级教育投资比例间的差距逐步缩小。

世界各国的教育经费分配结构，都是一种宝塔形。从教育投资分配的历史来看，分配到各级学校的教育经费的一般规律是：在初等教育尚未普及时，优先保证初等教育的投资；在初等教育基本普及时，就保证中等教育的投资；在中等教育基本普及时，就侧重投向高等教育。

表 6－19　20 世纪 80 年代部分国家教育经费的分配结构　　单位：%

国　别	初等教育	中等教育	高等教育
日　本	42	45	13
美　国	43	32	25
英　国	50	40	10
西　德	52	38	10

续表

国　别	初等教育	中等教育	高等教育
法　国	53	39	8
苏　联	39	43	18
中　国	31	30	33

资料来源：《教育研究通讯》（季）1996 年，第 3 期，第 1 页。

我国现在处于社会主义初级阶段，经济很不发达，教育投资的重点、大头应是基础教育，要优先保证对初等教育的投入。

教育投资结构、分配政策，直接影响着一个国家公民受教育机会的广泛性和层次性，影响全体人民文化素质的提高，最后将影响经济的发展水平和国民生产总值的提高。我国教育投资结构及其分配长期不合理，这在一定程度上影响了我国教育机会平等的进程。

对于我国基础教育经费的投入不足，世界银行考察团于 1984 年对我国进行专门考察之后，在其总报告中也指出，对于发展中国家的中国，教育经费的投入重点应该放在初等教育上。考察团还认为：初等教育的投入能够产生更大的经济效益，而且更符合公正的原则。①

近年来，我国教育经费（预算内）用于基础教育的比重已有很大提高，但由于历史欠账多，战线很长，所以问题仍然没有得到根本性解决。

总之，我国教育机会不平等状况的现实存在不是一个孤立的教育现象，而是一个有着丰富的内外部原因的社会问题。

二、关于我国教育机会平等进程特点的再认识

由于我国教育机会不平等的严重性及其制约因素的复杂性，我国教育机会平等的进程具有以下几个基本特征。

第一，社会主义初级阶段的教育机会平等进程，将是一个长时期的历史实践过程。在我国现有生产力发展水平条件下，要立即消灭教育机会的不平等并不现实，任何超越现实条件追求机会平等，只能造成狭隘的“平均主义”，不仅不能达到真正的平等，还会使广大民众降低接受教育的

① 世界银行经济考察团（1984 年）．中国：长期发展的问题和方案附件一：“教育问题和前景”．北京：中国财政经济出版社，1987：10.

热情。

第二，社会主义初级阶段实现教育机会平等是艰巨的历史任务，不通过渐进积累和艰苦奋斗就想实现教育机会的平等，是不可能的。只有在各族人民群众坚持不懈的努力下，才能真正推动教育机会平等的历史进程。

第三，在社会主义初级阶段，由于多种客观条件的限制，民主的平等权利和平等关系在各方面的实现程度都是有限的、相对的。因此，社会主义初级阶段的教育机会平等必须从我国社会主义建设的实际出发，确立与我国社会主义初级阶段历史进程相适应的教育机会平等进程的推进目标、任务和步骤，才能逐步建立真正的教育机会平等。任何盲目乐观、急于求成的思想和行为都是极其幼稚和有害的。

第四，我国现存的教育机会的不平衡同资本主义社会的机会不均等有着根本的、本质的区别。资本主义制度下的不均等是以资本的存在与否和数量的多少为转移的，资本主义社会教育机会的不均等以整个社会政治经济制度的不平等为基础。而我国社会主义制度下存在的教育机会上的差别，主要是由历史造成的，是由于社会生产发展水平的落后、社会分配制度的不尽完善及个人劳动能力差异等造成的。因此，可以坚信，社会主义制度的优越性，为实现教育机会上的人人平等，创造了十分重要的基础，随着社会主义建设事业的不断进步，必将会比资本主义制度下的教育取得更大的机会平等。

最后需要指出的是：对于我国教育机会的不平等状况，一方面，要看到其复杂的制约因素；另一方面，必须要有一种危机感和紧迫感。我们必须采取积极有效的措施，努力消除造成教育机会不平等的各种客观的和人为的因素。

第七章
中国实施全民教育和促进教育机会平等现实道路的思考

第一节　21世纪教育改革的主旋律

人类社会进入21世纪，和平与发展是人类面临的主题，对世界当今大多数发展中国家来说，生存权和发展权尤为重要，① 而教育则是重要的基石。没有教育的普及和全民素质的普遍提高，人类的发展特别是发展中国家的经济发展，将会受到严重的阻碍。1989年年底，第25届联合国教科文大会特别强调了这一点。人类社会教育发展的历史实践的进程充分表明，实施全民教育、促进教育机会平等代表了人类教育发展的总方向，各个国家在社会变革的基础上所实施的教育变革从客观趋势上都不可避免地选择这样一条道路，这不仅是深化各国教育改革的必由之路，也是人类社会发展的基本要求之一。实施全民教育、促进教育机会的平等，必将成为所有发展中国家建设现代化教育的必然选择，也必将是21世纪我国为实现社会主义现代化建设伟大任务，实施科教兴国战略的首要目标。

一、促进全民教育和教育机会的平等，是我国社会主义初级阶段民主建设的迫切需要

社会主义民主是社会主义制度的本质特征，没有民主就没有社会主义。

① 在联合国第52届人权会上我方代表阐述对改革人权会的立场．光明日报，1996-04-11．

社会主义建设40多年的历史已表明，我国社会主义民主建设的任务还很艰巨。由于受“左”的思想干扰，很长一段时间，党和国家政治生活的民主，经济管理的民主，以及整个社会生活的民主都受到不同程度的影响。同时，由于“文化大革命”的极“左”错误，无政府主义思潮泛滥，党和国家的民主集中制这一根本制度和正常的法制、纪律，也受到很大的破坏。对此中国共产党第十二届六中全会通过的《关于社会主义精神文明建设指导方针的决议》曾经作过深刻的总结。决议指出：“我国社会主义发展中的主要历史教训，一是没有集中力量发展经济，二是没有切实建设民主政治。”党的十四大决定要加强社会主义民主和法制的建设。认为“没有民主和法制，就没有社会主义，就没有社会主义的现代化”。① 而无论是党和国家政治生活民主，还是经济管理民主以及整个社会生活民主的实现，都与教育的民主，尤其是教育机会平等密切相关，因为教育机会的平等直接影响人类民主活动的主体——人的民主素质的提高。人作为各种民主的主体，必须首先具备民主的意识和民主的观念，懂得怎样使用自己的民主权利和捍卫、珍视自己的民主权利，而要做到这些必须具备一定的科学知识和能力，否则就无法成为民主的主体。江泽民同志说：“决策的科学化、民主化是实行民主集中制的重要环节，是社会主义民主政治建设的重要任务。”②显然，只有通过教育机会的平等，使全体公民都受到一定的教育，包括民主与科学思想的教育，提高全民族的科学文化素质才能为整个社会各方面的民主化和正确的贯彻民主集中制原则创造良好的科学文化的条件。

二、促进全民教育和教育机会的平等是我国社会主义物质文明和精神文明建设的迫切需要

一方面，经济建设的发展为教育机会平等创造物质条件，“经济是基础，经济的发展必然会带动教育的发展”。③ 而“教育事业必须同国民经济发展的要求相适应”，④全民教育和教育机会平等的历史实践能够为现代物质文明建设培养更多的人才，以推动经济建设的加速发展；另一方面，教育机会平等能够极大地推动我国社会主义精神文明建设。人的素质是历史的

①② 江泽民. 在中国共产党第十四次全国代表大会上的报告.

③ 邓小平文选（第3卷）[M]. 北京：人民出版社，1993：121－122.

④ 邓小平文选（第2卷）[M]. 北京：人民出版社，1994：107.

产物，又给历史以巨大影响。《中共中央关于社会主义精神文明建设指导方针的决议》强调指出："社会主义精神文明建设的根本任务，是适应社会主义现代化建设的需要，培养有理想、有道德、有文化、有纪律的社会主义公民，提高整个中华民族的思想道德素质和科学文化素质。"社会主义精神文明建设的任务的实现，根本上必须通过教育来实施，只有通过最大限度地实现教育机会的平等，才能最大限度地提高中华民族的科学文化和思想道德素质。

三、实现全民教育和教育机会平等，是我国教育改革的理论与实践的迫切需要

从第六章所论述的我国教育机会仍然存在不平等的状况看，我国今后相当长一个历史时期，教育改革的主要任务之一，必然是在经济建设不断取得伟大成就的基础上逐步消除教育机会上的各种不平等因素，取得普及义务教育的重大进展。只有最大限度地消除教育机会上的不平等，才能最普遍地推动教育改革的进程，建立有中国特色的社会主义教育体系。另外，实现全民教育和促进教育机会平等也是建设有中国特色的社会主义教育改革理论探索的需要。

第二节　促进我国全民教育和教育机会平等进程的基本原则

实现全民教育和促进教育机会平等，将是我国21世纪教育改革和发展道路的必然选择和重要目标。我们认为，推动我国全民教育和教育机会平等的历史实践必须在邓小平建设有中国特色社会主义理论指导下，坚持以下基本原则。

一、坚持社会主义方向，积极促进全民教育和教育机会平等

我国社会主义初级阶段实现全民教育和促进教育机会平等的现实道路，必须坚持社会主义的发展方向。马克思主义历史观认为，社会意识是社会存在的必然反映，精神生产随着物质生产的改变而改变。任何时代的统治

思想只能是统治阶级的思想，这种统治思想只能是为论证统治阶级的合理性而存在的。一切上层建筑都是为了维护特定社会的经济基础而存在的。因此，民主无论作为一种国家的政治制度，抑或作为一种思想意识，都带有历史性和阶级性的特征。资产阶级的民主在本质上是为资产阶级服务的。在资本主义社会，由于社会根本制度是生产资料的私有性质和大资产阶级专政的政治制度，不可能彻底地实现教育机会的平等。而社会主义公有制的建立，以工人阶级领导的、工农联盟为基础的人民民主专政和以中国共产党领导的多党合作和政治协商制度的确立，从根本上为教育机会平等创造了最为优越的政治条件和经济条件。只有在社会主义社会，才能实现真正的教育机会平等。

坚持社会主义发展方向，就要认真贯彻“教育必须为社会主义现代化建设服务，必须与生产劳动相结合，培养德、智、体等方面全面发展的社会主义事业的建设者和接班人”的方针；必须发挥社会主义的互助友爱精神，坚持邓小平同志关于走共同富裕道路的思想，先发展起来的地区努力带动后发展的地区，最终达到共同富裕。总之，是要坚持依靠人民的思想。只有通过全国人民的共同不懈的努力，才能使社会主义的教育机会平等真正成为资本主义无法比拟的更高层次的平等。

二、坚持以马克思列宁主义、毛泽东思想和邓小平建设有中国特色社会主义理论为指导，遵循宪法确定的基本原则，发展社会主义的教育事业，推动我国全民教育和教育机会平等

马克思主义关于人类社会平等的思想为人类民主斗争和以社会主义民主代替资产阶级民主指明了方向，而且马克思主义为人类社会实现真正的民主提出了具有科学性的分析和预见。因此，社会主义教育机会平等的历史实践，必须坚持马克思主义的理论指导。

中华人民共和国成立以后，中国共产党把马克思主义的关于人类社会平等的思想与中国革命的历史实践相结合，建立了社会主义民主制度，始终坚持教育为广大人民群众服务的思想观点。早在 1934 年，毛泽东同志在《中华苏维埃共和国中央执行委员会与人民委员会第二次全国代表大会的报告》中就指出：“苏维埃文化建设的中心任务，是实行全部的义务教育，是发展广泛的社会教育，是努力扫除文盲……”在《论联合政府》中，毛泽

东同志又指出："从百分之八十的人口中扫除文盲，是新中国的一项重要工作。"并指出："中国国民文化和国民教育的宗旨，应当是新民主主义的；就是说，中国应当建立自己的民族的、科学的、人民大众的新文化和新教育。"中华人民共和国成立以后，毛泽东同志又进一步提出了教育为无产阶级政治服务，教育与生产劳动相结合，教育与工农群众相结合，使受教育者成为有社会主义觉悟的、有文化的劳动者。党和政府在国民经济计划中多次提出要大力普及教育、扫除工农群众中的文盲。在促进社会主义建设进程中，毛泽东同志还提出了要努力缩小三大差别的思想，以便在经济、文化、教育等各方面实现尽可能多的平等。党的十一届三中全会以来，根据邓小平同志建设有中国特色的社会主义理论及他提出的"我们要实现现代化，关键是科学技术要能上去。发展科学技术，不抓教育不行"，"抓科技必须同时抓教育。从小学抓起，一直到中学、大学"，"更重要的是整个教育事业必须同国民经济发展的要求相适应"，"教育要面向现代化，面向世界，面向未来"等有关教育方面的重要指示，①党中央又进一步提出了"教育必须为社会主义建设服务，社会主义建设必须依靠教育"和大力普及九年制义务教育以及积极发展职业教育和成人教育、适度发展高等教育，优化教育结构等重要方针和措施。1996 年 3 月 17 日，第八届全国人民代表大会第四次会议批准的《中华人民共和国国民经济和社会发展"九五"计划和 2010 年远景目标纲要》中，又进一步提出了实施科教兴国战略，即加速科学技术进步和优先发展教育，要求到 2000 年全国基本普及九年义务教育，基本扫除青壮年文盲，要求各级政府依法治教，增加教育投入。

特别需要指出的是，邓小平同志进一步坚持和发展了我党一贯倡导的全国人民共同富裕的思想，提出了在新的历史时期，为了解决两极分化和实现各民族和各地区人民的共同富裕，必须走富帮穷的路子。邓小平同志指出："共同富裕，我们从改革一开始就讲，将来总有一天要成为中心课题"，"社会主义最大的优越性就是共同富裕，这是体现社会主义本质的一个东西"，"社会主义的本质，是解放生产力，发展生产力，消灭剥削，消除两极分化，最终达到共同富裕"，"先发展起来的地区带动后发展的地区"，"先富起来的地区多交点利税，支持贫困地区的发展"。② 这些思想都

---

① 国家教育委员会．邓小平同志论教育［G］．1994：2，5，20，25.

② 邓小平文选（第 3 卷）［M］．北京：人民出版社，1993：364，373－374.

充分体现了社会主义民主和平等的本质。邓小平同志这些思想观点对我国推动全民教育和教育机会平等的实践无疑将进一步产生重要的指导作用。邓小平同志关于教育问题的一系列论述，发展了马克思主义教育理论和毛泽东同志的教育思想，是建设有中国特色社会主义理论的一项重要内容，具有重大而深远的意义，为我国教育事业的改革与发展指明了方向，提供了强大的思想武器，我们必须认真学习、贯彻执行。

三、坚持本质和形式相统一的原则

我国社会主义初级阶段教育机会平等的本质特征在于它的公正性。社会主义的公正原则要求政治、法律上的人人平等。《中华人民共和国教育法》规定："中华人民共和国公民有受教育的权利和义务。公民不分民族、种族、性别、职业、财产状况、宗教信仰等，依法享有平等的受教育机会。"反对一切形式的政治依附和奴役。因此，以公正性为基础的社会主义初级阶段的教育机会平等，既反对出身的优先、裙带关系的优先，也反对不根据才智、志向参加竞争的任何社会现象。实现社会主义教育机会的平等，要求在发展经济的基础上，尽可能逐步推进教育改革，大力普及义务教育，为所有公民提供适合其自我发展的平等机会。

社会主义教育机会平等的本质特征还应当在于它的彻底性。即坚持机会起点与结果都平等的最高统一。在社会主义初级阶段，由于各地区经济发展不平衡，社会成员之间收入存在一定程度的差别，同时也影响到各地区教育发展的不平衡，这是难以避免的。因此，在社会主义初级阶段，国家大力发展教育事业，大力普及义务教育，是必要的。所以教育机会平等既是手段，更是目的。促进教育机会平等进程的最终目标，是为了更进一步促进政治和经济的平等及民主的普遍化，为了尽可能地实现全体人民特别是青少年儿童的自由、健康、活泼、全面和充分的发展。因此，首先要努力坚持机会起点的平等，没有起点的机会平等，就根本谈不上结果的公平。其次，在取得了机会起点的平等之后，应当努力实现结果的公平。事实上我国的社会主义按劳分配原则为实现结果的平等创造了决定性的历史条件。总之，社会主义教育机会平等既要讲机会起点上的人人平等，也要追求结果公平的更高境界（即便是这种结果的公平永远是相对的）。而且，在教育机会平等的形式上，也应当尽最大努力扩大教育机会的范围和实现程度，努力实现“让人人都享受平等的教育”的目标（《世界全民教育宣言》的基本口号）。

四、坚持教育机会、权利与义务相统一的原则

权利和义务是统一的，二者相互制约。在社会主义社会初级阶段，权利和义务的统一反映了国家、集体和个人三者利益的一致，并已在社会主义按劳分配原则中得到了根本的体现。我国宪法规定：“任何公民享有宪法和法律规定的权利，同时必须履行宪法和法律规定的义务。”①我国社会主义初级阶段实现教育机会平等的实践是一个长期的、艰巨的历史过程。教育机会平等的充分实现不仅需要国家创造良好的条件，提供更多的教育机会，更需要每一个公民在社会生活中把接受基本的教育看作自身权利的同时，也把接受基本的教育看作自身的基本义务。日本等发达国家都强调，公民必须履行“接受教育、劳动、纳税”三大义务，这是很有道理的。只有使受教育权利、机会与其义务得到有机的统一，只有使所有的公民深深意识到了受教育权利和义务的不可分离性的时候，教育机会平等才能得到更充分的实现。也只有在这样一种境界下，我国普及九年义务教育的进程才能大大加快，目标也才能够真正实现。权利和义务的统一，是马克思主义的一个基本原则，也是人类社会发展的必然结果。

总之，社会主义社会本身是一个不断变革的社会。在党的领导下，通过人民群众坚持不懈地为实现社会主义现代化建设和社会主义民主制度的完善而努力，促使民主机会的权利与义务达到高度和谐的统一，就能将我国的社会主义民主建设和精神文明建设推向一个更新的阶段。

五、坚持公平与效率相统一的原则

如何认识公平与效率的关系，是近代思想家和政治家所普遍关心的一个重要理论问题。对这个问题的观点直接影响着社会重大问题，特别是影响经济政策的决策。公平与效率关系的看法也反映在推动教育机会平等的过程中。由于教育机会平等以社会经济的一定发展为依托，因此在各国教育的发展中，处理好教育的民主、公平与效率的关系，不可避免地成为一

① 中华人民共和国宪法（1982年）第33条。

个十分难以解决的矛盾。这在经济资源和开发不足的发展中国家，表现得尤为突出。在资财有限的条件下，究竟是不遗余力地普及和扩大教育，使更多的人受到必要和基本相同的教育好呢，还是牺牲多数人的平等教育而保证少数人接受尽可能高深的教育好呢？这是一个既关系到教育的公正和民主，又关系到教育投资效率的复杂问题。

在教育机会的公正、民主与效率的关系的理论上，可以大致概括出三种不同的观点和主张。

第一种观点主张，从实现社会公正的理想出发，教育的发展必须以公平为最高原则。这种观点认为：社会应当把受教育看成全体社会成员的权利，全体学龄儿童必须有完全平等的教育机会。为实现此目标，社会应当不遗余力地扩大教育机会，增加教育投资总量，把有限的教育资源绝对平等地分摊到所有学龄人口身上，从而实现教育机会的完全平等。这种观点被人们认为带有较强烈的平等主义倾向。

第二种观点主张，必须以效率为最高原则，教育机会的平等程度应绝对服从经济效率的需求。这种观点主张，只有生产力得到了高速度的发展，教育的平等才有保障，否则就没有解决公平问题的物质基础。

第三种观点主张，公平与效率并重，互相兼顾。这种观点认为，效率是改善社会公平状况的物质保证。反过来，公平又是提高经济效率的社会保证。没有效率就没有真正的公平，没有公平也不会有真正的效率。二者相互制约和依存。

上述三种观点，在促进教育机会平等实践中的影响不同。第一种观点由于带有很强的“乌托邦”色彩，所以对教育实践的影响不大，后边两种观点则有一定的影响。从现代教育的发展历史看，诸如教育的发展结构（各级教育比重），公民素质的提高程度，教育的目标等问题的决策与实践，均受上述思想的影响。因此正确处理好公正与效率之间的关系，是实现教育机会平等进程的重要条件之一。

马克思主义历来主张理想与客观现实的和谐统一。在社会主义的初级阶段，一方面，要努力创造和实现教育的公平，这是社会主义民主的本质所在，也是我国教育事业发展的重要动力之一；另一方面，必须注重教育投资的效率，这又是改变我国社会主义初级阶段的经济落后面貌所决定的。同时，这也是实现长远公平的重要策略。因此，作者赞同公平与效率并重的观点。同时认为，公平与效率并重，二者兼顾，总是相互的，也是有一定的差异的。即是说“并重”只是一个相对的概念，不存在绝对的并重。比如，从党的十一届三中全会以来的我国经济建设的经验来看，社会主义经济建设从过去的绝对平均主义模式走向一部分人先富起来的选择，尽管这从表面现象上看造成了一种不平等，但从长远的社会效益来看，有助于更大的社会平等。从理智上看，这不失为一个重要的进步。同理，从长远考虑，在我国现实条件下，教育的改革与发展绝不可忽略效率问题，必须努力掌握好公正和效率相统一关系的“度”。

从历史唯物主义的观点来看，公平和效率也是动态的发展过程。就公平而言，它要经过一个由公平到不公平，再由不公平到公平的历史发展过程。同时，由于公平的制约因素的复杂性，往往出现的情形是：某一事，暂时看，不公平，但长远看却是公平的；或者对某些人来说是公平的，而对又一些人来说是不公平的。就效率而言，也是大致类似的情况。因此，公平和效率都是相对的，二者的并重也好，兼顾也好，都只能是相对的。实现社会主义教育机会的公平和效率的统一，都必须从实际出发，因地制宜，尽最大的努力去创造条件，尽可能实现公平和效率二者之间的“并重”、“兼顾”。

那么在我国目前条件下，如何保证公平与效率的最佳统一呢？在教育制度上主要体现在教育整体的比重安排上。从发展中国家教育变革的历史经验来看，在社会政治、经济、文化相对比较落后的阶段，教育的发展（尤其是公民基础教育），对个人生活状况的改善及社会的进步都有着最直接的影响，体现出最显著的投资效率。世界银行经济考察团 1984 年在考察中国教育之后也认为：“对于发展中国家来说，初等教育的投资效益高于中等教育，而中等教育的投资效率又高于高等教育。”因此，我国教育今后的长期发展必须以普及义务教育为重点目标，这样既符合社会主义民主的社会理想，又可以促进效率与公平的有机统一。显然只有通过普及义务教育，让所有的人享受到受教育的机会，并取得文化上、品德上的发展，才有可能使整个中华民族的素质有所改观。这样的社会也才能创造高层次的精神文明和物质文明。当然，大力发展普及义务教育，并不意味着反对高等教育事业及其他职业性实用教育的发展，我们只是认为在一个还有近两亿多文盲的国度里，如果以大批农村儿童不能入学作为代价而过多的迅速发展高等教育，实在是一种不合理的现象。况且，就我国国情而言，目前高等教育发展规模已经相当可观。应该看到，在我国现有条件下，祈求保证每个希望升入高等学校学习的青年都有机会接受高等教育是不现实的。而且一些发展中国家的实践经验证明，这样做也是与效率的观点相悖的。从国情看，一方面，有数以千百万的农村学生因贫困不能就学，或就学条件极其简陋；而另一方面，城市里却有着大量的大学毕业生就业困难，或用非所学。这些都应引起我们的高度重视。事实上，并不是发展了高等教育，就能保证经济发展。这里关键还存在着一个教育自身效率的问题。高等教育结构的不合理，基础教育中大量流失生与复读现象的存在，实际上都会造成教育效益的降低。1996 年 3 月 7 日，李鹏总理与参加全国政协八届四次会议教育界委员们共商发展我国教育大计时指出“教育工作也面临两个转变”。他说：“我国的教育工作也面临两个转变问题，学校的教学、科研等应该更加适应社会主义市场经济对人才的需要，同时还要通过深入教育改革努力提高办学效益，提高教学资源的合理配置和利用率。要更加重视基础教育和职业教育。”江泽民同志在 1996 年 4 月初与四所交通大学负责人座谈时也强调指出：“教育工作必须进一步解决好两大重要问题，一是教育要全面适应现代化建设对各类人才培养的需要，二是要全面提高办学的质量和效益。”① 江泽民总书记和李鹏总理的指示进一步明确了当前和今后一个时期我国教育改革和发展的方向。

另外，对于发展职业教育问题，笔者的看法是：当前加强职业教育的发展，无疑是正确的方向，能够吸引更多的青少年入学受教育，但是究竟有多少受过职业训练的毕业生将来能够获得他们曾经为之而受训的那种工作，也仍然是一个值得注意的问题。这也是关系到公平与效率的现实问题。

第三节　推动我国全民教育和教育机会平等的基本机制

实施全民教育和促进教育机会平等不仅是一种理想，更是长期而艰苦

① 教育也要实行“两个重要转变”[N]. 光明日报，1996-04-12.

的历史实践。而且实施全民教育和促进教育机会平等的历史实践充满了矛盾的运动和发展。本节试图从不同角度探讨我国实施全民教育和促进教育机会平等历史实践的内在过程，即实践机制问题。

一、协调机制

第四章已经提到，实施全民教育和促进教育机会平等不是一个孤立的社会活动，而是人类社会系统的重要组成部分，而且教育机会平等本身也构成一个完整的有机系统。由于这种系统性，就要求我们在教育机会平等的实践中坚持系统论的观点，从实践的整体性、综合性出发，把握整个系统的各个不同层次的动态结构，在实践中协调各个层次之间的关系，保证整个实践进程的顺利进行。在这里，协调有着重要的意义。

协调有协和、调理之意。在哲学上，协调有两个基本的含义。首先，协调是指事物内部矛盾的一种作用状态，即在事物的矛盾运动过程中的矛盾同一性的表现状态，这是矛盾深化的重要基础。其次，协调是指一种功能关系，即一种反映了事物矛盾解决途径和方式的功能关系。① 由于协调的上述特性及其功能，在人类社会实践中，协调具有着重要的意义。改革开放以来，我国社会主义教育改革的历史教训也充分表明了协调机制在改革中的重要作用，任何缺少协调机制的改革，都不会取得全面的成功。

社会主义实施全民教育和促进教育机会平等历史实践过程中的协调机制，包含着丰富的内容，这是由实施全民教育和促进教育机会平等实践活动本身的复杂性所决定的。

（一）实施全民教育和教育机会平等要与社会主义生产力发展相协调

马克思主义关于国家与社会发展的理论认为，民主的发展问题，不仅是一个政治问题，也是一个经济问题。特别是对于我国这样一个初级阶段的社会主义国家来说，社会生产力的落后无疑已成为教育机会平等实践的严重障碍。人类历史发展的实践早已证明，社会生产力的发展水平制约教育的发展和人的发展，反过来，教育的发展、人的发展又影响着社会生产力的变化。这也是教育学的基本原理。人作为社会生产力的根本要素，具

① 罗川山．改革实践协调机制的主体分析［D］．陕西师范大学．

有不可替代的地位。显然，无论是实施全民教育和促进教育机会平等的历史实践，还是发展社会生产力的历史行动，要想取得成功的发展，必须建立在二者基本适应与协调发展的基础之上，失去一方，二者均受影响。

（二）实施全民教育和教育机会平等要与社会主义经济制度改革协调发展

社会主义经济制度也是与教育机会平等进程相互影响的重要因素。一方面，一切民主都是建立在一定社会经济基础之上的。只有首先实现了经济制度的民主，才有可能真正实现教育机会的平等；另一方面，教育机会的平等也直接影响经济制度的民主。需要指出的是，社会主义经济制度是以公有制为主体的制度，有着与资本主义根本不同的民主精神。在社会主义社会，人民群众基本掌握了社会的生产资料，就是掌握了劳动的自主权利，就是剥夺或限制了资产阶级残酷压迫和剥削劳动人民的资本，就是建立了经济领域中的平等关系。但是，我国社会主义还处于初级阶段，经济还不够发达，经济制度的民主性还有待于不断完善和发展。同样，教育机会平等与经济制度民主的相互影响，要求二者之间在协调中发展。

（三）实施全民教育和推进教育机会平等要与社会主义民主政治制度协调发展

社会主义实施全民教育和教育机会平等实践与社会主义民主政治制度的建立之间的相互关系，发生在社会的上层建筑领域，这种相互影响是长期的、深刻的，也是巨大的。因此，教育机会平等与社会政治民主制度的协调发展就更为重要。一方面，要通过社会政治制度的民主建设推动整个社会领域，尤其教育机会的平等；另一方面，要通过教育机会平等，培养广大公民的民主意识、民主观点以及民主生活的能力，进而推动社会政治制度的民主建设。

（四）实施全民教育和推进教育机会平等要与文化的发展协调

教育机会平等的历史实践同样需要相应的文化条件。忽略了文化与教育机会平等的协调发展，就不可能真正顺利地实现教育机会平等。教育机会平等的历史实践也充分证明了这一点。如欧洲历史上的文艺复兴运动、思想启蒙运动以及我国历史上的五四运动，都曾极大地推动了教育机会平等的历史进程。马克思曾经指出：“权利永远不能超出社会的经济结构以及由经济结构所制约的社会文化的发展。”①长期以来，由于经济陷于停滞状态，并伴随着文化的落后因素的存在，不但我国在政治体制改革方面发展民主不够，同时也存在着法制建设不够健全等现象，而且使教育机会平等的进程也深受影响，其结果在一定程度上造成了我国教育的机会平等与传统文化发展的恶性循环。一方面，几千年遗留下来的传统文化以及文化上的落后面还存在一定影响，宗法观念、特权观念、等级观念、依附观念、草民观念等封建残余思想以及金钱万能、读书无用论等资产阶级思想，在社会上仍有一定市场，严重地影响了教育机会平等的历史实践。同时，在教育上的读书做官论也长期毒害我国广大人民群众，致使教育一度走入歧途；另一方面，由于教育机会平等实践的落后，又严重地影响我国文化的发展，众多文盲的存在，为一些落后的传统文化观念及其行为的存在和抬头提供了温床。

实现教育机会平等实践与文化的协调，很重要的一个方面是帮助处于文化不利地位的儿童改变受教育的状况。如何帮助处于文化不利的儿童实现教育机会平等，这是世界各国都在共同努力探讨的重要问题。

二、法制机制

社会主义全民教育和教育机会平等的历史实践，仅仅依靠社会宣传、国家行政管理上的措施还远远不够，还必须得到法律上的保证。人类社会教育机会平等的历史实践，尤其是普及义务教育的实践经验已证明了这一点。全民教育和教育机会平等的历史实践如果没有法律上的保证，就只能是人们的主观愿望，全民教育和教育机会的平等也必将失去其平等性。实践证明，教育立法是建立教育法制机制的根本环节。教育立法首先能够保证公民教育权的实施；其次，教育立法使公民的受教育权利有了明确的规范；再次，教育立法有助于保卫全民教育和教育机会平等的已有成果。世界各教育机会平等实践有成效的国家经验也表明，通过立法程序，把国家关于扩大教育机会的方针政策、制度措施、实现目标等用法律的形式固定

---

① 中共中央马克思恩格斯列宁斯大林著作编译局. 马克思恩格斯全集［G］. 北京：人民出版社，1972：457.

下来，使之成为整个国家的意志和整个社会所遵循的准则，是促进教育机会平等实践的最有效措施。

教育立法必须重视以下几个环节：首先，有关全民教育和教育机会平等的教育法规必须符合宪法的基本精神，受教育权利和义务的限定能够成为国家、社会和个人遵循的行为规范。换言之，教育法律与法规要符合国情、民情。其次，有关全民教育和教育机会平等的教育法规要能代表广大人民群众的意志，法规要有真正的民主性。再次，关于全民教育和教育机会平等的教育法律与法规必须有一定的稳定性和连续性，法律与法规的存在和效力不以政府机构的改组和人事更迭为转移；同时，法律与法规一经制定和通过，便不宜轻易改动，以保持其效用的稳定性。最后，有关全民教育和教育机会平等的法律与法规要有强制性和权威性，尤其是有关义务教育的法律与法规更应维护其权威性与强制性。

此外，教育立法还要重视其可操作性和严肃性。一方面，有关的法律、法规要便于实施，另一方面，法律、法规一经确立，就要保证其实施力度，对于有法不依现象必须采取严格的制裁措施。

教育法制机制的建立，不仅仅在于教育立法制度的完成，同时也是指法治观念的形成和普及。我国于1995年3月颁布的《中华人民共和国教育法》，是我国历史上第一次公布的比较完善的教育法规，为我国教育法制机制的建立打下了良好的基础，它的全面实施将为促进我国教育发展和教育机会平等发挥出重大贡献和保障的作用。

三、参与机制

社会主义全民教育和教育机会平等实践，必须高度重视参与机制的功能。这里的参与是指广义的教育参与，即指整个社会对教育活动的参加过程，如办什么学校，招收哪些人入学，任命什么样的人当教师，如何筹措和配置教育资金以及学校教育如何进行改革，等等。

由于全民教育和教育机会平等实践牵涉全体公民的切身利益，是全体人民的事业。因此，社会的参与对于全民教育和教育机会平等的历史实践具有重要的意义。第一，社会的广泛参与是我国全民教育和教育机会平等的“加速剂”。社会的参与能够广泛地调动社会各界对教育事业的关注乃至支持，从而加速社会主义全民教育和教育机会平等实践的进程，推动教育事业的发展。第二，社会的参与是我国教育改革的重要动力。在广泛的教育参与中，各界人士必定会提出良好的教育改革建议和思想，将有利于教育改革的进行，进而推动教育机会平等实践。第三，社会参与充分体现了教育民主的精神，有助于形成“人民教育人民办，办好教育为人民”的良好风气。近年来，社会的参与也随着教育民主化的发展逐步成为世界教育改革的一大趋势。对此，著名国际教育家查尔斯·赫梅尔在为国际教育局所写的研究报告《今日的教育为了明日的世界》中明确指出：“参与的问题是教育民主化的一个基本方面，没有学生的参与就没有教育的民主。”①

社会参与的形式是多方面的，大到管理的参与、经费投入的参与、战略决策的参与，小到教学过程的参与，等等。近年来我国各地教育基金会的建立及发展，人民群众集资办学，《光明日报》等一些报纸开辟的“各界人士谈教育”活动都有利地调动了各界人士参与教育的积极性。毫无疑问，随着改革的深入，我国教育民主的发展，广大人民参与教育的积极性将更为高涨，同时也将会极大地推动全民教育和教育机会平等的实践进程。

四、优化机制

社会主义全民教育和教育机会平等作为一个社会实践系统，不仅需要通过协调机制来保证各个系统因素之间的整合，有效地联系和发生作用，而且同时需要在全民教育内部的子系统中，不断优化各个薄弱因素，以保证系统的整体功能的发挥。

考察我国全民教育的内部系统，义务教育、幼儿教育、少数民族教育、农村教育、残疾人教育、扫盲教育等是较为薄弱的环节。因此，在全民教育和教育机会平等实践中，必须竭尽全力，促进这些环节的优化。否则，全民教育和教育机会平等的历史实践的整体进程必将受到极大的限制。

（一）优化我国义务教育

自从文艺复兴运动以来，普及义务教育就一直成为人类教育机会平等历史实践的核心内容。普及义务教育也同样是当前我国全民教育和促进教育机会平等实践的重要内容。在《中华人民共和国国民经济和社会发展

---

① 查尔斯·赫梅尔．今日的教育为了明日的世界［M］．王静，赵穗生，译．北京：中国对外翻译出版公司，1983：102－103．

"九五"计划和2010年远景目标纲要》中，实施科教兴国战略，确立了教育优先发展的战略地位，又把基本普及九年义务教育、基本扫除青壮年文盲列为教育工作中"重中之重"的地位，也是党的十四大作出的重大决策。① 可以预见，我国九年义务制教育的实现程度如何，直接影响着我国全民教育和促进教育机会平等的历史进程。

关于我国普及义务教育的现实状况，在第六章作了部分的剖析。笔者认为，从长远的战略眼光看，"基础教育是提高国民素质和培养跨世纪人才的奠基工程"，②所以普及义务教育是我国全民教育和促进教育机会平等的最重要的基础。在全民教育的大厦中，打不好底面，扎不好根基，大厦就不稳固。优化我国义务教育，必须做到以下几点。

第一，抓好质量与稳定是关键。从我国普及义务教育的现状来看，数量的扩展十分重要，不可忽视，没有数量就不能保证教育机会的普及性、平等性。但更重要的还是质量与稳定的问题。近年来我国基础教育质量问题应该引起高度重视。此外，普及教育中学生流失持续不止的现象仍然没有得到根本性控制，每年数百万学龄儿童流入社会，加入文盲大军的行列，这也不能不引起每一个具有社会责任感的人的深深忧虑。

第二，适当引进职教因素。优化我国义务教育，在课程设置上应适当引入职业技术教育的内容，结合劳动技术课的讲授，使学生掌握基本的劳动技能和生产知识以及必要的生活本领。这是调动受教育者积极性的一个重要方面。

第三，优化义务教育，一定要将公民的素质培养放在第一位。普及义务教育要以学生人格的健康发展和完善为根本目标。任何以实用主义为目标的、具有功利色彩的、过早地不适当地强调升学教育的短期行为，都是对义务教育宗旨的严重危害，也是对我们整个中华民族长远发展的危害。毫无疑问，普及义务教育是我国实施全民教育，促进教育机会平等实践长远的、带有根本性的问题，绝不可持急功近利的思想。

第四，优化义务教育制度，要增加教育投入，应逐步实现免费制。我国义务教育制度的建设还不十分完善，法制功能不完备，也应当给予高度重视。免费性是世界各国普通义务教育制度的重要特征。目前我国还没有

---

①② 李岚清. 加强基础教育工作［N］. 光明日报，1996－04－12.

完全实行免费的义务教育制度，这也必将影响我国普及义务教育的实现程度。笔者认为，必须按照邓小平同志的指示精神，为了整个中华民族的长远发展利益，为了国家的长治久安，可以宁肯在别的方面忍耐一点儿，甚至暂时牺牲一点儿经济发展速度，也要确保义务教育经费的投入。“必须从我国国情出发，坚持以政府财政拨款为主，多渠道筹措教育经费的投入体制。努力加大财政主渠道的投入，力争到本世纪末实现《中国教育改革和发展纲要》提出的‘国家财政性教育经费支出占国民生产总值的比例应达到4%’的规定。”① 同时要认真落实国务院于1995年提出的组织实施《贫困地区义务教育工程》，增拨专款帮助贫困地区实施义务教育。这一点对农村和贫困地区来说，意义十分远大。

为了确保义务教育的经费投入和尽早实现我国义务教育的免费制度，还必须广开财路，广泛吸收资金。正如1990年3月世界全民教育大会通过的《世界全民教育宣言》所阐述的那样：“要通过比以往规模更大的行动来满足全民的基本教育需要，就必须开发现有的和新的财力资源——无论它是公众的、私人的还是赞助的资源，社会各界均应作出自己的贡献。”“因为基础教育所花费的时间、精力和经费可以是他们对人民和国家的未来所提供的最大的投资”。据此，我国也应当逐步加强健全和完善以财政拨款为主、多渠道筹措教育经费的体制。

（二）优化我国幼儿教育

发展幼儿教育是20世纪50年代以来世界各国实现教育机会平等的重要措施之一。许多国家和学者把发展幼儿教育看做消除不同阶级、阶层和家庭文化差异，尽早实现教育机会起点上平等的重要途径和补偿性措施。尤其自20世纪60年代末期以来，国际组织对于幼儿教育的发展给予了高度重视。联合国教科文组织认为：学前教育是任何教育政策和文化政策的重要先决条件。建议学前教育的发展成为20世纪70年代教育政策的主要目标之一。

1989年11月在巴黎召开的第25届联合国教科文大会及1990年3月在泰国宗滴恩召开的世界全民教育大会，都曾强调了发展学前教育的重要

---

① 1996年4月16日《光明日报》载：“《义务教育法》颁布实施10周年座谈会召开”，报道国家教委主任朱开轩讲话要点。

意义。

中华人民共和国成立以来，我国学前教育事业取得了巨大成就，曾得到国际组织的赞扬。1995 年中国有幼儿园 18 万所，在园儿童 2711.23 万人，3～5 周岁儿童入园率达 42.2%。联合国教科文组织认为中国的幼儿教育质量较高，教育面广泛。虽然我国学前教育成绩很大，但我们认为，与我国众多的幼儿人口基数相比较，我国幼儿教育仍然十分落后，尤其在广大农村和偏远少数民族地区，幼儿教育非常薄弱，相当一部分地区还处于空白状态。因此，必须优化我国的学前教育。

（三）优化我国少数民族教育

我国是多民族国家，共有 55 个少数民族，近 9120 万人口。中华人民共和国成立以来，少数民族教育的成就是巨大的，得到了世界的公认。但是由于历史的原因以及民族地区经济、文化、教育等特殊条件的限制，所以从总体上看，我国少数民族教育还十分薄弱，不能适应民族地区社会主义建设的需要。这主要表现在教育普及水平低下，文盲、半文盲众多等方面。普及少数民族教育是我国当前和今后实施全民教育、促进教育机会平等实践的重点和难点之一。

经过较长时间的研究，笔者认为，教育思想观念陈旧，经济不发达造成的教育经费短缺、教师素质不高、教育结构不合理、管理薄弱、质量不高、效益低下等问题，是当前我国少数民族教育存在的主要困难。落后的生产方式，贫困的经济生活的制约，传统文化观念的消极影响、恶劣的自然地理环境，内外交通阻隔则是我国少数民族教育发展的三大限制因素。而语言问题、民族心理问题、宗教与教育的关系等问题又是少数民族地区普及教育的三个特殊问题。① 因此，优化我国少数民族教育，第一是要逐步解决好上述“主要问题”，第二是要逐步克服“三大障碍”，第三要从少数民族教育过程的“三个特殊性问题”出发。

（四）优化我国特殊儿童教育

对盲聋哑、残疾及弱智儿童的义务教育，体现了教育的民主性与人道

① 王锡宏，王文长，吴德刚. 2000 年中国少数民族教育发展战略研究提纲（国家民族问题研究中心研究课题，内部资料）。

主义精神。

在国外，对特殊儿童的教育很早就引起了人们的重视。在西欧，特殊学校已有200年的历史。在苏联，十月革命之后不久，列宁就签署过加强对缺陷儿童教育的决议。1930年7月，苏共中央做出《关于普及初等义务教育的决定》；1931年6月，苏共中央又提出了对有生理缺陷（盲、聋等）、智力落后和语言缺陷少年儿童实施初等义务和普及教育的问题。在美国，1852年马萨诸塞州第一个实行了义务教育；1972年，马萨诸塞州通过法律，对所有缺陷儿童实施义务教育。1973年，美国颁布了《恢复残疾儿童地位法案》，要求所有学校为残疾儿童敞开大门。法案还要求，普通学校照顾残疾儿童的需要，在校内添置供乘坐轮椅儿童使用的电梯；在校内增设盲文标志；为听力差的儿童准备可调音电话机。美国还规定，1979年以前，全国的公共汽车、民航部门应为坐轮椅者改装上下设备。1975年，美国又颁布《全体残疾儿童教育法》，该法案要求各州和当地学区首先保证用于残疾儿童的教育经费与正常儿童均等，残疾儿童教育经费额外支出部分由联邦资金资助。

1872年，日本颁布了《学制令》，奠定了日本近代教育制度。1878年，日本第一所东京京都盲哑学院成立，当时仅有3名教师，58名学生。1907年，日本的特殊学校已发展到38所，在校盲生875人，聋生806人。《学制令》提倡普及教育，规定儿童从6岁入学，接受八年制义务教育。1947年，日本又决定开始实行九年制义务教育。到1956年，日本普及聋哑义务教育的目标最终基本得以实现。在前南斯拉夫、朝鲜民主主义共和国，特殊教育也受到重视，前南斯拉夫实施过聋童十年制义务教育，盲童十二年义务教育。

1970年年初，在拉格斯举行的非洲国家教育部长会议也通过了一项关于残疾者的决议，《决议》提出："其一，建议各非洲成员国做出努力，查明社会上的残疾儿童，并为他们建立合适的教育设施；其二，建议各非洲国家为残疾儿童的教育建立一些培训设施。"①

自从1971年联合国大会宣布了《智能不足者权利宣言》以后，世界上大部分比较进步的国家都在特殊教育上有了很大的进展。1975年，联合国

---

① 查尔斯·赫梅尔. 今日的教育为了明日的世界［M］. 王静，赵穗生，译. 北京：中国对外翻译出版公司，1983：75.

进一步通过了《残障者权利宣言》，并且宣布1981年为“国际残障年”。这一系列的提倡与推动，使得残障人权的观念进一步成为世界的主要潮流。《智能不足者权利宣言》第二条指出：智能不足者应接受可以发展其能力和最大潜能的教育、训练、复健和各方面的指导。该宣言第四条还指出：对于智能不足者，应尽可能让他们与父母或亲属同胞一并参与社区生活，即使是残障的孩子，也应该让他们和正常的孩子一样，在双亲的爱护下幸福成长。

我国以盲、哑聋学校为主要形式的特殊教育，始于19世纪后期，中华人民共和国成立后我国政府又给特殊教育以高度重视。经过多年努力，以在普通学校附设特殊教育班和随班就读为主体、以特殊教育学校为骨干的残疾儿童义务教育格局已经形成。到1995年年底，全国残疾人特殊教育学校已达1379所，比1980年增长了4倍，普通学校附设特殊班6510个，在校生总数（含随班就读学生）达29.6万人，比1980年增长8倍。全国盲、聋、弱智儿童的平均入学率已达60%，在经济发达地区达到80%。① 但是，随着我国九年制义务教育规模的不断扩大，特殊儿童教育的问题仍十分突出。因此，当前实施义务教育具有重要的意义。

第一，实施好特殊教育提出的残疾儿童入学率，可以充分体现义务教育的民主性和人道主义精神。在教师帮助下，通过有目的的教育活动，可以促进残疾儿童个性的最大发展。

第二，从经济建设的角度看，有助于充分调动一切积极因素从事现代化建设事业，变消费者为生产者。通过一定特殊的教育和劳动训练，可以使残疾儿童参与一定的社会实践活动，在为社会创造财富的同时，也为自身谋生提供必要的保障。

第三，实行特殊教育，可以促进残疾儿童的精神境界的提高，进而可以促进和推动整个社会的精神文明建设。实践证明，身残志不残的精神曾经鼓舞了千千万万人的成才。

第四，实施特殊教育将推动我国九年制义务教育的早日实施。我国现有大约470万残疾儿童（7～15岁），这将是我国今后若干年实施九年制义务教育不可忽视的难点之一。因此，早日并且有成效地实施特殊教育，无

① 中华人民共和国国务院新闻办公室. 中国的儿童状况［N］. 光明日报，1996-04-04.

疑会减轻我国九年制义务教育的负担，进而推动我国社会主义全民教育和促进教育机会平等的实践进程。

优化我国特殊儿童的教育，最关键的是首先要从特殊儿童的身心特点出发，最大限度地进行适合其特点的教育。

正如 C. W. 特尔福德所说："机会的一律并不必然就是机会的平等。给所有儿童以无限量的免费书籍，这并不能给盲童、可训练的智力迟钝儿童和有正常禀赋的儿童平等地提供教育机会。如果要把平等的教育机会推广到异常儿童，就必得为他们提供另外一些可选择的办法，这些办法应像普通学校守恒的方法之适合于一般儿童那样适合他们的特征。一切人都应该有的自由和平等，那只有法律上的公平和在生活方面与发展自己能力方面的平等权利，对每一个人都根据他独有的一系列特点与特性来提供最大的机会这个理想，正在取代那种创设一律的机会的理想。"①

优化我国特殊教育，必须加强现有教师队伍建设，一定数量和有一定质量保证的特殊教师队伍是提高我国特殊教育质量的重要前提。

（五）优化我国妇女教育

男女性别教育机会的平等，是实施全民教育、促进教育机会平等实践的最难境地。即使在非常发达的资本主义或者社会主义国家，妇女受教育的平等权利和机会仍然没有保证。在发展中国家，妇女受教育不平等的状况就更为严重。对于妇女教育的不平等地位，已引起了各国及国际组织的关注。查尔斯·赫梅尔在其为国际教育局起草的报告《今日的教育为了明日的世界》中明确提出了"为发展而教育妇女"的口号。报告还指出："几乎所有存在这一问题的地方，也都应采取行动或者计划给予女孩子与男孩子同等的受教育机会。"查尔斯·赫梅尔还强调了妇女教育的意义："有文化的妇女对婴儿和儿童的品德、营养状况都会产生积极的作用，对人口出生率也有影响，通过教育使人们更容易接受计划生育，改变多子女的要求。此外，母亲受过良好的教育，子女一般来说在学校的表现比较好。"女童教育是发展中国家儿童教育面临的突出问题。中华人民共和国成立时，全国女童入学率只有 15%。建立后中国政府采取了许多措施，使女儿童教育有

① J. M. 索里，C. W. 特尔福德. 教育心理学［M］. 高觉敷，等，译. 北京：人民教育出版社，1982.

了很大发展，男女儿童入学率差距逐年缩小，较好地解决了许多发展中国家至今尚未解决的问题。据统计，1995 年全国小学适龄女童入学率为 98.2%，男女性别差仅为 0.7 个百分点，女在校生比例占 47.3%。[①] 当然我国是一个发展中国家，同时也是一个“男尊女卑”封建传统很深的国家，女性受教育机会和权利不平等状况在一些经济和文化相对落后的地区，仍然十分严重，这在教育机会平等实践中必须予以重视。

第一，要广泛宣传《义务教育法》，提高广大妇女及女童的教育意识，使她们自觉参加普及教育。

第二，要打破文化观念上的陋习，激发妇女的求知欲望和热情。

第三，增加贫困落后地区义务教育经费投资，为有特殊困难的女童入学提供资助。

第四，在少数民族地区适当办女子学校和女子班。

第五，加强学校教育与女学生生活的联系。

第六，采取公平合理的招生与分配就业制度，不歧视女性。

（六）优化我国农村教育

城乡教育机会的不平等是范围最广泛的教育机会不平等。联合国教科文组织曾深刻地指出：“农村地区教育服务不足，有可能造成灾难性后果。”近年来，世界各国对农村教育问题给予了高度的重视。前苏联教育理论界有计划地组织了各加盟共和国对农村教育若干理论和实际问题开展协作研究；印度于 20 世纪 70 年代开展和实施了农村远距离教育计划，并取得卓著成就；泰国提出并实施了农村师资培训计划；菲律宾、新加坡等东南亚国家积极开展了农村社区教育研究。此外，联合国教科文组织还提出并实施了“亚太地区教育革新为农村发展服务计划”。

从我国现实来看，城乡教育机会的不平等也是比较突出的，对此笔者已在第六章作了详尽的分析。我国有 80% 的人口在农村，文盲绝大多数也在农村。此外，从经济形态看，我国是一个农业大国。因此，我国的长期发展，农村是一个不可忽视的重点。农村教育则又是农村发展的关键。可以预料，农村教育普及不好，农业生产也就搞不好，农村就不能真正富裕

① 中华人民共和国国务院新闻办公室．中国的儿童状况［N］．光明日报，1996－04－04．

起来，而农村富不了，整个国家也就难以发展。同样，农村教育的发展，八亿农村人口素质的提高，直接决定着整个中华民族的素质。为了发展农村教育，原国家教委领导了农村教育综合改革的试点工作，国家教委、国家科委、农业部及国务院扶贫办公室还分别领导实施了“燎原计划”、“星火计划”、“丰收计划”。1990 年，共青团中央实施了“希望工程”，旨在挽救农村失学儿童。这一切标志着我国的农村教育已引起了社会的重视。但是，要改善有着八亿人口的农村的教育条件，还有待于整个社会以及所有人的长期不懈的共同努力和奋斗。

（七）优化我国教育政策

国际教育局在第三十七届国际教育会议上，要求联合国教科文组织各成员国将“改进教育体系的组织和管理，作为提高效率的手段，以便扩大人们受教育的权利”。世界银行曾经认为，发展中国家，最大的失误是决策性失误。教育政策及其组织和实施直接影响全民教育和促进教育机会平等的实践。如何从我国现实状况出发，优化好教育政策，第四节将进行详细论述。

第四节　促进我国全民教育和教育机会平等进程的若干具体建议

教育政策直接影响全民教育的进程。就我国现实而言，当前必须重视以下几点。

一、增加教育投资、不断完善教育投资体制

一个国家教育投资的数量和比例，受该国经济、政治、人口、历史文化传统等多种因素的制约。如何判断一个国家教育投资增长比例是否合理，是个非常困难的问题。一般认为：第一，随着经济的发展，教育投资在国民收入中的比例应不断上升；第二，教育投资增长率应高于经济的增长率，即教育投资超前于国民经济增长；第三，当经济达到较高水平时，教育投资的比例趋于稳定。

我国人口众多，文盲率高，教育规模大，办学条件差；经济困难，教

育欠账多。面对这种状况，如何确定我国的教育投资比重，如何筹措教育经费，如何提高投资的利用效果，如何使教育更好地为经济建设服务，是当前亟待研究的问题。

中国教育投资体制的发展经历了漫长的过程，随着社会主义市场经济体制的建立和教育改革的不断深入，建立新教育投资体制，既是时代提出的重要课题，同时对于实施全民教育，也具有重要的实践意义。

（一）当前建立新投资体制应坚持的原则

1. 切实保证教育投资优先的原则。我国实现社会主义的现代化要靠科学技术，要靠人才。然而，我国面临的最大问题是生产力水平较低，经济不发达，财政困难，各项事业都要发展，经济发展又需要较多的投入。如何解决这一矛盾，需要从建设的布局和投资的结构上确立教育优先发展的战略地位。因为，要落实“科教兴国”的方针，必须大力发展教育，为经济发展培养大批所需的人才，来促进生产力的发展，使资源增值，经济繁荣。这样做，肯定会暂时影响其他事业的投资，但是从全局考虑我国整体发展的战略必须这样做。这不仅有利于教育事业的发展，更重要的是有利于国民经济的发展和整个民族的发展。在这个问题上我们一定要坚决贯彻邓小平同志关于增加教育投入的有关指示。邓小平同志于 1989 年总结我国十年来搞四化建设的经验教训时，曾尖锐地指出：“十年来我们的最大失误是在教育方面，对青年的政治思想教育抓得不够，教育发展不够。知识分子的待遇太低这个问题，无论如何要解决。”①上述指示中，他提出三方面的教训，其中后两条教训主要是说对教育科学文化投资不足的问题。我们应该牢牢记取这方面的教训，千方百计要解决教育增加投入的问题。

表 7 -1　若干国家教育经费占国民生产总值和政府财政支出的百分比

国　别	年　度	占国民生产总值	占政府财政支出
英　国	1975	6.7	14.3
	1980	5.6	13.9
	1985	5.2	11.6

① 邓小平文选（第 3 卷）[M]. 北京：人民出版社，1993：287.

续表

国　别	年　度	占国民生产总值	占政府财政支出
美　国	1975	6.5	18.1
	1980	7.0	—
	1984	6.8	—
法　国	1975	5.2	—
	1980	5.1	—
	1982	5.8	—
联邦德国*	1975	5.1	10.7
	1980	4.7	10.1
	1987	4.6	14.1
瑞　典**	1975	7.1	13.4
	1980	9.1	14.1
	1990	7.7	12.8
加拿大**	1975	7.8	17.8
	1980	7.5	17.3
	1990	7.4	15.6
澳大利亚	1975	7.4	14.8
	1980	6.5	14.8
	1984	6.5	13.2
日　本	1975	5.5	22.4
	1980	5.8	19.6
	1984	5.2	18.7
苏　联**	1975	7.6	12.9
	1980	7.1	11.2
	1990	8.2	11.2
捷克斯洛伐克	1975	4.7	7.0
	1980	4.8	—
	1985	5.1	8.6

续表

国　别	年　度	占国民生产总值	占政府财政支出
罗马尼亚	1975	3.5	6.4
	1980	3.3	6.7
南斯拉夫	1975	5.4	—
	1980	4.7	—
	1985	3.6	—
印　度	1975	2.8	8.6
	1980	3.0	10.0
	1985	3.7	9.4
新加坡	1975	2.9	8.6
	1980	2.9	7.3
	1982	4.4	9.6
韩国	1975	2.2	13.9
	1980	3.7	23.7
	1985	4.9	28.3
中　国***	1995	2.44	16.05

资料来源：据《联合国教科文组织 1987 年统计年鉴》。

* 1987 年数字据联邦德国科教部 1987 ~ 1988 年统计数字。

** 瑞典、加拿大、苏联为 1990 年数据，根据联合国教科文《世界教育报告》（1993）整理。

*** 中国数据来源于《中国教育经费年度发展报告》。

2. 现阶段对教育实行高投入的原则。面对我国教育的现状，只有实行高投入，还清欠账，并使办学条件有较大改善，才能适应经济高速发展的需要，同时，只有加大投资力度，才能使有限的教育经费发挥最大的效益。否则，杯水车薪，无济于事。

3. 从实际出发，保持逐步提高的原则。对我国教育实行高投入，这是整体战略构想。但目前我国经济还不发达，财力有限，教育投资一步就要达到高比例还难以实现。因此，要实行分步上升，逐步加速提高投资比例的原则，即“九五”在“八五”基础上又有较大提高，21 世纪初达到比较理想的高度，这样可能更符合我国的实际。

总之，在指导思想上，要始终坚持经济发展必须依靠教育，把教育摆在优先发展的战略地位，确保教育投资超前增长，使教育投资在国民生产总值中的比例逐步提高，彻底改变我国教育落后的状况。

（二）建立任务分担、成本分担的投资体制

我国的教育投资比例低，教育经费长期不足，人们普遍认为是由于我国生产力水平低、经济不发达、财政困难以及政府重视不够所致。但从世界来看，各国的教育经费普遍紧张，包括发达国家在内没有一个国家能包下全部的教育经费。既然这样，为什么其他国家的教育投资比例都高于我国呢？仔细分析印度等国教育投资的构成，就可以发现，除国家教育投资外，私人及社会团体办学占相当一部分，特别是义务教育以上的中、高等教育，主要由家庭和学生个人支付费用；另外，他们的办学形式多样，有国家办的、地方办的、私人办的、企业办的，没有哪个国家把所有学校都由政府统包统办，由于他们分散了办学任务，减轻了国家压力，既开辟了多方筹措教育经费的渠道，又从整体上提高了教育投资的水平。

我国是人口大国，只有在不断提高国家对教育投资比重的同时，彻底改革办学体制，才能从根本上解决我国教育经费不足的问题。《中国教育改革和发展纲要》指出：要“改变政府包揽办学的格局，逐步建立以政府办学为主体、社会各界共同办学的体制。在现阶段，基础教育应以地方政府办学为主；高等教育要逐步形成以中央、省（自治区、直辖市）两级政府办学为主、社会各界参与办学的新格局；职业技术教育和成人教育主要依靠行业、企业、事业单位办学和社会各方面联合办学”。尤其要积极鼓励和大力扶持私人办学、企业办学。为此，要放开政策、给予优惠，提供方便，允许收费，允许办各类学校，在短时间内，使私人办学和企业办学能有较快发展，改变国家包揽过多的办学体制。这样，既可聚集较多教育资金，减轻对国家的压力，扩大教育的受益面，又可提高全民族的整体教育水平。

另外，在深化经济体制改革，建立市场经济体制的情况下，要相应建立教育成本分担和补偿教育投资的体制，按照世界各国的做法，义务教育以上或以下（指学前教育）的各级教育，主要由企业、个人和家庭支付费用，因为对企业、家庭或个人来说，作为一种投资，将来可望得到回报，不应由国家全部包下来。这样做，既可以相对提高国家对教育投资的总体

水平，同时又可以增强企业和学生教育成本的意识，有利于珍惜资金、珍惜人才，也有利于激发学生的学习积极性，提高人才质量。

（三）减少浪费，降低成本，提高投资的效益

从总体上来讲，我国教育投资不足，但也存在浪费和效益不高的问题。因此，在解决这一问题时，既要通过多种途径广开财路，逐步提高教育投资的比例，又要采取多种措施开源节流，提高教育资源的利用效率。只有这样，才能使这一问题从根本上得到解决。否则，偏废哪一方面，都无助于问题的彻底解决。

1. 从实际出发，合理调整学校布局，适当扩大学校规模，减少学校布点。在这个问题上，我们有过教训，一提调整学校布局，有人就要砍学校；也有的领导认为学校越小越好，办学点越多越能证明事业的发展。当然，盲目的砍学校会给教育带来损失，但学校绝不是越多越好。据统计，目前全国的大专院校 80% 都未达到设计规模，中等专业学校重复设置的问题也相当突出，中小学也存在着布局不合理的现象。因此，必须合理调整学校布局，最大限度地利用教育资源，如甘肃省 1985 年以来，小学数由 25398 所调整为 24196 所，学校减少了 1200 多所，而学龄入学率却由 89% 提到 95% 以上。

2. 在广大农村地区，要大力推广复式教学，提高师生比例，降低成本。目前农村小学大部分班额不足，而且又进行单班教学，既浪费师资，又影响教学质量，造成师生比例下降，人头经费上涨。因此，要大力开展复式教学方法的研究及师资培训，在农村普遍推行复式教学，以减少人头经费的开支，提高教育投资的效果。

3. 降低辍学率，减少超龄生，提高巩固率和按时毕业率。这一问题在我国基础教育上表现较为突出，如不采取断然措施，这一恶性循环将会无休止地消耗掉大量教育资金，即使外部教育投资有较大增加的情况下，也会由于这种“体内消耗”而无法使基础教育走出困境。为此，降低辍学率，减少超龄生将会明显提高投资效益。

4. 调整教育内部的分配结构，改革管理制度。长期以来，我国形成管事业发展的部门不管经费，管经费的部门不管事业发展，造成有限的财力不能合理、及时地投放到事业发展最需要的地方去，势必影响事业的发展，

造成教育投资效益不高。所以，在机构改革时，应彻底改革这种现象，做到合理使用每一个“钢镚儿”。

（四）研究并用活现有政策

1994 年 6 月，在北京召开的全国教育工作会议，是具有里程碑性质的会议。落实好会议精神，一要深入学习、正确理解、广泛宣传全教会的精神，力争使全社会都能了解会议明确的主要任务、规定的方针政策、提出的主要要求、采取的重大措施等。二要从实际出发，因地制宜，创造性地用足用活会议之后由国务院印发的《关于〈中国教育改革和发展纲要〉实施意见》明确的政策，这样就会产生巨大的经济效益和社会效益，从而把全国教育工作会议精神落到实处。如果完全靠上级拨款而对给予的优惠政策不甚了了或束之高阁，就会坐失良机。

1. 教育支出逐步达到“两个比例”。《纲要》要求：到 20 世纪末，国家财政性教育经费支出占国民生产总值的比重应达到 4%；各级财政支出中教育经费所占比例，“八五”期间提高到全国平均不低于 15%。

然而现实的情况是，1993 年国家财政性教育经费支出占国民生产总值的比例为 2.76%，人均只有 12.92 美元，不仅比世界发达国家低得多（1992 年经合组织 25 国教育总支出占国内生产总值的比例平均达 6.5%）；而且比发展中国家平均的 4.1%、人均 42 美元也存在不小的差距。特别值得注意的是，国家财政性教育经费支出占国民生产总值的比例近年来趋于下滑趋势，1991 年为 2.85%；1992 年为 2.73%；1993 年为 2.66%；1994 年为 2.52%；1995 年为 2.46%；1996 年约为 2.44%。按财政支出扣除国内外债务还本付息支出，教育支出包含城市教育费附加的新财政支出统计口径计算，1993 年预算内教育经费支出占财政支出比例为 13.58%。

“两个比例”，既是从国民经济布局和投资结构上确保教育优先发展战略地位最核心的内容，又是最基本的要求，也是衡量一个国家、一个地区对教育重视程度最根本的标志，为此，必须努力做到。

2. 保证国拨经费“三个增长”。《纲要》要求：国家财政对教育的拨款，是教育经费的主渠道，必须保证“三个增长”。

所谓国家拨款是主渠道，是指在教育总支出中，政府拨款应占大头，这是建立以政府办学为主、社会各界参与办学相结合新体制的根本保证。

1993年，全国教育经费共支出为1059.94亿元，中央和地方政府预算内教育拨款（不含城市教育费附加）为644.39亿元，占教育经费总支出的60.79%，初步体现了国家拨款为主。

所谓“三个增长”，是指中央和地方政府教育拨款的增长要高于财政经常性收入的增长，按在校学生人数平均的教育费用要逐步增长，生均公用经费要有所增长。据原国家教委和国家统计局的公告，执行情况如下。

一是1993年由于财政非正常超收，扣除国内外债务收入后财政经常性收入达4420.98亿元，比上年的3483.37亿元增长26.92%；中央和地方政府预算内教育拨款（不含城市教育费附加）为644.39亿元，比上年的588.74亿元增长19.61%。因此预算内教育拨款增长速度相对低于财政经常性收入增长速度。

二是1993年全国各级教育年生均预算内事业费支出情况：

（1）全国普通小学生均事业费支出为162.80元，比上年的139.25元增长16.83%。

（2）全国普通中学生均事业费支出为364.24元，比上年的300.96元增长21.03%。

（3）全国职业中学生均事业费支出为604.48元，比上年的526.01元增长14.92%。

（4）全国普通高等学校生均事业费支出为4102.30元，比上年的4091.94元增长2.43%。

尽管1993年各级教育生均预算内事业支出出现不同程度的增长，但教育事业费短缺的情况仍较突出。据1994年12月原国家教委、国家统计局颁布的《1993年全国教育经费执行情况统计公报》表明，1993年除北京市、天津市、江西省和四川省外，全国其他26个省、自治区、直辖市的预算内教育拨款增长速度均低于地方财政经常性收入增长速度。

三是1993年全国各级教育年生均预算内公用经费支出情况：

（1）全国普通小学生均公用经费支出为17.09元，比上年15.57元增长9.76%。

（2）全国普通中学生均公用经费支出为62.72元（其中初中为49.62元、高中为133.57元），比上年55.03元增长13.97%。

（3）全国职业中学生均公用经费支出为158.28元，比上年162.86元，下降2.91%。

(4) 全国普通高等学校生均公用经费支出为2086.24元，下降2.19%。

近年来，由于各类教育年生均公用经费增长速度普遍低于物价上涨速度，加上有相当地区生均公用经费还在减少，公用经费短缺的矛盾十分突出。上海市政府规定：要参照物价上涨的幅度，定期调整生均经费的定额标准，确保“三个增长”，这是落实政府办学为主的关键措施。

3. 设立四级教育专款。《纲要》要求：中央和县以上各级人民政府都应设立和增加对边远、贫困地区实施义务教育的专项经费；中央1996年5月实施了《贫困地区义务教育扶贫工程》，到2000年中央和省、市、自治区政府将共投入100亿元人民币，支持贫困地区义务教育事业；各地的县、乡人民政府，也应拿出一定数量资金发展贫困地区教育事业。

二、努力完善教育管理制度，加大依法治教力度

实施全民教育，不仅要靠提高认识和增加投入，还要依靠科学的管理。管理制度的完善程度以及管理水平的高低直接影响到全民教育实施的进程和质量。

(一) 进一步完善基础教育“地方负责、分级管理”体制

实行“地方负责、分级管理”体制具有重要意义。《中共中央关于教育体制改革的决定》明确指出：“实行基础教育由地方负责分级管理的原则。”《中华人民共和国义务教育法》第八条也明确规定：“义务教育事业，在国务院领导下实行地方负责，分级管理。”

我国义务教育实行由“地方负责，分级管理”，这是我国基础教育管理体制的重要改革。长期以来，国家教育体制中，国家对基础教育统得太死，统一学制、统一大纲、统一教材、统一考试等“千人一校，万人一书”的教育模式，不仅影响了学生学习的兴趣和积极性，而且严重束缚了地方政府、学校以及基层群众办学的积极性。虽然长期以来，政府为普及义务教育付出了较大的努力，但困难仍然很大。如果不改变一切都由国家大包大揽的传统管理体制，就不可能促进全国各地有效地实施九年制义务教育。实行“地方负责、分级管理”不仅可以调动地方政府、学校办学的积极性，而且，也能够充分调动群众的办学积极性，特别是随着人民群众生活的逐

步改善，“地方负责，分级办学”便于吸收更多的资金用于发展义务教育。总之，实行“地方负责分级管理”的原则，对于普及义务教育具有重要意义。我国学龄人口众多，普及义务教育的基础差，起点低，底子薄，而且地域辽阔，民族众多，各地区与各民族之间的差别很大。当前普及九年制义务教育的任务非常艰巨，因此，完善义务教育管理体制十分重要。

完善义务教育管理体制，根本上是建立一整套从上到下的有效管理运行机制。

第一，建立专门的义务教育管理机构，强化现有国家教委基础司对义务教育的指导功能，在宏观上对义务教育进行指导、规划、监督、检查和研究。

第二，各省市自治区、地州县应当加强现有初等教育管理机构的力量和督导机构力量，充实专职人员，强化对义务教育工作的领导。

第三，建立义务教育管理机构，乡镇一级机构建设是重要环节。从我国目前乡镇实施义务教育的特殊性看，建立专门的义务教育管理机构十分必要，从乡镇义务教育的发展规模看，现在内地一般乡镇大多拥有数十所中小学校，教师数百人，学生数千人，只有加强指导和管理，才能确保乡镇义务教育的顺利发展。从乡镇义务教育发展的地位看，乡镇义务教育是我国整个义务教育的重点和难点所在，乡镇普及义务教育也是整个国家义务教育的基本单元细胞，抓好全国5000多个乡镇的义务教育，将会在很大程度上推动普及九年制义务教育的进程。搞好乡镇教育管理机构建设还要克服盲目指挥的现象，必须对乡镇教育管理干部进行思想和业务上的培训。

第四，加强普及义务教育管理干部培训，提高科学管理水平。我国义务教育实施已经十年多，目前仍然缺乏既懂教育科学又能坚持依靠法制管理义务教育的干部，直接影响着普及义务教育的实施。因此，必须加强义务教育管理干部的培训措施。义务教育管理干部的培训要有计划、有领导，计划要从各地实际出发。在培训对象上，应重点招收具有一定初等教育经验的实践工作者；教学形式上应灵活多样，适合于成人特点，加强理论与实践相结合，学与用相结合；在教学内容上，应当以学习研究我国普及九年制义务教育现实问题为主，同时开设当代世界各国义务教育研究课。

义务教育管理干部的培训应主要依靠各省、市、自治区的高等师范院校和教育学院，有条件的教育系应开设义务教育管理专业或专修科，此外，国家的六所教育管理干部培训中心也应大量培训义务教育管理干部。

第五，加强中央的宏观管理和分类指导。普及义务教育实行“地方负责，分级管理”的体制，有助于调动地方政府办学、学校办学乃至群众办学的积极性。但是，从我国国情来看，普及九年制义务教育的任务十分艰巨，同时我国地域辽阔，民族众多，各地政府、学校、群众办学的条件千差万别，许多农村贫困地区温饱问题尚未解决，拿不出足够的钱办教育。因此，我们认为中央在强调普及教育实行“地方负责，分级管理”的同时，还应加强宏观管理和分类指导，广大农村和贫困地区，普及义务教育困难很大，中央应当从宏观上予以帮助和扶持，应当实行“强行投资、强行入学”的办法，以逐步扭转其“贫”、“愚”恶性循环。对于我国广大少数民族地区，尤其是艰苦贫困地区，国家应当将普及义务教育经费主要部分包下来，除了免收学杂费外，个别地区应当提供免费服装、膳食、交通工具等，以推动儿童入学。中央还应当在广大贫困地区、少数民族地区进行普及义务教育实验，应当长时期进行分类指导，根据不同地区、不同民族的特点，制定切实可行的普及义务教育办法。

（二）建立和完善全民教育的督导机制

教育督导制度是现代教育行政管理的重要内容。从实施全民教育特别是普及义务教育的国际经验看，教育督导曾产生了重要作用。世界上绝大多数实施义务教育制度的国家都建立了较为完善的义务教育督导制度。截至 1996 年，我国开始普及九年制义务教育已进入第十年。众所周知，对于我国这样一个经济尚不发达的发展中国家，普及九年制义务教育是一项既伟大而又艰巨的工程。显然需要按计划保质保量地完成这项工程，没有施工过程中的严格监督和质量检查是不可想象的。因此，当前，建立和完善我国普及义务教育督导制度具有重要的现实意义。

1. 建立和完善我国教育督导制度，有利于保证《义务教育法》的贯彻和执行。截至 1996 年，我国《义务教育法》颁布已经十年时间，但是，贯彻执行的还不够得力。至今为止，仍有很多人对贯彻《义务教育法》缺乏自觉性，相反，还存在许多违背《义务教育法》的情况。有的家长，眼光短浅，只重金钱利益，不管孩子前程。孩子们弃学经商者有之，做工务农者有之，流浪犯罪者也有之；有的家长与子女，只讲义务教育的权利，却不尽其义务，对于接受义务教育随心所欲；还有些企业，任意招收童工，甚至还有的学校乱收费。这一切导致的后果是十分严重的，早已引起了社会各界人士的担忧和关注。显而易见，对于普及义务教育中诸多普遍性的问题，只有通过建立对执法者的监督制度，才能保证依法治教。

2. 建立和完善义务教育督导制度，有助于提高义务教育分级办学，分级管理的宏观效益。我国《义务教育法》第八条规定“义务教育事业，在国务院领导下，实行地方负责、分级管理”。这一规定既有利于中央的统一领导，又克服了统得过死、集中过多的弊病，调动了各级地方政府和人民群众的办学积极性。但这一规定同时又要求加强有效的督导机制。只有从我国的实际的国情出发，建立起自上而下的教育督导制度，搞好对下级政府的教育工作和学校工作的监督、指导，才能保证义务教育事业的健康发展。

3. 建立和完善义务教育督导制度，有利于落实党的教育方针，实现全面培养目标。截至1996年，我国普及九年制义务教育实施已经有十年时间，但是，普及义务教育中还存在许多违背党的教育方针的现象，如有的学校教育思想不端正，片面追求升学率；还有的学校，只抓知识教学、忽视学生的思想品德、身体发育以及个性的发展。对于这一切不正常现象，只有通过义务教育督导机制的有效监督，才能得到控制和根除。

4. 当前建立和完善义务教育督导制度应注意的几个主要环节。

（1）提高对义务教育督导制度重要性的认识。由于我国教育督导制度的重新恢复和发展时间不长，义务教育事业的全面督导所取得的成就也刚刚才引起人们的注视。对于整个国家来说，义务教育督导制度的重要性还远没有引起各界人士的足够认识，甚至还有人认为义务教育督导检查不过是走过场，搞形式主义；还有的领导认为教育督导机构可有可无。这些都表明，人们对义务教育督导制度的认识还不全面。因此，当前还必须大力宣传义务教育督导制度的重要性，使各级政府和教育行政部门以及社会各界人士都重视起来，搞好义务教育督导制度的建立和完善工作。

（2）积极采取有效措施，设置督导机构，配备督导人员，建立督导规章。督导机构的设置，各地要从本地区义务教育的普及程度以及困难大小等实际出发。普及义务教育难度大的地区，督导机构应适当扩大。

配备督导人员应本着宁缺毋滥的原则。一定要选择有教育实践经验和管理水平的人员来承担。

督导规章的建立要依靠大量的调查和理论研究，应以教育科学理论为指导和依据。

（三）加强流生控制，切实保证在校学生巩固率

1. 普及义务教育的重大现实课题。流生问题是各国在实施全民教育普及义务教育过程中共同遇到的普遍性问题。“流生”就其概念的含义来看，一是指学习期间因成绩不及格而留级的学生；二是指在规定的学习阶段的任何一个年级，因种种原因而中途离开学校的学生。简言之，流生是指留级生和辍学生两种情形。通常人们用“流失率”衡量一个国家或地区普及义务教育中流生现象发展的程度。

在普及义务教育史上，流生问题是一个广泛存在于各国的教育现象。可以说，人类社会普及义务教育的历史是始终贯穿着与流生现象作斗争的历史。现代义务教育迅速发展的19世纪末、20世纪初，这种斗争更加激烈。当今世界，不管是义务教育发达的资本主义国家，还是起步不久的发展中国家，仍然都共同面临着与流生现象作斗争的艰巨任务，世界各国人民及国际组织都为之付出过巨大的努力。1986年《义务教育法》颁布以后，我国政府及各界人士也都十分关注发生在我国普及义务教育中学生严重流失现象，而且政府还采取了大量措施。但是需要指出的是目前我国中小学生流失状况仍然很严峻，还需要我们进行更大的努力，使流生总量得到有效控制，是保证我国普及九年制义务教育质量的重要环节之一。

2. 控制我国中小学生流失的对策探讨。主要有以下几条。

（1）坚持综合治理、标本兼治的指导方针。综上所述，近年来我国中小学生大量流失，给我国当前的义务教育和今后的经济、社会发展带来很多不利因素。造成中小学生大量流失的原因非常复杂。因此，全社会都应当给予流生问题高度重视。只有通过采取多种措施，坚持综合治理以本为主，本标兼治的方针，才能降低中小学生的流失率，最大限度地控制流生现象的发生。

（2）进一步加强《义务教育法》的宣传，努力提高领导干部和广大家长群众的认识，纠正急功近利的短期行为。《中华人民共和国义务教育法》是我国第一部有关义务教育的法规，应当将它列入我国普法教育的轨道和重要内容之一。要通过深入宣传《义务教育法》，使义务教育法的精神真正

深入人心，特别是要使各级干部懂得义务教育的基础性，普及性特征，懂得义务教育是对新一代公民进行良好的品德以及读、写、算能力的基础性文明的教育，义务教育将对少年儿童的一生发展产生重要的奠基作用。广大家长切不可只顾眼前经济利益，迫使孩子放弃受教育机会，从而贻误了新一代的前程大计。湖南省澧县为制止辍学风，1989 年年初在全县 38 个乡镇办起了 830 多个学生家长《义务教育法》学习班，50000 多名学生家长参加学习，其直接效果是使 3300 多名流失生在家长的带领下及时重返校园。由此可见，法制观念的增强对于普及义务教育、控制流失生现象有重要意义。

（3）各级司法部门、社会各界、家庭、学校都要严格执行《义务教育法》。对于任何违反《义务教育法》的行为，司法部门都应依法惩处。对于不送子女入学的家长绝不可长期宽容、迁就，必要时，应当采取强制性措施，令其送子女入学。只有通过依法治教，才能保证义务教育的普及程度。国家已颁布《义务教育法实施细则》和《青少年儿童保护法》，应认真加强落实。

（4）坚决杜绝使用童工。童工问题是全球性的社会问题。据国际劳工局 1996 年 11 月公布的数据，目前世界上共有 5 ~ 14 岁的童工 2. 5 亿人。不仅分布于发展中国家，发达国家也存在。

经济改革促进了我国经济的发展，与此同时也扩大了劳动力的就业市场。但是，由于多种原因也使得许多未成年的少年儿童在不同程度上过早加入了我国现有的劳动力大军中，尤其在一些乡镇企业以及私营企业，问题还相当突出。从根本上讲，无论何种企业，吸收童工都有悖于我国《义务教育法》的基本精神，而且也成为诱引一些未成年学生辍学的重要原因。因此，要控制流生现象的扩大，必须严格禁止使用童工。1991 年 5 月国务院颁布了《关于严禁使用童工的通知》，各有关部门都应认真学习贯彻落实。对于继续使用童工的行为，严格按照法律规定进行查处。

（5）建立实施义务教育的目标责任制度，健全中小学生流失的检查制度。

首先，实施义务教育，各级行政部门，教育机关要制定责任目标，明确各自任务，并采取各种措施，以保证实施；其次，要建立中小学生流生的检查制度，要随时掌握流生状况，调查其原因并及时采取措施治理，流生情况严重的地区，应及时向上级部门报告情况，以防止流生范围扩大。

（6）增加义务教育投资，在广大贫困农牧山区推行强迫免费教育，同时提供必要困难补助。1996 年统计，全国有近 5800 万贫困人口，这些地区连基本的温饱都没有解决，实施义务教育困难更大。因此，国家在这些地区应当增加义务教育经费投入，实行包括书本费、学杂费在内的全免费教育，对于极贫困的家庭，国家还应适当给予其他方面的补助，以利于学龄儿童入学。对于这些贫困农牧山区，义务教育实施的重点应放在小学义务教育阶段。

（7）端正教育思想，加强学校义务教育与社会以及学生的生活相互关系，改进课程和教材内容，增强义务教育的吸引力。

第一，义务教育要与社会生产劳动相联系，特别要与广大贫困农牧山区群众的实际生活需要以及文化传统相适应。为此应当改革现有课程体系和内容，适当增加乡土教材的比例和分量，以便学以致用。

第二，义务教育应当照顾绝大多数学生的实际情况，要变只为少数人服务的“应试教育”成为，为公民人生服务的“素质教育”、“生活教育”，应当通过课程体系和内容的改革使广大学生掌握对个人生活更有实际意义的知识、技能、技巧。

第三，义务教育的课程，要照顾贫困地区学生年龄特点，应当浅显易懂，便于师生的教与学；教材编写更应生动活泼，便于激发学生兴趣和调动学生的学习积极性。

普及义务教育与学生社会经济生活的实际相联系的重要媒介之一在于改革现有教材体系。显然“千人一面，万人一书”的状况已远不适应现代社会不同地区社会经济文化发展的需要，随着我国经济改革的多元化发展，这种不适应日益增强，普及义务教育教材改革的方向应该走全国统编教材与地方乡土教材相结合的道路。

（8）加强教学民主，注意教学方法，优化师生关系。学校义务教育中，教师应当加强课堂教学的民主化建设，不断提高教学的艺术，注重改进教学方法，特别要改革传统的“满堂灌”，“填鸭式”教学，应当在方法上灵活多样，不拘一格，教师还特别应当注重不断优化师生人际关系，把师生人际关系建立在平等、互爱的基础上，克服惩罚学生和不尊重后进生人格的不良行为，不断强化师生之间的高尚感情。从教育社会心理学角度讲，这是防止学生流失的重要因素之一。

（9）重视优秀、合格教师的培养。义务教育中，防止流生的又一重要措施是保证有一批优秀合格的教师，通过这些教师的教学和教育活动，使整个教学和教育过程变得富有情趣，生动活泼，充满乐趣，这样才能对广大少年儿童产生强烈的吸引力。因此，应当重视培养大批优秀合格的教师。

（10）建立灵活可变的义务教育制度。实施九年制义务教育，应当充分考虑我国城乡之间，内地与沿海之间，农林牧山区之间，发达地区与贫困落后地区之间，各民族之间的巨大差异性，建立灵活可变的义务教育制度。在义务教育的年限上，视经济投入可能性而灵活决定，条件不够理想的大多数农牧山区应先着手实施初等小学义务教育，然后逐步过渡到六年制或九年制义务教育；在义务教育结构上，广大农牧林山区应当考虑增加初等中学义务教育，极个别老区贫困地区也可以考虑发展小学高年级职业义务教育；在办学类型上，根据一些地区和伊斯兰民族特点，可以适当考虑建立女子学生班和女子学校。此外，还可以考虑在农牧区举办适量的寄宿制学校、活动教学点制度，以适应边远学生和牧区生产的流动性大、范围广的需要，农牧山区的义务教育学校，还应在生产繁忙季节给学生放农忙假，以便于学生协助家庭搞好生产活动。

（11）优化学校义务教育环境，改善学校办学的物质条件。第一，要逐步完成危房改建任务，建设合格的校舍，配备标准桌椅，改变校舍不足、桌椅不够的局面。第二，逐步配齐教学所用仪器、音体美课程的基本场地和模具以及其他用品，以保证学生开展较为丰富的学习生活，得到全面发展。

（12）注意解决好农村、贫困地区、少数民族地区以及学生流失问题，应采取特殊措施，保证在校生留得住，学得好。

以上提出的十余条措施既有治标手段，也有治本的策略，面对我国流失生严重的状况主要还应通过治本的根本性措施。我们认为，要从根本上扭转和控制我国流生发展，还必须通过深化改革，通过精神文明建设，革除社会弊端，优化社会风气，造就一个人人尊重知识，人人渴望知识的社会风气。

三、进一步改革和完善招生制度，建立公平竞争机制

（一）取消重点学校，建立实验学校

“文化大革命”期间，由于中小学教育数量的畸形发展，造成学校教

育质量严重下降，70 年代后期为了提高教育质量，同时由于资金的限制，国家实行了重点学校制度，以便有选择有重点地扶持一些学校，集中了较好的师资、设备，一些学校也开设了相应的重点班，但是由于片面追求升学率的干扰影响，许多重点学校逐步演化成为升学服务的重点学校，大批的教师、家长都视升学率高为重点学校的根本特征。直至目前，虽然原教育部已重申只保留极少数重点学校，以便推行改革经验，进行教育实验，但是这些重点学校仍然着重保留着升学意义上的“重点”。因此，在客观上，仍然对非重点学校的师生产生着消极的影响，一些学生中途辍学的原因之一就是因为不是重点学校或重点班学生，常常觉得升学无望，还往往被周围人所轻看，因此提前离校。

从教育社会学的基本原理看，设重点学校违背教育的公平原则，人为地造成了学生之间就学条件乃至升学、就业方面的发展机会不平等。据国外有关研究证明，在基础教育阶段，能力差的学生与较聪明的学生分班学习的结果，前者的损失比后者的益处要大得多。另外，设重点学校所造成的不同阶层之间不平等以及城乡差距就更为突出。

鉴于这种情况，完全取消重点学校，努力在人力、财力、物力和生源等方面创造平等的竞争条件，有助于促进教学质量的大面积提高，并使大部分学生进得来、学得好、留得久。

（二）要坚决杜绝“以钱买分”的择校现象

近年来，在我国各级各类学校教育中不同程度地出现了招收“自费生”（亦有人称“议价生”和“高价生”）的现象，这一现象的背后，实际上是金钱在起决定作用。

作者认为，“收费生”现象的产生，有其自身的社会原因。首先，这是在我国建立市场经济体系的过程中，不同利益分配关系的一种外在体现。即是说，在现今社会中产生了一些能够承担子女成为“收费生”经济开支的社会阶层。因此可以说，“收费生”出现，本身是有社会经济基础的。其次，“议价生”、“高价生”的产生，也是长期以来追求升学率的继续，是一种新的间接手段。多数人之所以愿意付出“高价”以换得孩子就学，特别是入好学校的机会，是与其望子成龙的愿望不可分的。再次，“收费生”现象的出现，与教育部门（学校）本身也有联系，不少学校是在教育公用经费长期不足的情况下，开始招收"收费生"的。最后，就高校而言，"收费生"的出现，也是国家适应招生制度由过去单一的指令性计划向兼顾调节性计划过渡的尝试与探索。

尽管，"收费生"现象的产生有其客观的社会原因，但笔者认为，这一现象是与教育机会平等的精神在一定程度上是相悖的，如果听之任之，特别是在基础教育阶段不控制这一现象，必然会影响我国实施全民教育和教育机会平等的进程。

首先，中小学招收"收费生"违背了《教育法》和《义务教育法》的有关规定。《义务教育法》第四条和第十条明确规定，"国家、社会、学校和家庭依法保护适龄儿童、少年接受义务教育的权利。""国家对接受义务教育的学生免收学费"。可见，招收"收费生"与《义务教育法》规定的保证每一个公民受教育的机会与权利相抵触。

其次，破坏了我国在非义务教育阶段特别是大、中专实行的"公平竞争，择优录取"的原则。不少学校招收"收费生"的经费要求，远远超出了广大普通劳动者家庭所能承担的程度，从而使不少家境较为贫寒的少年儿童不得已失去了学习的机会，同时也对社会倡导的公平竞争失去了信心，求知成才的积极性与学习的兴趣受到严重挫伤。

再次，一些学校为了解决经费短缺的矛盾，招收"议价生"和"高价生"，以收费为目的，这或多或少会给少年儿童的心灵上留下"拜金主义"思想的阴影。

因此，笔者认为，第一，必须对招收"议价生"和"高价生"现象加以严格控制，特别在义务教育阶段，国家不应允许招收"议价生"和"高价生"，而应当贯彻《教育法》、《义务教育法》以及《义务教育法实施细则》，对义务教育阶段的学生按照就近入学的原则和精神办理。

第二，在非义务教育的阶段，国家应允许适当招收计划外的不包分配的自费生，但一是收费不应太高，二是应当以考试分数与在校表现为主要依据，择优录取。原国家教委决定从 1996 年起，对普通高等学校招生制度进行改革，普通高等学校招生实行"并轨"改革，即将原先按国家任务招生计划和调节性招生计划（含委托培养和自费生）形式分别划定两条录取分数线（双轨）来选拔新生的办法，改为按总的招生计划一条分数线（单轨）进行录取，在同一地区实行同一录取标准。将执行招生计划的"双轨"

变为“单轨”，即为“并轨”。作者认为这个改革是正确的，有利于更加全面地实现教育机会的平等。

第三，国家对于无法自费入学的贫困地区及家庭的学生，应免除学费，并适当给予补助。

第四，改革高等学校和中专学校的分配制度，应建立毕业生“优生优分”的公平合理机制，逐步取消地域、性别限制。这是充分调动广大城乡、边疆与内地广大学生努力学习的重要手段，同时，也是实现教育后阶段青少年就业机会平等的基本保障。

第五，坚持普及义务教育的基础性，尽可能使所有学校在义务教育阶段，掌握最基本的文化知识、技能、技巧以及形成良好的道德品质。这是实现我国教育机会平等的长远措施。

第六，要重视教育内容的改革。随着现代科学技术的迅速发展和人类和平进步事业的发展，无论城乡中小学校还是各级专业院校，既要加强现代科学新知识的教学，又要重视培养学生的民主意识、环境保护意识、和平意识，这是人类社会和平与发展这一重大主题对现代教育的基本要求，也是实现教育机会平等质量目标的一个重要内容。

（三）必须消除“以权谋私”的择校现象（“条子生”现象）

目前社会上除了利用经济上的优势，“以钱买分”获取入学机会和较好的教育条件外，还有一种现象就是有些家庭以其特殊的权力或某种社会地位，使其子女得以优先入学，取得受教育条件的有利地位。这显然是封建意识的一种反映，同时也是廉政建设中的一个值得注意的问题。因此必须下决心予以根除。首先，各级党政干部要带头自觉依照《义务教育法》关于儿童就近入学的原则，送子女或亲属就近入学；其次，教育行政部门的领导干部要敢于抵制“条子生”现象的发生，严格按制度办事。

实施全民教育和实现社会主义教育机会平等是复杂、曲折的历史实践过程，需要全国人民的共同努力和长期奋斗。

第八章

中国千余名初中学生家庭背景与学习成绩关系的调查研究

普及义务教育是我国实施全民教育，促进教育机会平等的重要实践。

新中国成立40多年来，尤其是《义务教育法》颁布以来，我国义务教育的普及程度有了很大提高，可谓成绩斐然。但是，义务教育普及率的提高，入学人数的增加，仅仅是促进了教育机会平等的数量变化。而只有在普及的同时使义务教育质量得到普遍提高，才能全面推动教育事业的健康发展。

有关普及和提高的问题，邓小平同志于1958年4月7日在《办教育一要普及二要提高》一文中就说："我们的方针是，一要普及，二要提高，两者不能偏废。只普及不提高，科学文化不能很快进步；只提高不普及，也不能适应国家各方面的需要。……我们在任何时候都要坚持'两条腿走路'，做到在普及基础上的提高和在提高指导下的普及。"① 邓小平同志这个重要指示，在我们当前普及九年义务教育工作中，仍有现实意义，需要认真贯彻。如何保证在普及义务教育的同时提高义务教育质量，避免过去一再发生的追求数量和高速度而忽视质量的现象是一项系统工程。

本书研究的主要目的是对我国普及义务教育质量的一个方面——学生学习成绩及其主要制约因素进行初步的探讨。制约义务教育质量的因素有众多方面，这里仅仅想针对家庭背景中影响学生学习成绩的主要因素进行探讨。具体来说，这项调查研究的目的是为了了解在我国"人人机会平等"的九年义务教育这个大前提下，每个学生是否能够得到公平的发展，而制约每个人发展的家庭因素主要是什么，在同等的教学条件下，同样的教学

① 邓小平文选（第1卷）[M]. 北京：人民出版社，1994：280.

环境中，究竟是什么造成了学生学习成绩的差异，家庭出身背景的影响达到什么程度，等等。显然，上述问题不可能通过这样一个初步的调查就能找出全部答案，这项调查只是对这个方面作的初步尝试。

第一节 文献分析

一、国外文献

在本书第一章里已经提到，教育机会平等是一个动态的概念，其含义随时代发展而不断扩展。著名国际教育家查尔斯·赫梅尔在其为国际教育局写的研究报告《今日的教育为了明日的世界》中曾指出：“不能把它归结为诸如获得机会均等或入学没有歧视等这样一种简单的概念。”① 他还写道：“入学机会均等这一概念正在扩展到取得学业成绩的机会均等。”② 在1970年经济合作发展组织举行的“教育政策”讨论会上人们也一致认为：“‘教育机会均等’有了新的含义。从前只是指受教育的机会均等，现在渐渐地是指获得学业成功的机会均等。这样的解释，意味着社会加以保证的教育机会均等，是使出身于各种不同的社会、经济或人种集团的学生在各级各类教育中所占的比率，与这些集团在全体人口中所占的比率大体上一致。”③正是由于“教育机会均等”概念的含义扩展到了学业成就的机会均等，因此，20世纪70~80年代以来，各国学者都对影响学业成就均等的因素进行了大量的研究。其中以教育社会学家和教育心理学家对“家庭背景与学业成就均等”相关的研究最为突出。

英国的弗拉德·哈尔西和马丁等人关于英国社会儿童出身、家庭环境对教育机会影响的研究表明：不仅家庭背景会影响中等学校的入学机会，而且，家庭的规模、父母的教育水平、教育态度以及事业心等因素更会影响儿童学业成就。杰克逊和马尔斯登的研究也表明：家庭地位影响儿童在文法学校的语言发展。研究还表明能够通过文法学校最终考试的学生大多

---

① 查尔斯·赫梅尔. 今日的教育为了明日的世界［M］. 王静，赵穗生，译. 北京：中国对外翻译出版公司，1983.

②③ 张人杰. 西方“教育民主化”初探［J］. 高等教育学报，1986（1，2）.

出生于中产阶级家庭。道格拉斯关于《小学阶段家庭对儿童教育影响》的研究表明，不同社会阶层家庭对子女的智力发展有很大的影响。而且父母对孩子的期望和鼓励在相当大的程度上会影响子女的学习积极性和接受能力。怀斯曼的研究也表明：影响学生在校学业成就的主要因素在于儿童家庭环境内部，尤其父母的态度（对教育的态度，对读书的态度等）比任何因素都更能影响子女的学业成就。而且怀斯曼的研究表明：家庭对子女学业成绩的影响随年级升高而增长。

美国的科尔曼和詹克斯认为，家庭背景对儿童学业成就的影响很大。詹克斯指出，家庭背景比遗传更能影响儿童的学习成绩。詹克斯还曾与盖茨亚（Getzels）一并对24位智商高，但创造力并不高的中学生进行家庭访问，以便比较两类学生的家庭环境，结果发现前者的家庭中有较多的杂志与报纸。① 莫罗（Morrow）和威尔逊关于学业高成就和低成就与家庭教育方式的差别研究，发现前者对孩子有较多的赞许，并表现出对孩子的喜爱、关心和兴趣。而后者的父母比较溺爱或过度要求孩子，家庭气氛也比较紧张。而且，这项研究还发现，低成就学生的父母对他们的期望也较低，甚至往往不一致。米勒（Miller）的研究发现有些家庭因素与学业成就的相关高于社会经济背景与学业成就的相关。此外马奇·班克斯（Marjeri Banks）通过测量研究认为，儿童智力发展显著的正相关家庭背景因素是父亲的教育程度、母亲的受教育程度以及父亲的职业。马奇·班克斯与温伯格（Walberg）还发现：家庭孩子愈多，孩子能力愈弱。因为孩子数愈多，每个孩子获得父母专注的量就愈少。默西（Mercy）与斯蒂尔曼（Steelman）于1982年对2994个核心家庭中6~11岁儿童的研究也发现，父母亲的教育程度如何，是否接受过学前教育，每天用于阅读报刊和参加团体活动的时间多少，都是影响儿童智力能力发展的重要因素。

二、国内文献

在国内，关于家庭背景对儿童学习成绩影响的研究近年来也初步展开。其中20世纪80年代已发表的有以下几项。

1. 南京师大丁喻关于《家庭诸因素对学生学习和品德的影响》的研

① 马信行. 家庭文化背景与学业成绩的关系［J］. 台湾：国立政治大学学报，1985（51）.

究。[①] 该研究以南京第52中学的12个班级的学生家庭为对象。作者通过对450份调查表的统计分析，认为家庭背景因素中，家长职业、家长文化水平、家长期望是对学业成绩具有“极其显著”的影响；家庭经济条件及居住条件、子女排行、独生等条件对学习成绩无显著的差异影响。

2. 北京师大教育系厉以贤、马树超、吴钢关于《家庭诸因素与学生学业成绩关系的主成分分析》的研究。该研究从家庭的文化、经济、家庭结构、对子女的期望及教育措施等方面（共12项内容）对北京海淀区教育局所属的5所小学和5所中学的1055名学生进行了问卷调查。学生包括小学二年级、五年级、初一和高一四个层次。该研究的主要结论为：第一，周末以外是否允许看电视和父亲的文化程度两因素对学生的学习成绩的影响作用比其他家庭因素的影响要大。第二，父母的教育措施对中小学学生学习成绩起着较大的影响作用。其中“顺其自然”、“具体辅导”、“从严要求”等不同教育措施对学生学业成绩有不同影响。第三，父母的文化程度成为学生学习成绩的主要影响因素。第四，父母对子女受教育年限的期望与学生学习成绩成正相关。[②]

3. 西安师专马淑英关于《家庭教育对于小学生成绩影响的调查》的研究。该研究以小学三年级的75名学生为背景进行。调查研究结果认为以下几项因素与小学生学业成绩关系密切。第一，家庭是否重视早期教育，与儿童学业成绩有密切关系。而且早期教育对小学生学业成绩的影响具有长期性。第二，父母是否能够具体指导学生学习，直接影响学生学业成绩。第三，在管教方式上，学业成绩好的学生家庭往往以精神鼓励为主，而且以说服教育为主。[③]

4. 陈传焕关于《家庭文化背景对学生学习的影响的调查》的研究。该调查以学习成绩分布在两处的城市人口学生为背景，通过对学生80多人次及家长98人次的问卷与口头调查，得出以下结论：第一，父母对子女智力的估计直接影响子女学业成绩；第二，家长对子女的期望水平影响子女学业成绩；第三，家长学习兴趣对子女学习成绩也产生直接影响。[④]

---

① 丁喻. 家庭因素对学生学习和品德的影响［J］. 南京师大学报（社会科学版），1985（4）.

② 厉以贤，马树超，吴钢. 家庭诸因素与学生学业成绩关系的主成分分析［J］. 教育科学，1989（4）.

③ 马淑英. 家庭教育对小学生成绩影响的调查［R］. 唐都学刊，1989（2）.

④ 陈传焕. 家庭文化背景对学生学习的影响的调查［R］. 父母必读，1986（3）.

通过以上国外和国内文献的介述，我们可以看出以下几点：(1) 国内外学者关于家庭背景因素对学业成就机会的影响研究的主要结论是一致的，即家庭背景因素是影响学业成就的重要因素。(2) 国内外学者在关于家庭背景诸因素中究竟哪些因素是影响学业成就的最主要因素上，还有不同的看法。(3) 国内外学者在关于上述研究方法上各有不同特点，研究的侧重点也不同。

第二节　调查分析与结论

一、调查设计

1. 对象。本调查的样本取自西安市第 37 中、83 中、84 中、85 中、98 中、99 中等 6 所中学 28 个班级的 1380 名学生。抽样对象均为初中三年级学生。之所以选择初三年级为对象，是因为初三年级学生是我国九年制义务教育的最后一年，对初中三年级学生的研究有助于我们更准确地把握我国义务教育过程中学生学业成就的变化及其差异性。同时也更容易把握与此相关的家庭背景因素的影响程度。

选择初中三年级为对象的另外一个考虑是为了今后进行追踪研究。因为，教育机会平等不仅是指入学机会的平等或学业成绩的均等，同时也是指义务教育后就业或发展机会方面的平等。

为了便于今后的追踪研究，选取初三年级为样本是有利的。

2. 问卷的编制。本研究的调查问卷编制是在参照上述文献基础上进行的。整个问卷包括 11 项。其内容主要有以下方面。

(1) 学生学习成绩。以 1989 ~ 1990 学年第一学期期终考试语文、数学为主；

(2) 父母职业类型；

(3) 父母文化程度；

(4) 父母的期望与自我期望；

(5) 父母的教养方式与措施；

(6) 家中文化环境如是否订阅报纸、期刊、少儿读物等。

3. 调查步骤。第一步，以上学期成绩为依据，调查不同成绩者其家庭背景之间的相关程度；第二步，在上述相关程度进行探讨的基础上，再根据初三学生毕业考试及中专考试成绩分类进一步探讨家庭背景对学业成绩的影响。本报告中未涉及第二步的内容。

4. 问卷的回收与统计。本调查共发出问卷 1500 份，回收 1260 份，回收率约 84%；有效问卷为 1088 份，有效率为 79%。

二、调查结果统计与分析

对回收的有效问卷 1088 份，主要统计了以下内容。(1) 不同学业成绩学生的父亲职业；(2) 不同学业成绩学生的母亲职业；(3) 不同学业成绩学生父亲的教育程度；(4) 不同学业成绩学生母亲的教育程度；(5) 不同学业成绩学生的家庭平均收入；　(6) 不同学业成绩学生家庭人口数；(7) 不同学业成绩学生父亲对其受教育程度的愿望及个人对受教育程度的愿望。

1. 父亲职业与学生学习成绩的关系分析。根据 1088 份初三学生调查问卷的统计，其结果明确地显示出家庭中父亲职业的不同对子女学习成绩的影响十分突出。在调查的 1088 名学生中，三门功课学习成绩平均在 80 ~ 100 分之间的学生共 275 人，占全部调查人数的 28%；而在这 275 人中，学习成绩的分布又与其父亲的职业关系十分密切。统计表明，这 275 名学生的父亲主要集中在各类专业技术人员、机关和企事业单位领导、办事人员三类职业，从表 8 - 1中可以看出，80 分以上学生中，有近 80% 的学生父亲集中在这三类职业中。而相反，这一成绩段中，父亲是工人和农业生产者职业的不到 20%。

表 8 - 1　父亲职业与学生学习成绩的关系

父亲职业类型 / 学生数占% / 分数段	各类专业技术人员	机关、企事业单位	办事人员	商业人员及服务工作人员	农林牧渔业劳动者	生产工人（含交通、运输）	个体经营者	其他	合计人数
0 ~ 60	93 (30.29)	88 (28.66)	16 (5.21)	5 (1.63)	15 (4.89)	62 (20.2)	8 (2.62)	21 (6.50)	307 (100%)
60 ~ 70	64 (26.50)	75 (31.00)	22 (9.1)	1 (0.4)	10 (4)	54 (22.31)	2 (0.84)	14 (5.80)	242 (100%)
71 ~ 80	91 (34.50)	89 (33.71)	20 (7.63)	4 (1.52)	10 (3.80)	36 (13.64)	0	14 (5.4)	264 (100%)

续表

分数段 \ 学生数占% \ 父亲职业类型	各类专业技术人员	机关、企事业单位	办事人员	商业人员及服务工作人员	农林牧渔业劳动者	生产工人（含交通、运输）	个体经营者	其他	合计人数
81 ~ 90	102 (52.58)	49 (25.26)	12 (6.12)	4 (2.10)	8 (4.12)	14 (7.22)	0	5 (2.60)	194 (100%)
91 ~ 100	45 (55.56)	24 (29.63)	3 (3.7)	1 (1.24)	2 (2.48)	5 (6.15)	0	1 (1.24)	81 (100%)
合计人次	395	325	73	15	45	171	10	54	1088
统计结果	df = 28		x^2 = 72.79			差异极其显著			

* 表中括号内数字是指不同分数段的学生其父亲职业分布情况。每一横向相加和为 100%。

对调查资料进行职业分类统计，还得出被调查的各个不同职业家庭学生人数，并可求出其学生在各分数段中的分布比例，其结果也同样表明，父亲是专业技术人员、机关、企事业单位领导职业的子女在高分段的比例要高于农林牧渔业劳动者及工人的子女，而在低分段父亲是农林牧渔业劳动者的子女所占比例要高于专业技术人员、机关和企事业单位领导子女（见图 8 - 1，表 8 - 2）。

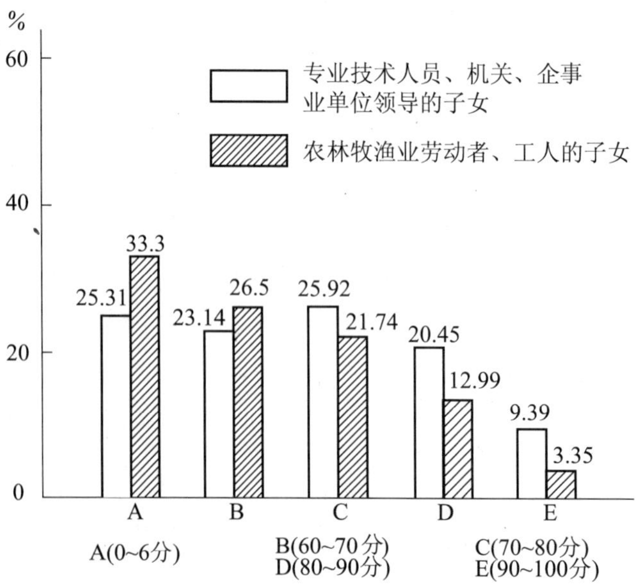

图 8 - 1　父亲职业与学生学习成绩关系示意图

表 8－2 父亲职业与学生学习成绩的关系

学生数占% / 父亲职业类型 / 分数段	各类专业技术人员	机关、企事业单位	办事人员	商业人员及服务工作人员	农林牧渔业劳动者	生产工人（含交通、运输）	个体经营者	其他	合计人数
0～60	93 (23.5)	88 (27.08)	16 (21.92)	5 (33.33)	15 (33.30)	62 (36.30)	8 (80)	21 (38.89)	307
60～70	64 (16.24)	75 (23.07)	22 (30.14)	1 (6.6)	10 (22.20)	54 (31.60)	2 (20)	14 (25.93)	242
71～80	91 (23.04)	89 (27.39)	20 (27.39)	4 (26.67)	10 (22.22)	36 (21.10)	—	14 (25.93)	264
81～90	102 (25.82)	49 (15.08)	12 (16.44)	4 (26.67)	8 (17.80)	14 (8.20)	—	5 (9.3)	194
91～100	45 (11.40)	24 (7.38)	3 (4.11)	1 (6.6)	2 (4.44)	5 (2.8)	—	1 (0.18)	81
合计人次	395 (100%)	325 (100%)	73 (100%)	15 (100%)	45 (100%)	171 (100%)	10 (100%)	54 (100%)	1088
统计结果	df＝28		x^2＝72.79			差异极其显著			

＊表中括号内数表示父亲职业相同的学生学习成绩分布在不同分数段的情况。每一职业纵向相加和为 100%。

2. 母亲职业与学生学习成绩的关系分析。母亲的职业类型对子女的学习成绩也有十分明显的影响。

从横向分析来看，在各分数段中，不同职业的母亲其子女的成绩所占的比例不同。高分段中（80～100 分）母亲是各类专业技术人员、企事业单位领导职业的子女的比例高于农林牧渔业劳动者及工人子女。而在低分段（0～60 分、60～70 分），母亲是农林牧渔劳动者和工人的子女要多于母亲是专业技术人员和机关、企事业单位领导的子女，详见表 8－3 和图 8－2。

表 8－3 母亲职业与学生学习成绩的关系

学生数占% / 母亲职业类型 / 分数段	各类专业技术人员	机关、企事业单位领导	办事人员	商业人员及服务工作人员	农林牧渔业劳动者	生产工人（含交通、运输）	个体经营者	其他	合计
0～60	60 (19.54)	8 (2.61)	12 (3.91)	48 (15.64)	39 (12.70)	72 (23.45)	9 (2.93)	59 (19.22)	307 (100%)

续表

学生数占% 分数段 \ 母亲职业类型	各类专业技术人员	机关、企事业单位领导	办事人员	商业人员及服务工作人员	农林牧渔业劳动者	生产工人（含交通、运输）	个体经营者	其他	合计
60～70	61 (25.21)	18 (7.44)	16 (6.61)	32 (13.22)	28 (11.57)	49 (20.24)	9 (3.71)	29 (11.90)	242 (100%)
71～80	88 (33.33)	24 (9.10)	32 (12.12)	42 (15.91)	12 (4.60)	34 (12.90)	4 (1.52)	28 (10.62)	264 (100%)
81～90	99 (50.52)	13 (6.70)	18 (9.3)	21 (10.8)	10 (5.16)	22 (11.3)	1 (0.5)	12 (6.1)	194 (100%)
91～100	40 (50.60)	5 (6.2)	10 (12.3)	6 (6.2)	10 (12.35)	8 (9.88)	/	2 (2.47)	81 (100%)
合计人次	348	68	88	147	99	185	23	130	1088

* 括号内数字是不同分数段的学生母亲在各种职业中分布情况的百分比。每一分数段横向相加和为100%。

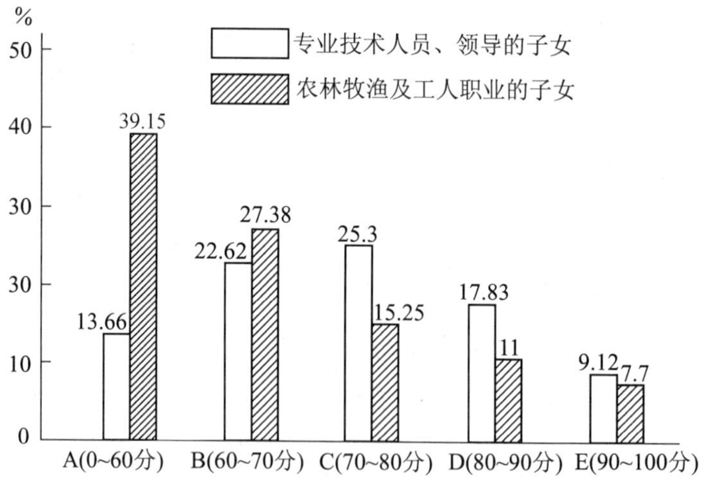

图8-2　母亲职业与学生学习成绩关系示意图

如果从纵向进行分析，还可清楚地看出各类不同职业其子女在各分数段的分布情况，见表8-4。此外我们还可以看出1088名抽样学生母亲职业与父亲职业分布的差异，比较显著的变化是母亲从事机关企事业单位领导的人数远远少于父亲；此外，从调查表的分析看，母亲中无业人数远远高于父亲人数。

表 8-4　母亲职业与学生学习成绩的关系

学生数占%／母亲职业类型／学习成绩	各类专业技术人员	机关、企事业单位领导	办事人员	商业人员及服务工作人员	农林牧渔业劳动者	生产工人（含交通、运输）	个体经营者	其他	合计
0~60	60 (17.24)	8 (11.7)	12 (13.64)	48 (32.66)	39 (39.40)	72 (38.92)	9 (39.15)	59 (45.39)	307
60~70	61 (17.53)	18 (26.5)	16 (18.18)	32 (21.76)	28 (28.28)	49 (26.50)	9 (39.15)	29 (22.31)	242
71~80	88 (25.29)	24 (35.29)	32 (36.36)	42 (28.57)	12 (12.12)	34 (18.38)	4 (17.40)	28 (21.60)	264
81~90	98 (28.16)	13 (19.11)	18 (20.46)	20 (13.61)	10 (10.10)	22 (11.89)	1 (4.40)	12 (9.23)	194
91~100	41 (11.78)	5 (7.40)	10 (11.36)	5 (3.4)	10 (10.10)	8 (4.32)	/	2 (1.54)	81
合计人次	348 (100%)	68 (100%)	88 (100%)	147 (100%)	99 (100%)	185 (100%)	23 (100%)	130 (100%)	1088
统计结果	df=28			$x^2=140.22$					

*表中括号内数字表示母亲职业相同的学生学习成绩在不同分数段的分布情况。每一职业纵向相加和为100%。

3. 父亲教育程度与学生学习成绩的关系。从已有理论上讲，父亲的教育程度与子女的学习成绩成正比，父亲的教育程度越高，子女学业成就机会就越大。通过调查资料的统计，我们发现，1088 名学生父亲的教育程度与他们的学习成绩关系十分密切。纵向分析，可以明显地看出，父亲的教育程度越高，其子女在高分段分布的情况越大（见表 8-5 和图 8-3）。

表 8-5　父亲教育程度与学生学习成绩的关系

学生数占%／教育程度／分数段	文　盲	小　学	初　中	高　中	大专以上	统计结果合　计
0~60	4 (66.67)*	41 (53.95)	97 (37.50)	77 (26.74)	88 (19.17)	307
61~70	0	22 (28.95)	72 (27.80)	66 (22.92)	82 (17.87)	242

续表

分数段 \ 学生数占% \ 教育程度	文盲	小学	初中	高中	大专以上	统计结果合计
71 ~ 80	2 (33.33)	7 (9.21)	62 (23.94)	78 (27.08)	115 (25.05)	264
81 ~ 90	0	6 (7.89)	20 (7.71)	49 (17.01)	119 (25.92)	194
91 ~ 100	0	0	8 (3.1)	18 (6.25)	55 (11.99)	81
合计	6 (100%)	76 (100%)	259 (100%)	288 (100%)	459 (100%)	1088
统计结果	df = 16		x^2 = 124.4		差异极其显著	

＊表中括号内数字为在同一文化程度情况下，学习成绩在不同分数段的分布比例情况。纵向相加和为100%。

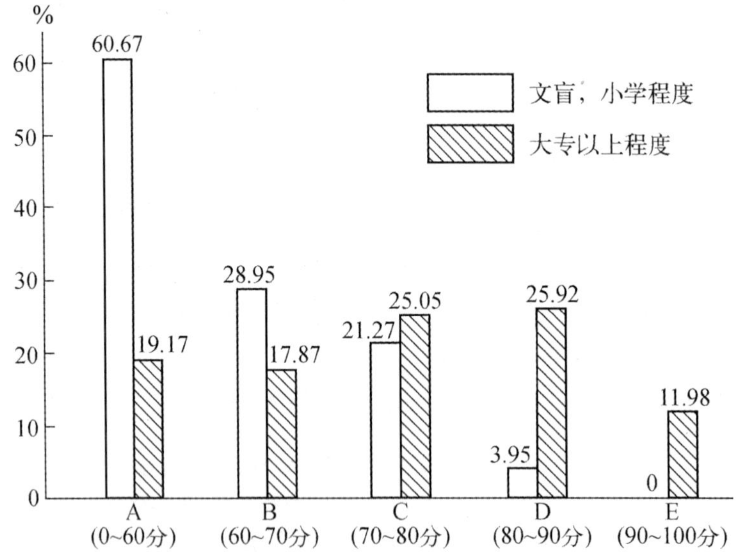

图8－3　父亲教育程度与学习成绩的关系示意图

如果从横向进行分析，我们还可以对每一分数段学生的分布有更进一步的了解。其趋势表现为，成绩段越低，其父亲为高等教育程度的学生人数越少；反之，成绩段越高，其父亲教育程度低的学生的人数比例也越小（见表8－6）。

表 8 -6　父亲教育程度与学生学习成绩的关系

教育程度 / 学生数占% / 分数段	文　盲	小　学	初　中	高　中	大专以上	统计结果合　计
0 ~ 60	4 (1.10)*	41 (13.40)	97 (31.60)	77 (25.10)	88 (28.71)	307 (100%)
61 ~ 70	0	22 (9.10)	72 (29.75)	66 (27.27)	80 (33.88)	242 (100%)
71 ~ 80	2 (0.76)	7 (2.65)	62 (23.48)	78 (29.55)	115 (43.56)	264 (100%)
81 ~ 90	0	6 (3.09)	20 (10.31)	49 (25.26)	119 (61.34)	194 (100%)
91 ~ 100	0	0	8 (9.88)	18 (22.22)	18 (67.90)	81 (100%)

* 表中括号内数字表示同一分数段的学生父亲文化程度的分布比例情况。横向相加和为 100%。

4. 母亲教育程度与学生学业成绩。关于家庭中父母教育程度对子女学习成绩的影响，以往的研究大多集中在父亲教育程度对子女的影响上，而关于母亲的教育程度，往往被认为是没有父亲的影响重要和突出。

我们对于 1088 名学生母亲教育程度与子女学习成绩的调查结果统计见表 8 -7 和表 8 -8。

表 8 -7　母亲教育程度与学生学习成绩的关系

教育程度 / 学生数占% / 分数段	文　盲	小　学	初　中	高　中	大专以上	统计结果合　计
0 ~ 60	4 (1.30)*	47 (15.3)	152 (49.52)	71 (23.13)	33 (10.75)	307 (100%)
61 ~ 70	2 (0.83)	40 (16.52)	98 (40.5)	70 (28.93)	32 (13.22)	242 (100%)
71 ~ 80	3 (1.14)	15 (5.68)	94 (35.61)	88 (33.33)	64 (24.24)	264 (100%)
81 ~ 90	2 (1.03)	13 (6.7)	44 (22.68)	72 (37.12)	63 (32.47)	194 (100%)

续表

分数段 \ 学生数占% \ 教育程度	文盲	小学	初中	高中	大专以上	统计结果合计
91~100	0	0	16 (19.75)	24 (29.63)	41 (50.62)	81 (100%)
合计人次	11	115	404	325	233	1088

*表中括号内数字表示同一分数段内学生母亲文化程度的分布比例情况。横向相加和为100%。

表8-8　母亲教育程度与学生学习成绩的关系

分数段 \ 学生数占% \ 教育程度	文盲	小学	初中	高中	大专以上	统计结果合计
0~60	4 (36.36)*	47 (40.88)	152 (37.62)	71 (21.84)	33 (14.16)	307
61~70	2 (18.18)	40 (34.78)	98 (24.26)	70 (21.54)	32 (13.73)	242
71~80	3 (27.27)	15 (13.04)	94 (23.26)	88 (27.08)	64 (27.47)	264
81~90	2 (18.19)	13 (11.30)	44 (10.90)	72 (22.15)	63 (27.04)	194
91~100	0	0	16 (3.97)	24 (7.39)	41 (17.60)	81
合计人次	11 (100%)	115 (100%)	404 (100%)	325 (100%)	233 (100%)	1088
统计结果	df=16　　$x^2=139.5$　　$P<0.005$					

*表中括号内数字表示母亲文化程度相同的学生，学习成绩在不同分数段的分布情况。纵向相加和为100%。

从表8-7、表8-8、图8-4和图8-5中可以看出，母亲的受教育程度与子女的学业成绩高低仍有着十分明显的相关。资料统计表明，母亲受教育程度越高，子女取得好成绩的人数比例越大。学习成绩在90~100分之间81名学生中，有50%以上的学生母亲，其教育程度是大专以上，而在平均成绩60分以下的307名学生中，却有66%的学生母亲的受教育程度在初中以下。

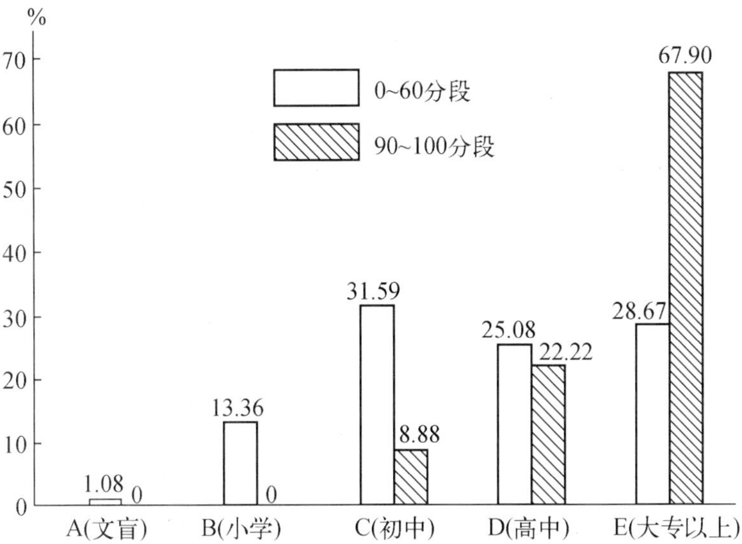

图 8 -4 母亲教育程度与子女学习成绩的关系示意图

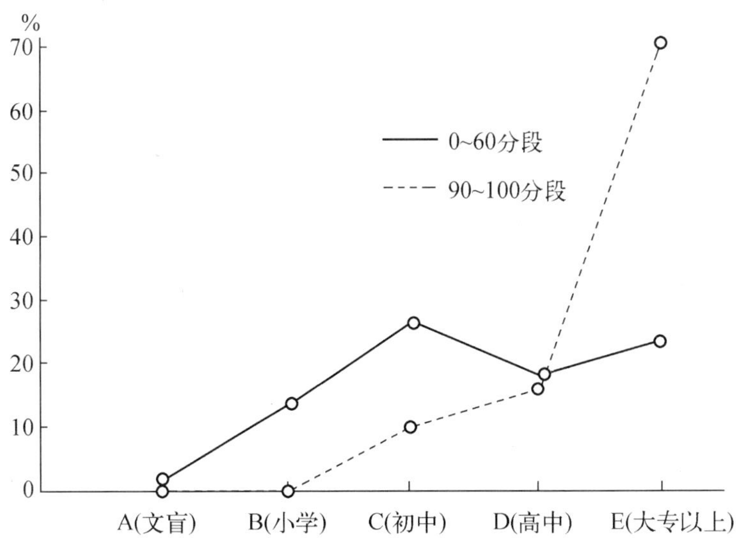

图 8 -5 母亲教育程度与子女学习成绩关系的曲线示意图

5. 家庭收入、人口与学生学习成绩的关系。国外研究大多都认为，家庭的收入多少直接影响孩子的学习成就。从人们的一般理解来看，家庭收入会影响子女学习的物质条件和用于参加与生活有关的劳动的时间。但我们对 1088 名学生中的 211 名进行抽样分析，却发现，父母及整个家庭的收入和人口数对学生成绩状况没有显著的影响，见表 8 -9。

表 8 -9　学生学习成绩与家庭收入、人口的关系

	家庭收入人均数（元/人）	家 庭 人 数	子女平均数
0 ~60（92 人）	56.33	4.92	2.92
61 ~70（39 人）	65.12	4.71	2.71
71 ~80（36 人）	52.93	4.81	2.81
81 ~90（32 人）	52.45	4.62	2.62
91 ~100（12 人）	50.29	4.58	2.58

6. 父母以及个人受教育愿望与学生学习成绩的关系。父母的愿望常常会影响学生个人的愿望。在家庭影响以及社会其他因素影响下，学生形成的对未来的理想，也往往是影响学生学习动力的持久因素之一。现代教育心理学关于非智力因素对学生智力发展乃至学习成绩影响的研究，也充分表明，学习的态度、动机，往往会给学生的学习带来重大的影响。

根据对调查问卷中的 421 份问卷进行抽样分析，我们也发现，学生对受教育年限的期望程度与其学习成绩密切相关，学习成绩好的学生，对未来受教育的愿望也往往比较高，反之学习成绩差的学生，对未来受教育的愿望也较低，详见表 8 -10、图 8 -6 和图 8 -7。

表 8 -10　父母以及个人受教育愿望与学业成绩的关系

	父母对子女将来的愿望				本人将来的愿望			
	合计（人）	初中毕业就业	高中毕业就业	上大学	合计（人）	初中毕业就业	高中毕业就业	上大学
0 ~60	102（100%）	9（8.8）	46（45.10）	47（46.10）	102（100%）	14（13.72）	51（50）	37（36.28）
61 ~70	101（100%）	2（1.98）	28（27.72）	71（70.3）	101（100%）	6（59.4）	42（41.58）	53（52.48）
71 ~80	122（100%）	3（2.46）	19（15.57）	100（81.9）	122（100%）	2（1.64）	30（24.59）	90（73.77）

续表

	父母对子女将来的愿望				本人将来的愿望			
	合计（人）	初中毕业就业	高中毕业就业	上大学	合计（人）	初中毕业就业	高中毕业就业	上大学
81～90	96（100%）	4（4.16）	7（7.30）	86（88.54）	96（100%）	3（3.13）	9（9.38）	84（87.5）
90～100	42（100%）	—	—	42（100）	42（100%）	—	—	42（100）
统计结果	df=18　t=2.163　P<0.005 t=163　P<0.05							

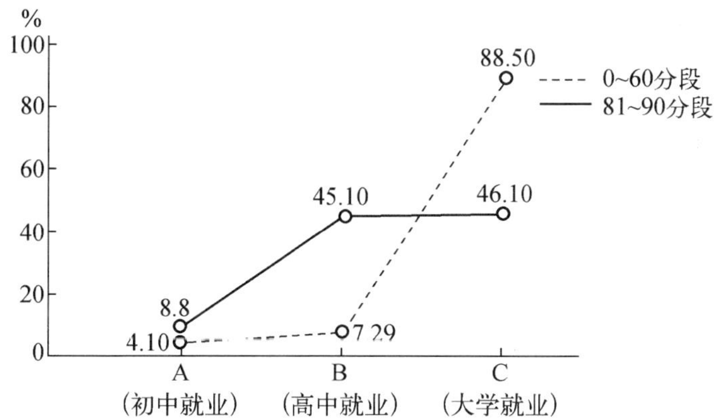

图 8－6　不同分数段学生父母对子女受教育愿望变化

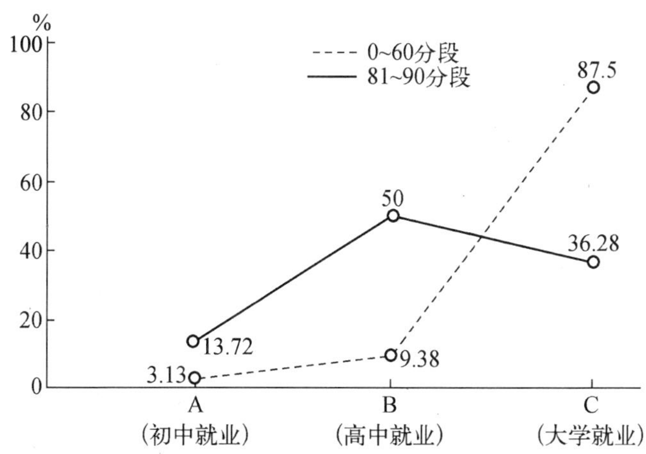

图 8－7　不同分数段学生的受教育愿望及变化

三、小　结

上述统计材料表明，在义务教育中，学生家庭中的父母职业、教育程度，对子女的愿望，都比较显著地影响学生的学业成就。由此我们认识到，普及义务教育过程，不仅仅要依靠学校，而且受约于社会、家庭，尤其是义务教育的质量提高，学业成就的机会平等，都与父母这一因素密切相关。因此，在教育机会民主化实践中，应当加强以下几个方面：

第一，提高整个社会人口素质，尤其父母的教育程度，这对于改变学生教育环境十分有益；另外，传统的研究比较注重父亲文化程度对子女的影响，而本研究认为，母亲对教育子女的影响似乎更大些，尤其是在学习动机因素方面。由此可见，加强对女性教育的重要性是不可低估的。

第二，对于家庭教育环境相对较差的学生，学校应加强措施，给予帮助，努力克服家庭因素造成的学业机会上的不平衡。

第三，进行普遍的学习目的教育，强化学生的学习动机，引导学业落后学生积极向上。

第四，教师应努力探讨行之有效的教学方法，最大限度地推动全体学生学习成绩的全面提高。

第五，努力调动学业成绩不良学生家庭的积极性，改善家庭学习环境，强化学生的学习意愿。

如何真正促进学业成就的机会平等，是一个十分复杂的问题。问题本身涉及多方面因素，需要各方面共同努力。

第九章

中国2000名1989级（1993届）大学生家庭背景及大学教育机会的调查研究

大学教育的入学机会状况，已成为当代世界各国衡量教育机会平等程度的重要尺度。“人们往往用大学入学人数与同年龄的人口的百分比以及大学生社会成分的分布情况来衡量一种教育制度的民主化程度。”①从第一个方面来看，新中国成立40多年来，我国大学入学人数与同年龄人口的百分比已有较大的变化。到1996年底，全国大学生已达到302.1万人，比1949年的11.7万人增加了近30倍。1996年平均每万人口中的在校大学生的比例由1949年的3.4人增加到近40人，增长10多倍。从第二个方面看，中华人民共和国成立之前，不仅高等教育十分落后，规模很小，而且几乎完全被少数人所垄断，成为有钱、有势人的专利。中华人民共和国的成立，为逐步建立人人平等的社会主义经济、政治以及教育制度奠定了重要基础。从而接受我国大学教育的学生社会成分也发生了极大的变化。尤其是广大的工农阶层子弟、少数民族学生、女学生进入大学的机会都有了前所未有的增长（对此第五章已有较全面论述）。

但是，还必须看到，由于我国仍然处于社会主义的初级阶段，社会主义建设与发展的历史与现实基础，再加之地理环境以及文化背景的差异，使得大学生的社会成分仍然存在着较大的差异，虽然从社会生产力和社会经济发展水平过程来看，这些差异是不可避免的现象。因为社会发展还远未达到人人都可上大学的普及义务高等教育阶段。但也从某种程度上反映了大学教育机会的不平等。对于这些差异、悬殊的研究和再认识，显然有

① 查尔斯·赫梅尔. 今日的教育为了明日的世界［M］. 王静，赵穗生，译. 北京：中国对外翻译出版公司，1983：98.

助于我国教育政策的制定和改革，尤其对于缩小各阶层、阶级在教育机会上的现实差别，推动我国教育机会平等进程意义十分重大。

需要指出的是，长期以来，关于这一问题我们缺少系统的研究，笔者的研究较多地参考了国外文献及我国台湾省的资料。因此，在观点与方法上难免有不恰当的地方。

第一节　文献分析

一、研究的目的、内容与方法

本研究的主要目的，在于进一步探讨我国社会主义初级阶段教育机会平等的现实程度。具体来说，旨在准确地把握我国当前高等教育入学机会的平等程度。

本研究的内容主要围绕两个方面展开：第一，文献综述。对国内外关于大学教育机会平等的有关研究成果进行介述和初步的分析。第二，对我国当前高等教育的入学机会的阶层分布状况进行实证调查，并简要探讨其主要制约因素。

本研究的主要方法与内容相对应。第一是文献研究，第二是实证性调查研究，以实证调查为主要方法，以文献的分析探讨为辅助手段。

二、文献综述

在国外，关于大学教育机会增多等的研究，很早就引起了人们的重视。研究主要来自两个方面：一是由一些国家国际教育组织，为配合教育政策的研究与制定的需要进行的研究；二是以教育社会学家为主干（包括一些社会学家），围绕社会流动等问题展开的研究。下面笔者就所能见到的部分资料进行探讨。主要有两个重点：第一，分析家庭社会经济背景的主要因素对大学教育机会的影响；第二，论述有关国家关于出身于不同社会阶级、阶层大学生入学机会的研究。

大学生社会成分的分布状况是衡量教育机会民主化程度的主要指标之一。国外学者十分重视这一领域的研究。一般认为，影响大学入学机会的社会成分方面的主要因素有七个，即学生父母的教育程度、父母职业类别、家庭收入、家庭居住地区、家庭规模（人口数）、家庭文化水准，以及家庭父母的价值观念、语言类型等。

（一）关于父母的受教育程度与子女的大学教育机会

国外有关研究表明：父母的受教育程度越高，子女接受大学教育机会也越多。

美国学者奥斯汀（A. W. Austin）在美国全国教育委员会及加州大学洛杉矶校区的资助下，对美国1975年秋季大学及学院一年级新生的家庭背景的调查研究表明：该年秋季全美大学一年级新生不论公私立大学，其父亲的受教育程度为大学以上程度者均占50%以上，母亲受教育程度多半在高中程度以上。

另一位学者奥塔（G. Oritar）关于以色列高等学校学生父亲的受教育程度的研究结果发现，父亲为中学毕业以上的占46.4%，为学术性大学毕业的占24.3%。

我国台湾省的有关调查表明，1976年报考大学的学生父亲受教育程度以小学为多数，而录取的大学生中，父亲的受教育程度则以高中程度以上的为多数，占50%以上。研究发现：父亲受教育程度与子女入大学机会的关系密切。

（二）关于父母职业类别与入学机会的关系

国外大量研究表明，父母职业类别与大学入学机会的相互关系的相关程度最高。

奥斯汀等在1975年秋季对美国大学新生父母职业类别的调查发现，不论男女生或公私立大学，父亲职业为白领阶级者占60%以上，而母亲职业以家庭主妇为主的约占70%，见表9－1和表9－2。[①] 卡隆（G. Carron）于1974年向国际教育计划研究所（International Institute of Education Planning，IIEP）提出的一项关于法国学生社会背景的报告中指出，法国1972年各大学一年级新生大多出身于中等阶层。

---

① 黄昆辉．我国大学入学考试是否合乎机会均等的精神［G］//教育行政与教育问题．台湾：五南图书出版公司，1988．

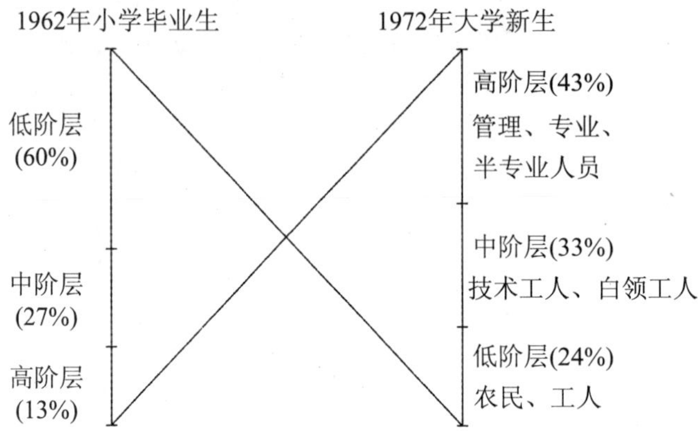

图 9－1　1972 年法国大学生家长社会阶层与职业类别

从图 9－1 可以看出，1962 年小学毕业生的社会阶层组成为低阶层（工人、农民）占 60%，中阶层（技术工人、白领工人）占 27%，高阶层（管理及专业人员、半专业人员）占 13%；而到 1972 年，能进入大学的学生社会背景则发生了较大变化。高阶层的孩子增加到 43%，中阶层增加到 33%，唯有低阶层降低到 24%，下降了 34 个百分点。①

表 9－1　美国 1975 年秋季各大学新生父亲教育程度统计②　　　单位：%

		九年及以下	高中肄业	高中毕业	初级学院毕业	大学肄业	大学毕业	研究生肄业	研究生毕业
男	公立大学	3.7	8.4	25.6	4.1	14.4	24.2	3.1	16.6
	私立大学	3.1	5.8	17.2	3.2	13.1	25.5	4.2	28.0
女	公立大学	4.1	8.2	23.9	4.6	14.7	24.4	3.1	16.9
	私立大学	3.0	5.5	14.1	3.3	12.6	26.5	4.3	30.7

资料来源：转引自《教育行政与教育问题》（台湾），五南图书出版社，1988 年版，第 363～364 页。

①② 黄昆辉. 我国大学入学考试是否合乎机会均等的精神［G］//教育行政与教育问题. 台湾：五南图书出版公司，1988.

表 9－2 美国 1975 年秋季各大学新生母亲教育程度统计 单位:%

		九年及以下	高中肄业	高中毕业	初级学院毕业	大学肄业	大学毕业	研究生肄业	研究生毕业
男	公立大学	2.4	6.8	41.9	7.2	15.7	14.4	2.4	5.4
	私立大学	2.4	4.6	30.9	6.8	17.5	24.0	3.7	10.2
女	公立大学	2.6	7.1	37.7	8.8	17.1	18.5	3.0	5.3
	私立大学	2.2	4.1	24.7	7.6	18.7	26.5	4.4	11.8

资料来源：同表 9－1，第 365～366 页。

联邦德国统计局在 1966 年所进行的关于德国大学生父亲职业类别的调查表明：1954 年白领阶级占 94.7%，而蓝领阶级占 9.5%；到 1966 年，则白领阶级占 92.1%，蓝领阶级仅占 8.5%。①

日本学者丰泽民研究了 1951 年 6 月日本大学生的家庭职业分布情形，就国立大学而言，以农、渔、矿工子女占 20% 为最多；其次为中下级公务人员的子女，占 17%；再次为高级管理及行政人员子女，占 15%。在私立大学，则以高级行政管理人员子女为最多，约占 30%；其次为中下级行政人员的子女，占 16%。

我国台湾学者关于 1976 年台湾省报考大学学生及新录取大学生的父亲职业类别的调查，也发现报考大学者以及被录取者的父亲职业均以专业及管理人员最多，分别占报考人数及录取人数的 26.8% 和 30.9%；其次为技术工人和非技术工人（见表 9－3）。

表 9－3 台湾 1976 年报考大学学生与录取学生父亲职业类别比较

	报名者	录取者
高级专业及管理人员	9.9	11.30
专业人员及管理人员	26.08	30.90
半专业人员	18.30	18.16

① 黄昆辉．我国大学入学考试是否合乎机会均等的精神［G］//教育行政与教育问题．台湾：五南图书出版公司，1988.

续表

	报名者	录取者
技术工人	25.90	21.41
非技术工人	19.44	17.53

资料来源：根据台湾学者黄昆辉的《我国大学入学考试是否合乎机会均等的精神》一文整理。

表9－4。苏联学者的研究也表明了大学生父亲职业类别对大学入学机会的影响十分明显。

由表9－4可以看出，苏联大学生家庭背景中，父亲职业以职员所占比例最高。自1970年以来，职员与工人子女的大学入学机会虽趋向于接近，但机会的差距仍然很大。1979年，苏联工人人口占人口比例的60%之多，而该年考入大学的学生中间工人子女却只占47.3%；1979年职员仅占人口比例的25.1%，可其子女在大学新生中的比例却占到46.2%。

表9－4　苏联全日制大学一年级学生的社会背景　　单位:%

社会出身	占人口比例(1979)	学年					
		1970～1971年	1971～1972年	1972～1973年	1973～1974年	1975～1976年	1979～1980年
工人	60.0	37.7	39.8	42.4	44.4	45.5	47.3
集体农庄雇员	14.9	9.0	9.9	8.8	6.5	7.5	6.5
职员	25.1	50.3	50.3	48.8	49.1	47.3	46.2

资料来源：I. B 里亚布什鲁、Γ. B 奥西波夫. 苏联社会学［M］. 陈一筠，等，译. 北京：中国社会科学出版社，1986：381.

关于大学阶段入学机会问题，联合国教科文组织认为明显地反映了不同的社会阶级教育机会的不平等。在联合国教科文组织国际教育发展委员会的研究报告《学会生存》一书中，较详细地列举了奥地利等7个国家大学生家庭职业的分布状况（见表9－5）。

表9－5 七个国家高等学校入学者家庭职业分类比较（1960～1965年）

国 家	自由职业与行政管理部门	工 人
	学生（总入学人数的%）	学生（总入学人数的%）
奥地利	32.4	5.5
意大利	11.6	15.4
日 本	52.8	8.7
挪 威	33.6	23.9
英 国	62.9	27.2
美 国	52.4	26.6
南斯拉夫	17.9	19.0

资料来源：联合国教科文组织国际教育发展委员会. 学会生存——教育世界的今天和明天［M］. 上海：上海译文出版社，1979：113.

此外，“经济合作开发组织”（OEOCD）关于各国大学生来自“高—低”社会阶层的研究认为，各国大学生来自高阶层的比率，法国1968年为28∶1，德国为12∶1，英国1970年为5∶1，瑞典1968年为5∶1。

通过上述研究结果来看，父亲职业阶层较高者，其子女的大学入学机会也较多。其中尤其以专门技术管理人员的子女入学机会最多。而工人和农民子女的大学入学机会远不及非工人和非农民子女的机会。

至于母亲职业对大学入学机会的影响一般不是十分显著。

（三）关于家庭收入与大学入学机会的关系

国外研究表明，家庭的经济收入直接影响大学入学机会。有人认为，家庭收入对大学教育机会的影响实际上就是职业与教育程度的间接影响。因为，职业、教育程度的高低往往与家庭经济收入呈现正比关系。

奥斯汀（A. W. Astin）等人关于1975年秋季全美国大学新生的调查表明：不论男女生及公私立大学，均以年收入15000至19999美元者为最多，其次为20000至24999美元，再其次为12500至14999美元，而年收入在3000美元者最少，仅占2%左右。①

① 黄昆辉. 我国大学入学考试是否合乎机会均等的精神［C］//教育行政与教育问题. 台湾：五南图书出版公司，1988.

日本文部省大学学术局学生课的调查研究表明：1958 年，日本各类大学学生家庭收入按五个等级分类，其中年收入为 72. 8 万日元以上者占 26. 9% 居于首位，其次为 29. 3 万至 41 万者占 20. 3%；公立大学中，年收入为 72. 8 万元以上者占 33. 6% 为最多，而年收入在 29. 8 万元以下者最少，仅占 12. 6%。

（四）关于家庭居住地区对大学教育机会的影响

英国大学入学资格委员会的一项调查资料认为，1966 年英国各大学学生家庭居住地区以英国东南部为最多，其次为北部约克郡（Yor Shire）以及西北部，最少者为威尔斯（Walse）。

经济发展与合作组织（OECD）1972 年的调查也认为：联邦德国的大学生，居住在巴伐利亚与雷蒙村等乡村地区的分别占 7. 5% 和 10. 9%，远远低于柏林及慕尼黑等地区。①

瑞典教育当局对大学生家庭居住地区的统计也表明：（1）史多洪（Storholm）大学约有 43% 的新生居住在城市地区。（2）朗德（Lund）大学有 42% 的新生来自乡村地区。（3）亚普沙拉（Uppsala）大学仅有 12% 的学生来自农村地区。②

我国台湾学者关于家庭居住地区对大学入学机会的研究表明，台湾省各城市地区要比农村地区的家庭子女入学机会高。1975 年居住城市、省辖地区的大学考生占报考人数的 32. 78%，而在录取总人数中却达到 43. 05% ③。而居住在乡镇地区的考生占及格人数的 43. 5%，被录取的考生仅占录取考生的 33. 10%，下降了 10 个百分点。④

（五）家庭人口数与大学入学机会的关系

美国学者巴奇门（I. C. Bachman）关于美国密西根州高一学生家中兄弟姐妹人数的统计显示，多在 1 ~ 3 人间，6 人以上者甚少。瑞典胡森（T. Husen）的研究也发现兄弟姐妹的多少与就学可能有较大影响，子女越多，大学入学机会越少。

史麦伦斯基（M. Smilansky）和杨恩（J. Yan）关于以色列赫布卢

---

①②③④ 黄昆辉. 我国大学入学考试是否合乎机会均等的精神［G］//教育行政与教育问题. 台湾：五南图书出版公司，1988.

(Hobrew)大学学生入学机会的研究发现，兄弟姊妹人数较少者有较大的入学机会。

（六）家庭价值观对大学入学机会的影响

家庭的价值观念也往往会影响子女对受教育程度期望值的高低。一个人的价值观往往是家庭价值观影响下的产物。不同社会阶层子女最终是否能够进入大学就读，还在很大程度上取决于父母教育价值观对子女的影响。

总之，以上六个方面反映的是国外及我国台湾省关于大学教育机会与家庭社会经济地位及其他因素的相互关系情况的基本研究，关于这方面的研究还有很多，但总趋势是一致的，这里不再赘述。

在国内，关于大学入学机会及其家庭社会背景相互关系的问题，目前尚缺乏系统、全面及细致的研究。

第二节 调查分析与结论

一、调查设计

1. 调查对象：均为1989级（1993届）大学本科生。调查设计时抽样范围包括陕西与四川部分高等院校。（但由于问卷的发放时间不一与统计的困难，本调查报告只能对西安地区的11所高校的调查资料进行统计分析）。调查抽样的学校主要包括理工、农医、综合、政法、财经、外语、师范、矿业、石油等9类院校。

抽样专业以各类学校中常设系科和专业为主。

样本数量：西安地区调查样本数量共选2800人，各类院校调查选样因招生人数不等而有一定差异。

2. 调查问卷的编制。调查问卷在参考国外有关资料的基础上，由笔者自行编制。整个问卷共11个项目。为便于电子计算机统计，全部问题采用结构式选样问卷。同时为了保证试卷的回收率，采用不记名形式。

3. 问卷内容：问卷内容主要包括：

（1）被调查者的年龄、性别、高中毕业学校。

（2）高考时语文、外语、数学成绩。此项目旨在了解学生不同家庭背景与语文和数学成绩的关系。

（3）父母亲的职业。本项调查意在了解我国大学入学机会在不同职业的分布状况，问卷中的职业分类按照国家人口普查的规格，以便与人口中的各职业人口比例相比较。

（4）父母亲的教育程度。此项目调查我国大学生父母教育程度的分布状况，进而探讨父母教育程度对大学入学机会的影响。

（5）家庭每月总收入。设计此项目的主要目的在于了解我国各阶层家庭收入对子女入大学机会的影响。

（6）家庭人口数及子女数。此项目主要调查家庭子女数对大学入学机会的影响。

（7）家庭居住地区。本项目的设计主要想了解我国大学入学机会与居住地区的关系。

（8）问卷还设计了对当前所学专业的态度与未来职业倾向性的两项调查，这两项问题与本调查研究本身没有直接关系，故在此研究中暂不作统计分析。

4. 调查的实施。本调查是在各被调查高等院校的支持下完成的。外埠的问卷主要是按照抽样设计，通过邮寄各高校有关系、专业填写。

西安地区的调查是在各高校团委及有关系、专业负责老师的组织下进行的。现在这份调查报告是在西安地区部分高校的抽样调查资料的统计基础上完成的。西安地区部分高校共发放调查问卷2800份，收回2120份，回收率为75.71%。扣除废卷139份，有效率为70.75%。

5. 调查资料的统计。本调查研究资料原打算通过计算机处理，但由于客观条件限制，改用手工统计和计算。

二、调查结果分析

通过对有效调查问卷的分析，对关于大学教育入学机会与家庭背景因素的关系有以下认识。

1. 父亲的职业类型对大学入学机会有显著的影响。主要有以下内容。

（1）1981份调查问卷的统计结果表明：各类专业技术人员、企事业和机关单位领导子女受大学教育机会明显地高于农林牧渔业劳动者以及生产和交通运输工人（见表9－7），这一结果与国外和我国台湾省的一些研究结果大致相同。在调查的1981名大学生中，有597人的父亲职业属于各类专业技术人员，约占整个抽样人数的29.99%；还有509人的父亲职业属于机关、企事业单位干部，约占抽样总人数的25.57%。仅这两类父亲职业的大学生就占了整个抽样人数的55.56%之多，远高出其他职业入学机会的总和。

如果将1987年全国职业人口比例与大学生父亲职业背景的构成作一对比，大学教育机会的不平衡就更为明显。1987年全国人口抽查及1982年普查结果表明：全国有各类职业人员58457万人，其中各职业的人口比例不同；全国八大类型职业中，有各类专业技术人员2625万，占4.5%；机关、企事业单位干部1031万人，占1.7%；办事人员8023万，占1.4%；商业工作人员1568万，占2.7%，服务工作人员1359万，占2.4%；农林牧渔业劳动者41417万，占70.9%；生产、交通运输工人9602万，占16%；其他22万约占0.03%。但是根据大学生抽样调查，其父亲从事的职业构成比例与上述比例差别很大。在职业人口中占比例不到10%的前三类职业，其子女在抽样大学生中就占了60.93%之多。而在职业人口中占比例高达86.9%的农林牧渔劳动者及工人子女在所抽样大学生中的比例还占不到31%，反差极其强烈（见表9－6和图9－2）。

表9－6 我国职业人口构成比例与部分大学生父亲职业结构比较

		各类专业技术人员	机关、企事业单位干部	办事人员	商业工作人员	服务工作人员	农林牧渔业劳动者	生产、运输交通工人	其　他
全国职业构成	58457万	2625万	1031万	8023万	1568万	1350	41417万	96023万	223万
	占%	4.5	1.7	1.4人	2.7	2.4	70.9	16	0.23
学生父亲职业	1991人	597人	509人	107人	36人	18人	447人	171人	106人
	占%	29.99	25.57	5.37	1.81	0.95	22.45	8.59	5.32

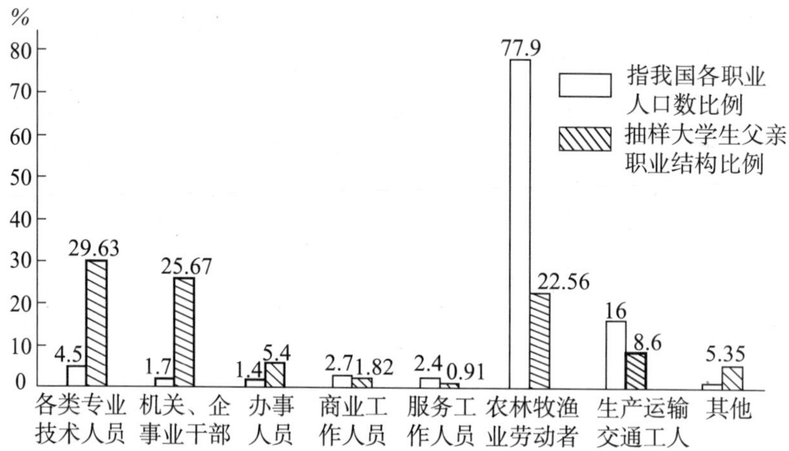

图 9-2 抽样学生父亲职业状况与我国各职业人口比例比较

（2）在不同类型大学里，抽样学生父亲职业构成的比例也不同。换言之，不同职业背景子女选择各类大学的机会有差别。

如，通过表 9-7 就可看出，综合大学、外语学院以及重点理工科大学中各类专业技术人员，机关、企事业单位干部、办事人员的子女相对较多，而类似矿业学院、石油学院、师范大学等，农林牧渔劳动者及工人子女相对较多。

表 9-7 1989 级（1993 届）部分大学生父亲职业类型 （人）

职业类型 / 学生数 / 单位	各类专业技术人员	机关、企事业单位领导	办事人员	商业工作人员	服务工作人员	农林牧渔业劳动者	生产、运输交通工人	其他	合计
西北大学	63	46	14	5	3	38	22	10	201
西北工业大学	53	33	7	3	2	15	6	6	125
西安电子科大	110	69	14	6	1	58	30	12	300
西北农业大学	20	23	8	3	0	35	10	8	107
西安医科大学	85	50	11	3	3	21	11	16	200
西北政法学院	19	56	9	2	1	50	6	10	153

续表

学生数 \ 职业类型 单位	各类专业技术人员	机关、企事业单位领导	办事人员	商业工作人员	服务工作人员	农林牧渔业劳动者	生产、运输交通工人	其他	合计
陕西财经学院	33	22	4	11	—	—	8	2	80
西安外国语学院	73	47	2	2	1	18	5	3	151
陕西师范大学	60	79	16	6	3	67	33	15	279
西安矿业学院	46	58	14	3	4	99	27	14	265
西安石油学院	25	26	8	3	1	35	12	10	120
总计	587	509	107	36	18	447	171	106	1981
百分比	29.63	25.69	5.4	1.82	0.91	22.56	8.6	5.35	100

2. 母亲职业对大学教育入学机会的影响。母亲职业类型对子女大学教育机会有影响，但影响不及父亲职业类型的影响显著。见表 9 -8 和图 9 -3，反映了我国职业人口构成比例与抽样学生母亲职业构成比例情况。

表 9 -8 1989 级（1993 届）部分大学生母亲职业类型 （人）

学生数 \ 职业类型 单位	各类专业技术人员	机关、企事业单位领导	办事人员	商业工作人员	服务工作人员	农林牧渔业劳动者	生产、运输交通工人	其他	合计
西北大学	45	12	12	7	11	53	25	36	201
西北工业大学	49	12	6	3	5	27	10	13	125
西安电子科大	104	16	14	15	12	83	25	31	300
西北农业大学	12	5	4	6	4	55	2	19	107
西安医科大学	65	18	11	10	9	36	14	37	200
西北政法学院	15	12	6	5	4	79	9	23	153
陕西财经学院	31	7	6	5	1	17	5	8	80
西安外语学院	65	16	7	6	9	20	12	16	151

续表

学生数 职业类型 单位	各类专业技术人员	机关、企事业单位领导	办事人员	商业工作人员	服务工作人员	农林牧渔业劳动者	生产、运输交通工人	其他	合计
陕西师范大学	53	26	17	11	20	95	24	33	279
西安矿业学院	79	28	12	10	8	50	25	43	265
西安石油学院	17	4	5	2	7	54	7	24	120
总　计	535	156	100	80	90	569	158	283	1981
百分比	27.22	7.9	5.1	4.04	4.54	28.72	7.96	14.3	100

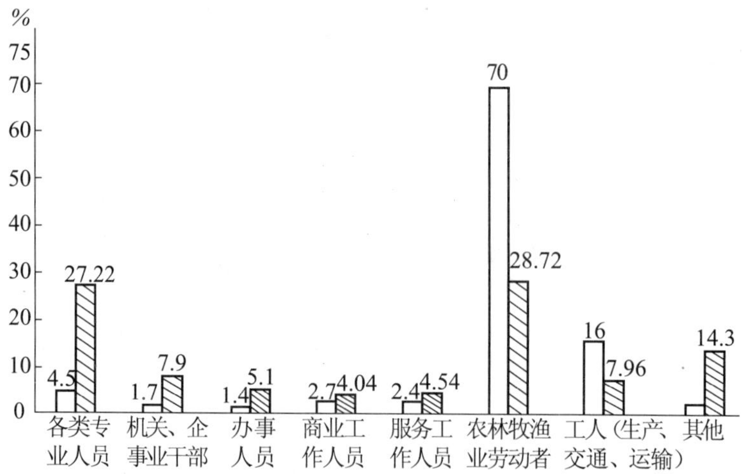

图9-3　抽样学生母亲职业背景分布比例与我国职业人口比例的比较

3. 父亲受教育程度与大学教育机会。调查资料的统计表明：父亲的受教育程度对大学教育机会的影响呈正相关趋势。在抽样调查的1981人中，有约57%的学生父亲受教育程度达到高中（中专）和大学以上水平。整个统计中，占比例最大的是父亲为大学教育程度，占28.32%；1981名大学生中，只有92人的父亲受教育程度为文盲，仅占4.64%（见表9-9，图9-4）。

表 9－9　1989 级（1993 届）部分大学生父亲受教育程度　　（人）

单位 \ 教育程度 \ 学生数	文盲、半文盲	小　学	初　中	高中或中专	大专及大学毕业	本科以上	合计
西北大学	3	24	39	64	62	9	201
西北工业大学	2	6	19	29	47	22	125
西安电子科大	15	30	65	78	97	15	300
西北农业大学	8	20	24	31	17	7	107
西安医科大学	9	7	25	60	85	14	200
西北政法学院	9	32	38	43	25	6	153
陕西财经学院	3	7	16	22	30	2	80
西安外语学院	1	8	13	46	72	11	151
陕西师范大学	7	40	60	88	66	14	279
西安矿业学院	27	50	60	73	49	6	265
西安石油学院	8	38	30	24	9	11	120
总　计	92	262	300	558	561	118	1981
百分比	4. 64	13. 21	19. 69	28. 18	28. 32	5. 96	100

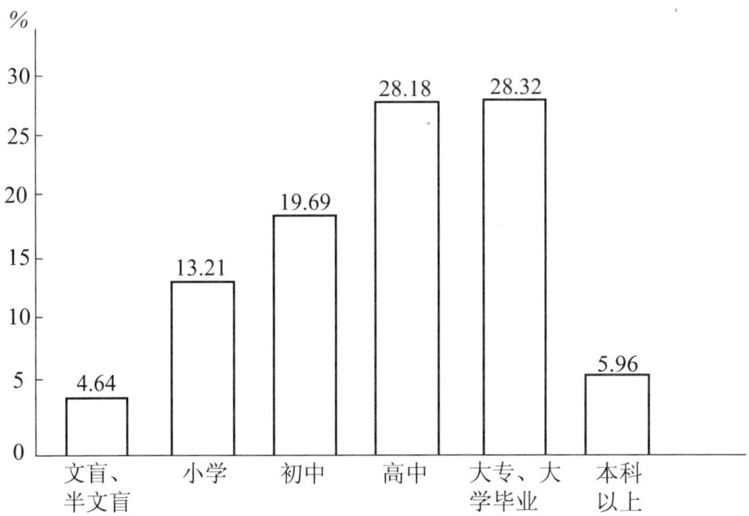

图 9－4　抽样学生受父亲教育程度及其对入学机会的影响

4. 母亲受教育程度与大学教育入学机会。母亲的受教育程度对大学教育入学机会的影响也是明显的，但是不及父亲受教育程度显著。从抽样调查来看，母亲受教育程度为高中毕业者最多，占26.5%；其次是小学和初中程度的较多。同时调查也明确地反映出大学生母亲的受教育程度从整体上普遍低于父亲的受教育程度。而且文盲率和小学程度都分别高于大学生的父亲，约占10个百分点（见表9-10，图9-5）。

表9-10　1989级（1993届）部分大学生母亲受教育程度　（人）

单位 \ 学生数 \ 教育程度	文盲、半文盲	小　学	初　中	高中或中专	大专及大学毕业	本科以上	合　计
西北大学	13	48	53	56	27	4	201
西北工业大学	6	15	23	48	21	12	125
西安电子科大	41	66	48	84	53	7	300
西北农业大学	26	30	23	20	8	—	107
西安医科大学	13	37	39	67	44	6	200
西北政法学院	31	54	28	33	7	1	53
陕西财经学院	5	11	13	24	26	1	80
西安外语学院	12	12	20	54	50	3	151
陕西师范大学	41	72	60	67	25	4	279
西安矿业学院	53	80	68	48	14	2	265
西安石油学院	20	37	30	24	8	1	120
总　计	261	462	405	525	283	45	1981
百分比	13.18	23.32	20.44	26.50	14.29	2.27	100

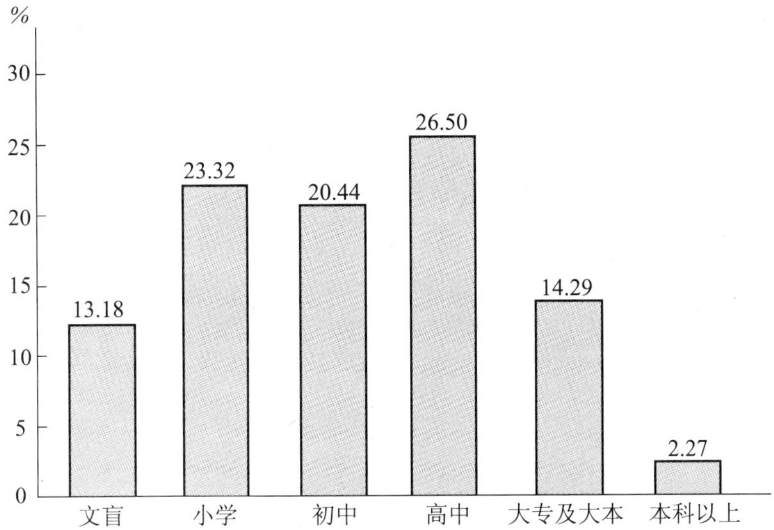

图 9－5 母亲教育程度与入学机会的关系

5. 家庭居住环境对大学教育机会的影响。抽样调查为了解不同居住环境对大学入学机会的影响，将居住环境大致分为六类：省城地区及城市、县、镇、乡、村以及偏远工矿企业。环境不能决定一个人的终生发展以及某个地区教育的发展程度，但不可忽视的是环境对个人乃至社会和教育的发展具有延缓、推迟的消极作用。而且，偏远的、贫困的地区以及大部分农村，其居住环境在教育的资源上、信息上及动力上都不可避免其短缺性。

对 1981 名大学生问卷的统计进一步表明，大学入学机会与居住环境有着密切的关系。1981 名大学生中，来自省城、地级市、县镇的学生达到 60% 之多。而广大乡村及偏远工矿区的学生只有 30% 多些（见表 9－11，图 9－6）。

表 9－11 1989 级（1993 届）部分大学生家庭居住地区分布情况分析

学生数 居住地区 单位	省城	地区级城市	县镇	乡	村	偏远工矿企业	合计
西北大学	46	39	48	14	48	6	201
西北工业大学	44	18	12	11	21	19	125

续表

学生数 单位 \ 居住地区	省城	地区级城市	县镇	乡	村	偏远工矿企业	合计
西安电子科大	63	65	70	27	65	10	300
西北农业大学	7	14	24	11	49	2	107
西安医科大学	39	32	50	6	32	19	200
西北政法学院	17	20	30	18	69	3	153
陕西财经学院	32	19	12	5	12	0	80
西安外国语学院	73	26	23	5	11	13	151
陕西师范大学	47	43	78	27	68	6	279
西安矿业学院	35	32	43	29	112	13	265
西安石油学院	16	20	18	13	50	3	120
总计	439	328	409	168	543	94	1981
不同地区学生占%	22.16	16.55	20.65	8.48	27.41	4.75	100

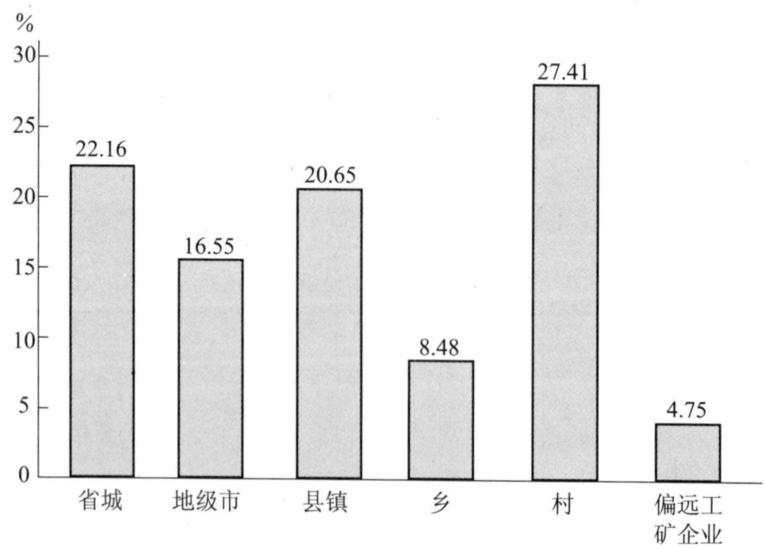

图9－6　居住地区与入学机会

笔者认为，居住环境问题说到底仍然是一个社会阶级（阶层）的差别问题。由于居住环境而造成的教育不均衡、不均等，实际上在一定程度上反映不同利益阶层的差别性。

三、小结与建议

本调查的上述资料表明：在我国社会主义初级阶段，大学教育的入学机会深受家庭背景因素的影响，诸如父母受教育程度、职业、家庭居住环境等。但是，问题在于改善家庭的上述因素并不完全取决于任何个人，而是取决于整个社会需要、社会协调功能，以及个人教育需求程度的变化等方面。为了促进平等机会的大学教育发展，社会制度与教育制度的不断完善是切实有益的。

根据调查中所发现的问题，今后国家为推行机会平等的大学教育还应重点抓好以下措施。

第一，重视发展农村地区基础义务教育事业，搞好早期教育，为所有农村、落后地区儿童的长期发展做好准备。

第二，在大学教育招生政策上，重视向农村、落后地区倾斜。

第三，保证大学招生考试的科学化和公正性。

第四，重视加强妇女教育和扩展女学生进入大学的机会。

结束语

神话？理想？实践！

毫无疑问，全民教育和教育机会平等是一个困扰人们心灵的课题。

悲观主义者认为：教育机会的平等不过是一种神话而已。罗马俱乐部曾在其公开发表的报告《增长的极限》中以极其悲观的口吻宣布道："在我们的现代社会中，最普遍的已被接受的神话之一是指望我们现在的增长模式继续增长下去并导致人类平等。"他们认为，随着人口和工业资本的增长，人类贫富之间的差距将日益增大。而且，"按照现在的模式，不断试图增长，必然以灾难性的崩溃而告终"。① 悲观主义的教育家们指出：在阶级、阶层差别存在的社会教育无法不受这种差别的制约。而且教育本身还在产生造成新的不平等，教育导致的社会流动，就是一种新的社会分化过程。想用教育机会的绝对平等，来达到社会平等是不可能的。

与悲观主义观点相反的是，乐观主义者则认为，教育机会平等是人类的崇高理想，经过人类的共同奋斗，最终可以实现。未来学家阿克温·托夫勒和约翰·奈斯比特一致认为，人类民主必将随着人类社会生产力的发展而逐步发展。自古以来，无数的理想主义教育家也都坚持这一信念，并为之奉献毕生的精力。

实践是检验真理的唯一标准，悲观主义者与乐观主义者，孰是孰非，恐怕唯有实践才能作最后的验证。但是，作为一个历史唯物主义者，我们坚信人类社会最终必将走向共产主义社会。不管历史的发展要经过多少波折，最终社会主义一定要代替资本主义，社会主义的民主也一定要代替资本主义的民主，这是历史发展的规律，是任何人也阻挡不住的。经过人类千百年的共同努力，艰苦奋斗，最终一定能够建立一个生产力高度发展、消灭剥削、消除两极分化，共同富裕，真正灿烂的民主与平等的社会！

---

① 丹尼斯·米都斯. 增长的极限［M］. 李宝恒，译. 成都：四川人民出版社，1986：206.

附录一

世界全民教育宣言

——满足基本学习需要

（世界全民教育大会　1990 年 3 月通过）

绪　言

40 多年前，世界各国通过《世界人权宣言》宣告，“每个人均享有受教育的权利”。尽管世界各国为确保每个人的受教育权利作出了令人瞩目的努力，然而以下事实依然存在：

——一亿多儿童没有接受初等教育的机会；

——九亿六千多万成年人属于文盲，其中三分之二是妇女；功能性文盲成为所有国家的严重问题；

——世界三分之一以上的成年人没有机会掌握能改进其生活质量、帮助他们影响和适应社会、文化变化的书本知识、新技能和技术。

——一亿多儿童和成千上万的成年人未能完成基础教育；更多的人虽能满足出勤的要求，但并未掌握基本的知识和技能。

同时，这个世界还面临着令人生畏的问题：不断增大的债务加剧了经济停滞和衰退的威胁、人口的过速增长、各国及各国间经济上日益拉大的差距、战争的恐怖、内部的倾轧、凶残的犯罪行为、无数儿童本可避免的夭亡和广泛的环境恶化。这些问题限制了为满足基础学习需要所作的努力；而由于相当一部分人口缺乏基础教育，各社会又无法对上述问题予以有力和有针对性的解决。

这些问题导致许多最不发达国家的基础教育在 20 世纪 80 年代出现了很大退步。在其他一些国家里，经济上的增长可被用来支持教育的扩展；但即使如此也仍有许许多多的人处于贫困之中，上不了学，或不会读书写字。同样在某些工业化的国家里，80 年代政府开支的削减造成了教育状况的恶化。

但是，人类世界也正处于一个充满了希望和机会的新世纪的门槛。今天，各国间的和平与合作正取得真正的进步。今天，科学和文化出现了许多有益的发展。今天，人类世界所拥有的绝对信息量——其中大部分都关系着人类的基本生存与安宁——要远远超过数年前的数量，而且正以越来越快的速度增长。这些信息包括如何获得更多使生活充实的知识——或学习如何学习的方法。当重要信息与现代的另一个进步——我们新的交流能力——结合到一起时，它们便会产生出巨大的增效作用。

这些新力量一旦与许多国家在改革、革新、研究方面所积累起来的经验和教育的显著进步结合起来，便会使全民基础教育的目标第一次在人类历史上成为一个可以实现的目标。

因此，我们，1990 年 3 月 5 日至 9 日在泰国宗滴恩召开的世界全民教育大会的与会者：

忆及教育是我们全世界的男女老幼和各个民族的基本权利；

懂得教育有助于确保一个更安全、更健康、更繁荣和环境保护得更好的世界，同时也有助于社会、经济和文化的进步，有助于国际合作；

深知教育是个人和社会进步的关键，尽管它不是唯一的条件；

承认目前基础教育在整体上严重不足，基础教育必须普及，其针对性和质量必须得到提高；

了解电视、广播和其他媒介在向全民提供基本知识上所具有的巨大潜力；并且认识到为迎接巨大和复杂的挑战，有必要扩大基础教育的设想，更新我们对它的义务，并将之代代相传；

兹公布《世界全民教育宣言：满足基本学习需要》如下。

全民教育：目标

第一章　满足基本学习需要

1. 每一个人——无论他是儿童、青年还是成人——都应能获益于旨在满足其基本学习需要的受教育机会。基本学习需要包括人们为生存下去，为发展自己的智力，为有尊严地生活和工作，为改善自己的生活质量，为作出有见识的决策，为继续学习所需的基本学习手段（如扫盲、演算和解题）和基本学习内容（如知识、价值观念和态度）。基本学习需要的范围及其满足的方法因各个国家和文化的不同而不同，并不可避免地随着时代的变化而变化。

2. 满足上述需要可以使任何社会中的任何个人有能力并有责任去尊重其共同的文化、语文和精神遗产，促进对其他人的教育，推进社会正义事业，加强环境保护，在支持人们普遍接受的人道主义价值观念和人权的同时宽容与自己不同的社会、政治和宗教制度，为在这个互相依存的世界上建立国际和平与团结而努力。

3. 基础教育本身不仅仅是目的。它是终身学习和以人为中心的发展的基础，各国可以在这一基础上系统地建立其他层次和种类的教育和培训。

全民教育：扩大的见解和更新的义务。

第二章　见解的形成

满足全民基本学习需要，光靠加强现有的基础教育是不够的。这里所需要的是一种能够弘扬现行做法之优点，并超越现存的资源水平、组织结构和通常的传授体制的“扩大的见解”。信息大爆炸（包括对学习过程本身的理解，这种理解是通过不断积累经验和研究获得的）与空前的交流能力的汇合为今天带来了新机会。我们要创造性地利用这个机会并下决心提高它的效益。

如第三至第七章所述，扩大的认识包括：

- 广泛提供机会和促进平等；
- 强调学习的收益；
- 扩大基础教育的手段和范围；
- 改善学习环境；
- 加强伙伴关系。

实现人类的进步和力量的巨大潜力取决于人们是否能够获得必要的教育并开始吸收越来越多的有关知识并了解分享这些知识的新的方法。

第三章　广泛提供机会和促进平等

1. 必须向所有儿童、青年和成人提供基础教育。为此，应扩大高质量的基础教育并采取始终如一的措施来减少差别。

2. 为实现基础教育机会均等，所有儿童、青年和成人都必须获得机会达到必要的学习水平。

3. 在那些女性入学率和识字率远远低于男性的国家里，其首要任务就是要扩大女童和妇女的入学机会，改善其教育质量，并消除一切阻碍她们积极参与教育的因素。对教育中任何有关性别的陈规陋习都必须加以铲除。

4. 必须积极消除教育差距。社会地位低下人口，即穷人、街头流浪儿和童工、农村和边远地区人口、游牧民和移民工人、土著居民、少数民族、难民、战争流散人口和失业人口，不应在学习机会上受到任何歧视。

5. 残疾人的学习需要应得到特殊的关注。

第四章　强调学习的收益

对个人或社会来说，扩大教育机会是否能促成有益的发展最终取决于人们是否能通过这些机会真正学习，即他们是否能吸收有用的知识、思考能力、各种技能和价值观念。因此，基础教育必须注重真正的学习收益和结果，而不是单纯重视入学、课堂出勤和完成文凭的要求。积极参与的方法对于保证学习收益和充分开发学生潜力具有特殊的价值。因此，有必要在教育计划中确定可接受的学习收益标准，改进和实施衡量学习成绩的制度。

第五章　扩大基础教育的范围

儿童、青年和成人的基本学习需要是多样、复杂和变化着的，因而有必要扩大并不断重新确定基础教育的范围以纳入下列项目。

- 学习始于幼儿阶段。因此，系统地发展基础学习手段和概念要求早期幼儿照顾和教育，对此可通过家庭、社区或机构作出适当的安排。

- 小学教育仍是对儿童进行基础教育的主要传授形式。必须普及小学教育，并确保所有儿童的基本学习需要都能得到满足。补充和替补教育项目有助于满足那些正规学习机会有限或没有机会的儿童的基本学习需要，但是这些项目应该达到学校教育相同的标准并得到足够的支持。

- 青年和成人的学习需要是多样的，应该通过多种传授形式加以满足。只要文盲现象存在，扫盲项目就不可缺少，因为读书识字本身就是一种必要的技能，同时它也是其他生活技能的基础。学习母语可以巩固其文化特性和遗产。其他的学习需要可通过下述方式来满足：技术培训、学徒、专题教育和以卫生、营养、安全用水、环境、家庭生活及其他社会问题为主题的媒介宣传和讲座。

• 必须利用所有现有的信息手段、交流渠道和社会活动机制来传播基础知识，并就社会问题向人们进行宣传和教育。可以利用电视、广播和其他宣传媒介以发挥其满足全民基础教育需要的潜力。

上述内容应构成一个统一的体系。各项目之间应该互相补充，互相加强，并具备统一的标准，同时它们应有助于终身学习。

第六章　改善学习环境

教育不是在孤立的状态中进行。因此，各社会都必须保证使所有学习者都能得到他们所需要的营养、卫生保健以及基本物质和感情支持，从而使他们能够积极参与教育并从中受益。有助于改善儿童学习环境的知识和技能应该成为社区成人学习计划的一部分。对儿童及其家长或其他幼保人员的教育是相互支持的，应利用这种相互作用来为所有人创造一个活跃而又温暖的学习环境。

第七章　加强伙伴关系

国家、地区和地方教育当局对全民基础教育有着义不容辞的责任，但不能期望它们提供这一任务所需要的所有人力、财力和组织力量。因此需要在各个层次里恢复或建立新的伙伴关系：所有下属教育部门和教育形式之间的伙伴关系，确认教师、行政人员和其他教育人员的特殊作用；教育包括规划、财政、劳动、通讯等其他政府部门以及其他社会部门之间的伙伴关系；政府与非政府组织、私营部门、当地社团、宗教团体和家庭之间的伙伴关系。承认家庭和教师的关键作用尤为重要。建立真正的伙伴关系有助于基础教育项目的规划、实施、管理和评价。伙伴关系就是我们所谓的“扩大的设想和更新的义务”的核心内容。

全民教育：要求

第八章　创造有助于全民教育的政策环境

充分提供并利用基础教育为社会发展服务需要各社会、文化和经济部门采取支持性政策。全民教育的实施有赖于政治上的保证和决心——一种得到适当的财政措施的支持，并随着教育政策的改革和机构的健全而得到加强的政治保证和决心。恰当的经济、贸易和就业政策将有助于学习者对社会发展作出贡献。

第九章　开发财力资源

1. 要通过比以往规模更大的行动来满足全民的基本教育需要，就必须开发现有的或新的财力资源——无论它是公众的、私人的、还是赞助的资源。社会各界均应作出自己的贡献，因为他们认识到，为基础教育所花费的时间、精力和经费可能是他们对人民和国家的未来所能提供的最大的投资。

2. 扩大公众部门的支持意味着明确地承认教育是各种争取国家资金的要求中的重要一项，虽然不是唯一的一项，应通过提高对基础教育设施的绝对拨款和比额，利用政府各个负责人的发展的部门的资源。认真提高现有教育资源和计划的效益将不仅会产生更多的资源，同时也可期望吸引到新的资源。满足基本学习需要的紧迫任务可能需要对各部门的拨款进行调整，例如将军事开支转为教育开支。对于实施机构调整并肩负着沉重外债负担的国家来说，最为重要的是它们需要对基础教育采取特殊的保护。在今天，教育更必须被看成任何经济规划中的一个基本方面。

第十章　加强国际团结

1. 满足基本学习需要是人类共同和普遍的责任，它需要国际团结和合作以加强其教育自足能力。各个国家在制定有效的教育政策和计划方面都有着可供借鉴的宝贵知识和经验。

2. 基础教育的财源需要有较大和长期的增长。国际社会，包括政府间机构和组织，有紧迫的义务去消除妨碍一些国家实现全民教育的障碍。这将意味着采取一些措施来增加最贫穷国家的国家预算或解除其巨大债务负担。在20世纪90年代最不发达和低收入国家存在着需要国际优先支持其基础教育的特殊需求。

3. 所有国家还必须携起手来，共同消除冲突和战乱，结束军事占领和安置战争难民。只有创造稳定和和平的环境才能创造出一种条件，在这种条件下每一个人——无论是儿童还是成人——都能从本宣言的目的获益。

* * *

我们，出席宗滴恩会议的代表，重申受教育是所有人的权利。根据这一信念，我们每人和全体代表都决心要确保全民教育的实现。

我们要保证根据我们各自的职责共同合作采取一切必要措施来实现这一关于全民教育的见解的目标。我们一致呼吁各国政府、有关的组织和个人投入这一紧迫的事业。

全民的基本学习需要能够而且必须得到满足。它对“国际扫盲年”是最好的开端，对实现《国际文化发展十年》（1988—1997年）《联合国第四个发展十年》（1990—1999年）和《儿童权利公约》的目标也是最有意义的做法。这是我们献身于向全世界人民提供基本学习机会的最佳时机。

因此，我们通过这一《世界全民教育宣言：满足基本学习需要》并一致同意《满足基本学习需要的行动纲领》，以达到本宪章提出的目的。

附录二

中国全民教育行动纲领

（1993 年 3 月 1 ~4 日）

序　言

1990 年 3 月 5 ~9 日，在泰国宗滴恩召开的世界全民教育大会通过的《世界全民教育宣言》和《满足基本学习需要的行动纲领》，提出了全民教育的目标，即“每一个人（无论是儿童、青年还是成人）都应能获益于旨在满足基本学习需要的受教育机会”。这个目标，也是中国当前和今后一个时期所追求的目标。

根据联合国教科文组织和联合国儿童基金会的倡议，中国全民教育国家级大会于 1993 年 3 月 1 ~4 日在北京和河南召开。中华人民共和国国务院总理李鹏出席会议并致开幕词，国务委员、国家教委主任李铁映主持开幕式，国家教委副主任柳斌、王明达分别作了关于基础教育和扫盲工作的主题报告。各省、自治区、直辖市和计划单列市教委、教育厅（局）负责人，国家教委有关司局负责人，以及特邀代表出席了会议。联合国教科文组织总干事马约尔先生、联合国儿童基金会执行主任格兰特先生出席会议并讲话。3 个国际组织的代表以及孟加拉、巴西、印度、尼日利亚、巴基斯坦等国的教育部长和部长代表也应邀来华出席了会议。

中国全民教育国家级大会回顾了中华人民共和国自 1949 年成立 43 年来，在基础教育和扫盲方面取得的巨大成就。1992 年小学在校生达 1.22 亿，比 1949 年增长 4 倍，中学在校生达 4770 万，增长 44.9 倍，扫盲累计人数达 1.75 亿。但是同时注意到我国目前仍有近 500 多万学龄儿童辍学和失学，仍有 1.8 亿文盲，其中还有 45 岁以下的青壮年文盲。这一状况，同我国经济建设和社会发展对劳动者素质的要求很不适应，同建设具有现代化的、高度民主、高度文明的社会主义国家很不适应，同人民群众日益增长的文化教育要求很不适应。大会一致认为，教育对提高全民族的素质和实现国家现代化至关重要。2000 年前，要在全国实现“基本普及九年义务教育，基本扫除青壮年文盲”的目标还相当艰巨。

要实现上述目标，必须动员各级政府、机构和全国人民共同努力奋斗。

为此，兹发布《中国全民教育行动纲领》如下。

一、全民教育目标

1. 到 2000 年，全国基本普及九年义务教育。

——初等教育阶段适龄儿童都能按时入学接受初等教育；

——在全国 90% 的人口地区和 90% 的适龄人口中普及初级中等教育；

——15 周岁人口中文盲率控制在 1% 左右；

——大中城市基本满足幼儿接受教育要求，农村学前一年教育的幼儿入园率达 60%；

——城市和发达农村地区大多数残疾儿童、少年都能入学，农村地区多数残疾儿童、少年都能入学接受教育；

——全国人均受教育年限达到 7 ~ 8 年。

2. 到 2000 年，全国基本扫除青壮年文盲。

——全国青壮年人口中的文盲率降到 5% 以下；

——全国人口中的文盲率降到 10% 以下；

——经济和教育较发达的地区要在 1996 年前后完成扫除青壮年文盲任务，大部分地区要在 1998 年前后完成扫除青壮年文盲任务；

——通过岗位培训、继续教育和在职学历教育，提高广大从业人员的科学文化和职业技能。

3. 全面贯彻中国政府的教育方针，全面提高教育质量。不仅使教育规模有较大发展，而且要把教育质量和办学效益提高到一个新的水平。

二、措施

1. 各级政府要加强对普及九年义务教育和扫盲教育的领导，从当地实际出发，制定规划，统筹实施。

2. 认真贯彻国家颁布的《义务教育法》和《扫除文盲工作条例》，保证适龄儿童、少年入学，制止学生辍学；扫除青壮年文盲，杜绝产生新文盲。

3. 增加教育投入，多渠道筹措资金，保障实现九年义务教育和扫盲教育的条件。

4. 重视和扶持经济不发达地区和少数民族地区实现九年义务教育和扫盲教育。

5. 加强普及九年义务教育和扫盲教育质量的督导、检查和评估。

6. 建立普及九年义务教育和扫盲教育先进县（市、区）表彰奖励制度。

出席中国全民教育国家级大会的全体代表，重申受教育是每个公民的权利，决心竭尽全力，确保全民教育目标的实现。

与会代表决心根据各自的职责，共同合作，采取一切必要措施，以实现全民教育的目标。一致呼吁全国各级政府、机关团体和每个公民积极行动起来，投入这一伟大、紧迫而艰巨的事业，为振兴中华民族而努力奋斗！

参 考 文 献

一、外文部分

[1] 安德鲁·科潘. 教育均等的再思考 [M]. 出版地不详：出版者不详，1974 .

[2] C. 詹克斯. 不平等——对美国家庭与学校正规教育的评估 [M]. 出版地不详：出版者不详，1972.

[3] 迈克尔·桑德森. 教育机会与英国社会的变迁 [M] . 伦敦：出版者不详，1987 年(英文版).

[4] UNESCO. Third Medium—Team Plan (1990 ~ 1995). Published in 1990 (French).

二、中文部分

(专著)

[1] 查尔斯·赫梅尔. 今日的教育为了明日的世界 [M]. 王静，赵穗生，等，译. 北京：中国对外翻译出版公司，1983.

[2] 查有梁. 控制论、信息论、系统论与教育科学 [M]. 成都：四川省社会科学院出版社，1986.

[3] 邓小平文选（第 3 卷）[M]. 北京：人民出版社，1993.

[4] 董云虎. 世界人权约法总览 [G]. 成都：四川人民出版社，1990.

[5] 菲力蒲·孔布斯. 世界教育危机——八十年代的观点 [M]. 北京：人民教育出版社，1990.

[6] 傅维利，刘民. 文化变迁与教育发展 [M]. 成都：四川教育出版社，1988.

[7] 郭福昌，韦鹏飞，吴德刚. 中国教育改革发展简论 [M]. 北京：教育科学出版社，1993.

[8] 国家教委. 外国教育法选编 [G]. 北京：法律出版社，1987.

[9] 国家教委教育发展与政策研究室. 发达国家教育改革的动向与趋势 [R]. 北京：人民教育出版社，1986.

[10] 国家教委情报室. 日本教育法规选编［G］. 北京：教育科学出版社，1987.
[11] 郭齐家. 中国教育思想史［M］. 北京：教育科学出版社，1987.
[12] 国务院教育工作研讨小组. 外国教育基本法选编［G］. 北京：中共中央党校出版社，1989.
[13] 国务院新闻办公室. 中国人权状况［R］. 北京：中央文献出版社，1991.
[14] 国务院新闻办公室. 西藏的主权归属与人权状况［R］. 北京：民族出版社，1992.
[15] 黄炳林. 教育与现代化［M］. 台湾：文景出版社，1986.
[16] 扈中平. 人的全面发展的历史、现实与未来［M］. 成都：四川教育出版社，1988.
[17] J. M. 索里，C. W. 特尔福德. 教育心理学［M］. 北京：人民教育出版社，1982.
[18] 教育研究杂志社. 党的十一届三中全会以来中国教育科学的回顾与展望［G］. 北京：教育科学出版社，1988.
[19] 卡扎米亚斯. 教育的传统与变革［M］. 北京：文化教育出版社，1981.
[20] 联合国教科文组织. 世界教育展望［G］. 北京：教育科学出版社，1983.
[21] 联合国教科文组织国际教育发展委员会. 学会生存［M］. 华东师大比较教育研究所，译. 上海：上海译文出版社，1979.
[22] 刘慧珍. 教育社会学［M］. 沈阳：辽宁教育出版社，1988.
[23] 林生傅. 教育社会学［M］. 台湾：复文图书出版社，1985.
[24] 厉以贤. 现代教育原理［M］. 北京：北京师大出版社，1988.
[25] 厉以贤，毕诚. 教育社会学引论［M］. 哈尔滨：黑龙江教育出版社，1989.
[26] 毛泽东. 毛泽东选集（1~4卷，合订本）［M］. 北京：人民出版社，1964.
[27] 毛祖桓. 教育学的系统观与教育系统工程［M］. 成都：四川教育出版社，1988.
[28] 上海师大教育系. 马克思、恩格斯论教育［G］. 北京：人民教育出版社，1979.
[29] 上海师大教育系编. 列宁论教育［G］. 北京：人民教育出版社，1979.
[30] 孙哲. 新人权论［M］. 郑州：河南人民出版社，1992.
[31] 陶行知. 陶行知文集［G］. 南京：江苏人民教育出版社，1988.
[32] 陶行知. 论乡村教育改造［M］. 西安：陕西师大出版社，1989.
[33] T. B. 里亚布什金，T. B. 奥西波夫. 苏联社会学［M］. 陈一筠，等，译. 北京：中国社会科学院出版社，1986.
[34] 滕大春. 卢梭教育思想述评［M］. 北京：人民教育出版社，1984.
[35] 王德禄，蒋世和. 人权宣言［G］. 北京：求实出版社，1989.
[36] 王天一. 外国教育史（上、下）［M］. 北京：北京师范大学出版社，1985.

[37] 吴德刚. 中国义务教育问题研究 [M]. 西安：陕西人民教育出版社，1992.
[38] 吴德刚. 中国西藏教育改革与发展的理论研究 [M]. 昆明：云南教育出版社，1995.
[39] 吴德刚. 中国少数民族人才培养与教育问题研究 [M]. 拉萨：青海人民出版社，1996.
[40] 吴忠魁，张俊洪. 教育变革的理论模式 [M]. 成都：四川教育出版社，1988.
[41] 严瑞珍. 中国贫困山区发展的道路 [M]. 北京：中国人民大学出版社，1992.
[42] 游正伦，吴德刚. 义务教育概论 [M]. 乌鲁木齐：新疆教育出版社，1989.
[43] 张健. 马克思主义教育思想研究 [M]. 北京：教育科学出版社，1989.
[44] 张健. 毛泽东教育思想研究 [M]. 宁波：浙江教育出版社，1993.
[45] 张健. 邓小平教育思想研究 [M]. 宁波：浙江教育出版社，1993.
[46] 朱勃. 比较教育——名著与评论 [M]. 长春：吉林教育出版社，1988.
[47] 中国青少年发展基金会. 中国青少年发展状况 [R]. 北京：社会科学文献出版社，1992.
[48] 中国陶行知研究会. 为中国教育改革探路 [M]. 南京：江苏教育出版社，1988.
[49] 张人杰. 国外教育社会学基本文选 [G]. 上海：华东师大出版社，1989.

三、论　文

[1] 丁喻. 家庭诸因素对学生学习和品德的影响 [J]. 南京师大学报（社会科学版），1985.
[2] 何瑞琨. 教育权问题刍议 [J]. 教育研究，1988（12）.
[3] 黄育馥. 北美的教育社会学研究 [J]. 国外社会科学，1984（7）.
[4] 环惜吾. 英国教育社会学的发展和近况简介 [J]. 外国教育动态，1981（11）.
[5] 扈中平. 社会分层与教育的社会选择功能 [J]. 教育研究，1989（8）.
[6] 吉尔贝·德朗舍尔. 决策性变量与教育的公正性 [J]. 外国教育资料，1989（1）.
[7] Julia kwong Hong Xiao. Educational Equality Among Chinas Minorities [J]. Comparative Education Volume 25 No. 21989.
[8] 李明德. 对当前社会主义民主建设与教育的几点思考 [J]. 教育研究，1989（7）.
[9] 厉以贤. 西方教育社会学的发展阶段及其特点 [J]. 外国教育动态，1983（6）.
[10] 厉以贤. 家庭诸因素与学生学业成绩关系的主成分分析 [J]. 教育科学，1989（4）.
[11] 陆云彬. 目前我国社会阶级和阶层状况研究概述 [J]. 理论学习月刊，1989（4）.
[12] 史潮. 教育参与和教育改革 [J]. 教育研究与实验，1987（4）.
[13] 孙传钊. 西方教育社会学的历史和研究领域 [J]. 社会学研究，1989（2）.

[14] 苏国勋. 苏联教育社会学研究简介 [J]. 教育研究，1982 (4).
[15] 吴德刚. 中国特殊儿童的义务教育问题探讨 [J]. 普教研究，1990 (2).
[16] 吴德刚. 中国贫困地区的义务教育问题研究 [J]. 民族教育研究，1991 (3).
[17] 吴德刚. 中国女童的义务教育问题 [J]. 教育理论与实践，1991 (2).
[18] 吴德刚. 建立我国教育机会民主化实践机制的探讨 [J]. 教育评论，1996 (1).
[19] 吴德刚. 试论社会主义制度下教育改革的基本原则 [J]. 教育理论与实践，1996 (1).
[20] 吴小平. 西方教育社会学的发展概述 [J]. 外国教育动态，1985 (6).
[21] 吴康宁. 当今欧美教育社会学三大流派 [J]. 教育研究，1986 (9).
[22] 薛伯英. 简评西方激进学派关于教育社会化功能理论之争 [J]. 外国教育动态，1990 (2).
[23] 杨东平. 社会主义初级阶段的教育民主 [J]. 教育研究，1988 (7).
[24] 张斌贤. 关于建立教育政治学的思考 [J]. 教育研究，1989 (11).
[25] 张人杰. 西方“教育民主化”初探 [J]. 中国高教研究，1986 (1).
[26] 张人杰. 西方“学校社会学”研究 [J]. 外国教育资料，1987 (4).
[27] 张人杰. 胡森论均等的不相容性 [J]. 外国教育资料，1988 (3).

后　记

“全民教育与教育机会平等”这一既诱人而又困惑人心的课题，几乎耗尽了我3年研究生的全部学习时间。同时也耗费了几位指导教师，特别是游正伦教授的大量心血。自1990年夏季研究生学位答辩之后的近8年时间里，我又先后六易书稿。如果从1988年开始构思这本书稿框架算起，到正式成书共花了10年时间。

书稿在构思和拟定提纲的过程中曾得到北京师大教育系厉以贤教授的多次指导。初稿草就后，又有幸得到厉先生的修改。原北师大教育系的陈孝彬、沈适涵教授以及陕西师大教育系的史明轩教授、陶志英教授、西安体育学院李德章教授都对书稿的写作与修改提出了宝贵的意见。没有这些老师的指导和帮助，书稿的写作必然会走更多的弯路。

此外，这部书稿的写作曾得到张建华、王永海、杨杏、张莉、原献学、张建春、袁林江、武洁、闻素霞、孟莉、王浩、李闻戈、王安全等同学的真挚帮助。显然，没有他们的支持，几十所学校的数千份调查问卷的统计工作是难以按时完成的。

原国家教委国际合作司副司长赵永魁同志以及联合国教科文组织全国委员会秘书处的于富增秘书长、杜越同志也为文稿的撰写提供了支持和帮助；西藏教委的姬亚军同志对本书稿提出过系统的修改意见；原国家教委文科教材办公室副主任袁华细心审定了全部书稿，并花费大量心血修改了部分内容；原国家教委王晓平博士帮助翻译了本书的英文摘要；在此一并表示衷心感谢！

本书第八章的调查报告，曾得到西安市85中、84中、83中、99中、98中、育才中学领导和教导处老师及有关班主任的大力支持；第九章的调查曾得到西北大学、西安医科大学、西北政法学院、西安矿业学院、西安电子科大、陕西财经学院、西安外国语学院、西安石油学院、陕西师范大学等单位的大力支持。

教育科学出版社多位同志为此书的出版给予了大力支持，在此表示衷心感谢！

吴德刚

责任编辑　孙袁华
版式设计　宗沅雅轩　孙欢欢
责任校对　曲凤玲
责任印制　曲凤玲

图书在版编目（CIP）数据

中国全民教育研究：兼论教育机会平等问题/吴德刚著．—北京：教育科学出版社，2010.12
（吴德刚中国教育问题研究系列）
ISBN 978-7-5041-5395-1

Ⅰ.①中…　Ⅱ.①吴…　Ⅲ.①普及教育—研究—中国　Ⅳ.①G522.3

中国版本图书馆 CIP 数据核字（2010）第 231075 号

出版发行　教育科学出版社

社　址	北京·朝阳区安慧北里安园甲 9 号	市场部电话	010-64989009
邮　编	100101	编辑部电话	010-64989559
传　真	010-64891796	网　址	http://www.esph.com.cn

经　销	各地新华书店		
制　作	北京大有图文信息有限公司		
印　刷	保定市中画美凯印刷有限公司		
开　本	169 毫米×239 毫米　16 开	版　次	2011 年 1 月第 1 版
印　张	19.5	印　次	2011 年 1 月第 1 次印刷
字　数	300 千	定　价	42.00 元

如有印装质量问题，请到所购图书销售部门联系调换。